세계명언집

세계명언집

2판 2쇄 인쇄 | 2024. 1. 15.
2판 2쇄 발행 | 2024. 1. 20.

엮은이 | 김지영
펴낸이 | 윤옥임

펴낸곳 | 브라운힐
서울시 마포구 토정로 214번지 (신수동)
대표전화 (02)713-6523, 팩스 (02)3272-9702
이메일 yun8511@hanmail.net
등록 제 10-2428호
ⓒ 2024 by Brown Hill Publishing Co. 2024, Printed in Korea

ISBN 979-11-5825-135-2 03190
값 20,000원

지혜의 명언으로 인생의 키를 찾을 수 있다면...

김지영 편저

세계명언집

지혜의 명언으로 세상을 바라보는 깨달음을 얻다!

삶이 달라지는 한 마디의 명언!

보배로운 명언들은 마음을 밝혀 준다. 되풀이해서 읽고 또 읽는다면 마음을 평화로운 상태로 다스리게 되고, 세상과 어떻게 화합하며 살아갈 것인지를 깨닫게 될 것이다. 동서고금의 명언들은 그만큼 통찰력을 얻게 한다.

브라운힐
BrownHillPub

고대에서 현재에 이르기까지, 동서(東西)의 각 분야 대표 인물들이 우리 인류사에 남겨 준 그야말로 주옥같은 명언만을 추려서 수록했다.

인간으로 이 세상에 태어나서 어찌 인간답지 못한 삶을 살 수 있겠는가. 누구나 자신의 인격을 꾸준히 수양하면, 마음은 선량한 데서 떠나지 않을 것이며, 행동은 올바른 도리에서 벗어나지 않을 것이다.

이 책 속에서 동서의 위인들은 착한 일을 하는 사람에게는 하늘이 복으로써 갚고, 악한 일을 하는 사람에게는 하늘이 재앙으로써 갚는다고 한결같이 말하고 있다.

사실 착한 행실은 선량한 마음에서 나오고, 악한 행실은 악한 마음에서 나온다. 그러므로 착한 행실을 하려면 먼저 마음부터 선량하게 닦아야 할 것이다.

영국의 수상이었던 처칠 경은 그의 저서인 <나의 어린 시절>에서 "교육을 많이 받지 못한 사람은 명언집을 많이 읽는 것이 좋다. 버트레트 러셀의 문집은 우리가 기억할 만한 글들이 가득해서, 나는 그것을 열심히 암송했다."고 술회하고 있다.

그러나 오늘날 우리나라의 청소년들은 마음에 교훈이 되는 책을 멀리하고 자극적인 재미만 찾는 것 같아 사뭇 안타깝다. 청소년 범죄가 날로 격증하고 있는 것이나, 사회적 도덕관념이 날로 무너져 가고 있는 것도 이러한 풍조에서 기인하는 것이 아닌가 하는 생각이 없지 않다.

사실 오늘날과 같은 현실에서 살아가고 있는 현대인은 누구나 시간에 쫓겨서 산다. 그러한 속에서 배우고 알아야 할 정보가 너무나 많다 보니, 무엇부터 공부해야 할지 몰라 차라리 포기하거나 방황하는 경우도 적지 않다.

그리하여 이 책에서는 읽기에 쉽도록 주제별로 내용을 나누어서 구성했다. 먼저 자기 자신의 마음을 들여다보고, 그런 다음 타인과의 관계를 생각해 볼 수 있는 기회로 삼으면 삶의 양식이 될 것이 분명하다.

마음을 밝혀 주는 이 보배로운 명언들을 되풀이하여 읽고 또 읽어서 자신의 마음을 평화로운 상태에 놓이게 하고, 세상과 어떻게 화합하며 살아갈 것인지에 대해 다시 한번 생각해 보는 기회가 되길 진심으로 바란다.

2013년 9월
편저자 김 지 영

■ 차 례

인간의 본성

지금 사람들은 스승과 법도에 교화(敎化)된다.
학문을 쌓고 예의를 실천하는 사람을 군자(君子)라 하고, 본성(本性)과
감정을 멋대로 버려둔 채 성나는 대로 행동하며 예의를 어기는 자를
소인(小人)이라 한다.
이렇게 본다면 사람의 본성은 악(惡)함이 분명하며, 본성이 선(善)하
다는 것은 거짓이다.   ☞ 순자(荀子)

무릇 사람들이 선해지고자 하는 것은 본성이 악하기 때문이다.
대개 세상 사람들은 얇으면 두터워지기를 바라고, 보기 흉하면 아름
다워지기를 바라며, 좁으면 넓어지기를 바라고, 가난하면 부(富)해지
기를 바라며, 천하면 귀해지기를 바란다.
진실로 자기 가운데 없는 것은 반드시 밖에서 구하게 되는 법이다.
                                                            ☞ 순자(荀子)

사람은 태어나서 늙을 때까지, 얼굴과 모습과 지혜와 행동이 하루도
변하지 않는 날이 없다.   ☞ 죽태(粥態)

사람의 본성이 악하다면 예의는 어떻게 생겨났는가?

성인(聖人)은 생각을 쌓고 작위(作爲)를 익혀서, 그것으로써 예의를 만들어내고 법도를 제정한다.

그러나 예의와 법도는 성인의 작위에 의해서 생겨난 것이지, 본시 사람의 본성으로부터 생겨난 것이 아니다.

눈[目]이 색깔을 좋아하고, 귀가 소리를 좋아하며, 입이 맛을 좋아하고, 마음이 이익을 좋아하며, 신체의 피부 그리고 근육이 상쾌하고 편안함을 좋아하는데, 이것은 모두 사람의 감정과 본성으로부터 생겨나는 것이다.

그러므로 성인이 여러 사람들과 다름없는 것이 본성이라 하겠고, 여러 사람들과 다르고도 훨씬 뛰어난 것이 작위라고 할 수 있다.

☞ 순자(荀子)

사람을 살피는 데는 눈동자를 보는 것 만한 것이 없다. 눈동자는 그의 악함을 은폐하지 못한다.

가슴속이 바르면 눈동자가 밝고, 가슴속이 바르지 못하면 눈동자가 어둡다. 그러므로 그의 말을 들으면서 그 눈동자를 바라보면 어찌 내심을 숨길 수 있으랴.

☞ 맹자(孟子)

지위(地位)가 천자(天子)라고 해서 반드시 귀한 것은 아니고, 빈궁한 필부(匹夫)라고 해서 반드시 천한 것은 아니다. 귀천(貴賤)의 구분은 그 행동의 선악에 있기 때문이다.

☞ 자장(子張)

가정을 다스리는 데는 네 가지 가르침이 필요할지니, 그것은 근면함과 검소함과 공손함과 너그러움이다.

☞ 왕유(王游)

글을 읽음은 집을 지키는 근본이요, 이치를 좇음은 집을 보존하는 근본이다.

부지런하고 검소함은 집을 다스리는 근본이요, 화순(和順)함은 집을 정제(整齊)하는 근본이다. ☞ 〈명심보감(明心寶鑑)〉

사람의 입을 굴복시키기는 쉬워도, 그의 마음을 굴복시키는 것은 어렵다. ☞ 장자(莊子)

마음의 본체는 넓고, 크고, 비었고, 밝아 만 가지 이치를 다 갖추고 있다.

그러므로 이를 잘 길러 해침이 없다면 천지(天地)와 같이 크고, 일월(日月)과 같이 밝으며, 크기는 만물(萬物)을 능히 담을 수 있다. ☞ 이언적(李彦迪) 〈회재집(晦齋集)〉

집안사람에게 허물이 있더라도 몹시 성내거나 가볍게 버리지 마라. 그 일을 말하기 어려우면 다른 일에 비유하여 은근히 깨우쳐라. 오늘 깨닫지 못하거든 내일을 기다려 다시 경계하라. 봄바람이 언 것을 풀듯, 화기(和氣)가 얼음을 녹이듯 하라. 이것이 곧 가정의 규범이다. ☞ 홍자성(洪自誠) 〈채근담(菜根譚)〉

가슴속에 꾸미고 조작하는 간교한 마음을 지니고 있으면, 새하얀 도가 깨끗할 수 없고, 정신적 덕성(德性)이 온전할 수 없다.

내 몸에 깃든 사악한 마음을 알지 못한 채 이를 쫓아내지 못하면서, 어찌 남들이 먼 곳에서 자기에게 덕(德)을 베풀거나 사모(思慕)하여 주기를 바랄 수 있겠는가. ☞ 회남자(淮南子)

입은 화를 불러오는 문이요, 혀는 목을 베는 칼이다.
입을 닫고 혀를 깊이 감추면, 몸이 어느 곳에서나 편안하리라.
☞ 연산군(燕山君)〈해동야언삼(海東野言三)〉

교묘한 언변(言辯)과 풍부한 표정에서는 진실성을 찾기 힘들다.
☞ 공자(孔子)〈논어(論語)〉

무릇 눈으로 마구 보면 눈이 흐려지고, 귀로 마구 들으면 귀가 어지러
워지며, 입으로 마구 말하면 입이 난잡해진다.
이들을 잘 꾸미고자 애를 쓰면 도리어 망치고 말 것이므로, 이들을
잘 간직하기 위해서는 이들을 멀리 떨어진 듯 쓰지 말아야 한다.
☞ 회남자(淮南子)

사람의 마음이란 지극히 미묘한 것이어서, 말로써 이해할 수도 없고,
생각으로써 깨달을 수도 없으며, 침묵으로서도 통할 수 없다.
☞ 보우(普愚)〈태고화상어록(太古和尙語錄)〉

부디 사람의 마음에 간섭하지 말도록 조심하라. 사람의 마음이란 깎
아내릴 수도 있고 추켜올릴 수도 있는 것이다.
유화(柔和)로써 강함을 부드럽게 할 수도 있고, 강함으로써 이를 깎아
내릴 수도 있다.
달면 불길처럼 뜨거워지고, 식으면 얼음처럼 차가워진다. 가만있으면
연못처럼 고요해지고, 움직이면 하늘까지 뛰어오른다.
사나운 말처럼 가만히 매어져 있지 않는 것, 이것이 곧 사람의 마음이다.
☞ 장자(莊子)

귀로 듣지 말고 마음으로 듣고, 마음으로 듣지 말고 기(氣)로 들으라.
들리는 것은 귀에 그치고, 마음은 아는 것에 그친다.
그러나 기(氣)는 공허한 상태에서 사물(事物)을 받아들인다.
☞ 공자(孔子)

피로한 눈으로 허공을 보면 허공의 별꽃이 어지럽고, 어지러운 마음
으로 잠이 들면 꿈자리가 뒤숭숭하다.
어지러운 별꽃을 꺼리지 말고, 눈을 먼저 바르게 하라.
꿈자리가 뒤숭숭함을 괴이하다 말고, 마음을 먼저 깨끗이 하라.
☞ 지눌(知訥) 〈진각국사어록(眞覺國師語錄)〉

마음속에 악(惡)함을 지닌 채 말을 하거나 행동하면 죄(罪)와 괴로움
이 저절로 따라온다. 마치 수레바퀴 뒤에 자국이 따르는 것처럼…….
☞ 〈법구경(法句經)〉

아들이 태어날 때 어머니가 위태롭고 전대에 돈이 쌓이면 도둑이 엿
보나니, 어느 기쁨이 근심 아닌 것이 있으랴.
가난을 다스려 절용(節用)할 것이요, 병을 다스려 몸을 보전할 것이니,
어느 근심이 기쁨 아닌 것이 있으랴.
그러므로 달인(達人)은 마땅히 순(順)과 역(逆)을 같이 보며, 기쁨과
슬픔을 둘 다 잊는다. ☞ 홍자성(洪自誠) 〈채근담(菜根譚)〉

마음에 있지 않으면 보아도 보이지 않고, 들어도 들리지 않고, 먹어도
그 맛을 모른다. 이리하여 몸을 닦는 것은 마음을 바로잡는 데 있다고
이르는 것이다. ☞ 공자(孔子) 〈대학(大學)〉

원헌(原憲)은 노(魯)나라에서 가난하게 지냈고, 자공(子貢)은 위(衛)나라에서 재물을 불렸다.

원헌의 가난함은 삶을 손상시켰고, 자공의 재물 증식은 몸에 누를 끼쳤다.

그러나 가난한 것도 안 되지만 재물을 불리는 것도 안 된다.

그러면 어떻게 해야만 괜찮은가?

괜찮은 것은 삶을 즐기는 데 있으며, 괜찮은 것은 몸을 편안히 하는 데 있다. 그러므로 삶을 즐기는 사람은 가난하지 않고, 몸을 편안히 하는 사람은 재물을 불리지도 않는다.　　☞ 양주(楊朱) 〈열자(列子)〉

탐욕(貪慾)에서 근심이 생기고, 탐욕에서 두려움이 생긴다. 탐욕에서 벗어나면 무엇이 근심이며, 무엇이 두려움이랴.

☞ 〈법구경(法句經)〉

폭군(暴君)의 대표로 불리는 걸왕(桀王)에게도 취할 만한 업적이 있었고, 성군(聖君)의 으뜸으로 꼽히는 요(堯)임금에게도 실수가 있었다. 추녀의 대명사로 불리는 모모(嫫母)에게도 좋은 점이 있었고, 미녀의 으뜸으로 치는 서시(西施)에게도 나쁜 점이 있었다.

그러므로 멸망한 나라의 법에도 추려 따를 만한 점이 있고, 잘 다스려지는 나라의 기풍 속에도 비난할 만한 점이 있는 것이다.

☞ 회남자(淮南子)

대저 걱정을 한다는 것은 창성(昌盛)하는 원인이 되며, 기뻐한다는 것은 망하는 원인이 되는 것이다. 승리 자체가 어려운 것이 아니라, 그것을 유지하는 것이 어려운 것이다.　　☞ 공자(孔子)

오로지 마음만을 기르는 사람은 나날이 자기의 부족함을 알게 되지만, 오로지 지식과 견문(見聞)만을 추구하는 사람은 나날이 자기가 늘어 가고 있음을 알게 된다.

그러나 나날이 부족함을 아는 사람은 넉넉해지지만, 나날이 늘어 감을 아는 사람은 부족해질 것이다. ☞ 왕양명(王陽明)

근심하고 걱정할 때에 복(福)과 경사의 토대가 이루어지고, 잔치하고 편안히 지낼 때에 재앙의 독이 싹튼다.

☞ 김시습(金時習) 〈매월당집(梅月堂集)〉

의로운 선비는 천승(千乘)을 사양하고, 탐욕한 사람은 한 푼의 돈으로 다툰다. 인품이야 하늘과 땅의 사이로되, 명예를 좋아함은 재리(財利)를 좋아함과 다르지 않다.

천자(天子)는 나라를 다스림에 생각을 괴롭히고, 거지는 음식을 얻으려고 부르짖는다. 신분은 하늘과 땅 사이지만, 초조한 생각이 애타는 소리와 무엇이 다르겠는가. ☞ 홍자성(洪自誠) 〈채근담(菜根譚)〉

뿌리가 깊이 박힌 나무는 베어내도 움이 다시 돋는다.

욕심을 뿌리째 뽑지 않으면, 다시 자라 괴로움을 받게 된다.

☞ 〈법구경(法句經)〉

정도(正道)를 행하는 사람은 돕는 사람이 많고, 무도(無道)를 행하는 사람은 돕는 사람이 적다.

돕는 사람이 몹시 적을 경우에는 친척마다 등을 돌리고, 돕는 사람이 몹시 많을 경우에는 천하가 다 따라오느니라. ☞ 맹자(孟子)

모진 돌이나 둥근 돌이나 다 쓰이는 용처(用處)가 있는 법이니, 다른 사람의 성격이 다 나와 같지 않다 하여 나무랄 일이 아니다.

☞ 안창호(安昌浩) '동지(同志)들께 주는 글'

천하에 도(道)가 행해지면, 군마(軍馬)는 해산되어 농사에 쓰이게 된다. 하지만 천하에 도가 행해지지 않을 때는, 군마가 도성의 교외에서 새끼를 낳을 것이다.
재앙은 만족함을 알지 못하는 것보다 더 큰 것이 없고, 허물은 끝없이 얻고자 하는 욕망보다 더 큰 것이 없다.
그러므로 만족할 줄 아는 것이야말로 가장 큰 넉넉함이다.

☞ 노자(老子)

좋은 활은 잡아당기기는 어려우나, 높이 올라갈 수 있고 깊이 들어갈 수 있다.
좋은 말은 타기는 힘드나, 무거운 짐을 싣고 멀리 갈 수 있다.
훌륭한 인재는 부리기는 어려우나, 임금을 이끌어 존귀(尊貴)함을 드러내줄 수 있다.

☞ 묵자(墨子)

남의 사소한 결점을 드러내어 그 사람의 큰 미덕을 덮는다면, 온 천하에 성왕(聖王)이나 현명한 재상(宰相)이 한 사람도 있을 수 없을 것이다.

☞ 회남자(淮南子)

나무에 올라가 물고기를 구함은 그래도 물고기를 얻지 못할 뿐 후환(後患)은 없지만, 만일 당신이 하려는 방법으로 당신의 욕구를 추구한다면 죽도록 애쓴 뒤에 반드시 화(禍)가 따를 것이다.   ☞ 맹자(孟子)

남의 허물을 듣거든 마치 부모의 이름을 듣는 것과 같이하여, 귀로는 들을지언정 입으로는 말하지 마라. ☞ 마원(馬援)

술잔치의 즐거움이 잦은 집은 훌륭한 집이 아니요, 명성을 좋아하고 화려한 것을 즐기는 이는 훌륭한 선비가 아니며, 높은 자리와 성(盛)한 이름을 중히 생각함은 훌륭한 신하가 아니다.

☞ 홍자성(洪自誠)〈채근담(菜根譚)〉

한 사람에게 대지(大地)의 곡물을 다 주고, 또한 강물을 다 준다 치고, 그 사람이 배가 고파 마구 먹고, 목이 말라 마구 마신다 해도, 그 사람의 뱃속을 채우는 것은 고작 도시락의 밥이고, 표주박의 물에 지나지 않으며, 그것으로 그 사람은 포만하게 될 것이다. 그렇다고 대지의 곡식이 줄어들 것도 아니고, 강물이 말라버릴 것도 아니다.
즉 온 대지의 곡식을 독차지했다고 더 배부르게 먹을 수도 없을 것이며, 대지의 곡식을 다 갖지 못했다고 해서 굶주릴 것도 아니다.
결국 둥구미에 곡식을 조금 가지고 있고, 우물에 물이 있을 때와 실질적으로는 같은 것이다. ☞ 회남자(淮南子)

어리석은 자는 탐욕으로 몸을 묶어 피안(彼岸)의 세계를 바라볼 줄 모른다. 이 탐욕을 버리지 않으면, 남을 해칠 뿐 아니라 스스로도 망한다.

☞ 〈법구경(法句經)〉

남의 부유(富有)함을 부러워하지 않고, 나의 가난함을 한탄하지 않는다. 또한 오직 삼가야 할 것은 탐욕이며, 두려워할 것은 교만이다.

☞ 소림일다(小林一茶)

입에 맛있는 음식은 모두가 창자를 짓무르게 하고 뼈를 썩게 하는 나쁜 약이므로 실컷 먹지 말고, 5분쯤에 멈추면 재앙이 없으리라. 마음에 쾌한 일은 모두 몸을 망치고 덕을 잃게 하는 중매이므로 너무 탐닉하지 말고, 5분쯤 후에 멈추면 뉘우침이 없으리라.

☞ 홍자성(洪自誠) 〈채근담(菜根譚)〉

탐욕이 많은 사람은 금(金)을 나눠줘도 옥(玉)을 얻지 못함을 한하고, 공(公)에 봉사해도 제후(諸侯)가 못 됨을 불평한다.

☞ 홍자성(洪自誠) 〈채근담(菜根譚)〉

비가 오면 허술한 지붕으로 새듯이, 닦이지 않은 마음에는 탐욕이 스며든다.

☞ 〈법구경(法句經)〉

무릇 사람이란 여유가 있으면 남에게 양보하지만, 부족하면 서로 다투는 경우가 많다. 양보하는 곳에서는 예의가 이루어지고, 다투는 곳에서는 폭란이 일기 마련이다.
문을 두드리고 물을 청할 때 주지 않는 사람이 없는 것은 물이 많이 있는 까닭이다. 산림 속에서 나무를 팔지 않고, 연못에서 고기 장사를 하지 않는 것은 나무나 고기가 남아돌아가기 때문이다.
이렇듯 물질이 풍부하면 욕심도 가라앉고, 욕구를 충족시키면 다투는 일도 없게 된다.

☞ 회남자(淮南子)

짐승을 잡고자 뒤쫓는 자는 태산이 앞에 있어도 보지 못한다. 욕심이 밖으로 돋아나오면 총명한 슬기가 가려져 어둡게 된다.

☞ 회남자(淮南子)

마음속에 선(善)함을 지니고 행동하면 복과 즐거움이 저절로 따라온다. 마치 그림자가 물체(物體)를 따르듯이…… ☞ 〈법구경(法句經)〉

새는 나무에 산다. 낮은 나무를 두려워하여 윗가지에 산다. 그럼에도 먹이에 속아서 그물에 걸리고 만다. 사람도 이와 같다.

☞ 일연(日蓮)

사람들은 재물을 탐내는 데 마음을 쏟고, 권력을 탐내는 데 힘을 기울인다.
마음이 편하면 향락에 빠지고, 기름지면 주먹을 휘두른다. 바로 이것이 큰 병이다. ☞ 장자(莊子)

최고의 선(善)은 물과 같다. 물은 만물에 혜택을 주지만 남과 다투는 일이 없어서, 모든 사람이 싫어하는 낮은 곳에 즐겨 머문다. 그러므로 도(道)에 가깝다 할 수 있다.
사는 데는 땅이 좋고, 마음은 깊은 것이 좋다. 사는 데는 인(仁)이 좋고, 말은 신의(信義) 있는 것이 좋다. 정치는 다스려져야 좋고, 일의 처리는 능숙한 것이 좋다.
행동은 시기에 맞는 것이 좋지만, 물처럼 겸허하여 다투지 않을 때 비로소 허물이 없을 수 있다. ☞ 노자(老子)

선(善)을 행하면서 이름을 위해 신경 쓰지 않아도 이름은 자연히 따라온다. 이름은 이익(利益)을 기약하지 않아도 자연히 돌아오고, 다툼을 기약하지 않아도 자연히 미치게 된다. 그러므로 군자(君子)는 반드시 조심하여 선(善)을 행해야 한다. ☞ 양주(楊朱) 〈열자(列子)〉

청렴(淸廉)이란 목자(牧者)의 본무요, 온갖 선행(善行)의 원천이며, 모든 덕행(德行)의 근본이다. ☞ 정약용(丁若鏞) 〈목민심서(牧民心書)〉

착한 것을 말하고, 착한 것을 행하며, 착한 것을 생각하라.
이와 같이 하고서 군자(君子)가 되지 못한 사람은 아직까지 없었다.
☞ 서적(徐積) 〈소학(小學)〉

하루 착한 일을 행하면, 복(福)은 나타나지 아니하나 화는 스스로 멀어질 것이다. 하루 악한 일을 행하면, 화(禍)는 곧 나타나지 않으나 복이 스스로 멀어질 것이다.
착한 일을 행하는 사람은 봄동산의 풀과 같아서, 그 자라나는 것은 보이지 않으나 날마다 더하는 바가 있다. 악한 일을 하는 사람은 칼을 가는 숫돌과 같아서, 닳아 없어지는 것은 보이지 않으나 날이 갈수록 마모되어지는 것과 같다. ☞ 동악성제(東岳聖帝)

소리는 아무리 작아도 들리지 않는 것이 없고, 행동은 아무리 숨겨도 드러나지 않는 것이 없다.
옥(玉)이 산에 있으면 초목(草木)이 윤택해지고, 못에 진주(眞珠)가 나면 언덕이 마르지 않는다.
선(善)을 행하고 사악(邪惡)함을 쌓지 않는다면, 어찌 명성(名聲)이 드날리지 않겠는가. ☞ 순자(荀子)

구차하게 탐하고 시기하여 남에게 손해를 끼친다면 필경의 편안함도 없을 것이요, 선(善)을 쌓고 인(仁)을 보존해 간다면 반드시 영화로운 자손이 있게 될 것이다. ☞ 고종(高宗)

나에게 착하게 하는 이는 물론이고, 나에게 악하게 하는 이라도 착하게 대하라. 내가 악하게 아니했으면, 남도 나에게 악하게 하는 일이 없을 것이다. ☞ 장자(莊子)

착한 것을 보거든 목마를 때 물 본 듯이 하고, 악한 것을 듣거든 귀머거리같이 하라. 또한 착한 일은 모름지기 탐을 내고, 악한 일은 모름지기 즐겨하지 마라. ☞ 강태공(姜太公)

악한 일을 행한 다음 남이 아는 것을 두려워함은 아직 그 악 가운데 선(善)으로 향하는 마음이 있음이요, 선을 행하고 나서 남이 빨리 알아주기를 바라는 마음은 그 선 속에 아직도 악의 뿌리가 있는 까닭이다. ☞ 홍자성(洪自誠) 〈채근담(菜根譚)〉

몸에 해로운 악한 행위는 누구나 행하기 수월하나, 어리석은 자가 몸에 이로운 착한 행위를 행하는 것은 결코 쉽지 않다. ☞ 〈법구경(法句經)〉

악(惡)함이 쌓여서 재앙(災殃)이 된 것은 성인(聖人)도 이를 구원하기 어렵다. ☞ 김시습(金時習) 〈매월당집(梅月堂集)〉

선(善)을 쌓은 집에는 반드시 남은 경사가 있게 마련이고, 불선(不善)을 쌓은 집에는 반드시 남은 재앙이 있게 마련이다. ☞ 〈역경(易經)〉

한 마리 개가 그림자를 보고 짖으면 모든 개들이 그 소리에 따라 짖는다. ☞ 〈잠부론(潛夫論)〉

악(惡)의 대가(代價)는 곧 나타나지 않는다. 새로 짠 우유가 바로 상하지 않듯이, 악의 기운은 재에 덮인 불씨처럼 속으로 그를 애태운다.
☞ 〈법구경(法句經)〉

덕(德)은 지키되 크지 못하고 도(道)를 믿되 두텁지 못하다면, 살되어찌 살아 있다 하겠으며 죽되 어찌 죽었다 할 수 있겠는가.
☞ 자장(子張)

덕(德)은 도량을 따라 늘어가고, 도량은 식견(識見)으로 말미암아 커간다. 그러므로 그 덕을 두텁게 하려면 그 도량을 넓혀야 하고, 그 도량을 넓히려면 그 식견을 키워야 한다.
☞ 홍자성(洪自誠) 〈채근담(菜根譚)〉

명석한 지혜를 갖고 있으면서도 어리석음의 덕(德)을 지켜간다면 천하의 사표(師表)가 될 것이다.
천하의 사표가 되면 영구(永久)한 덕으로 어긋남이 없어지므로, 결국은 끝없는 자연의 도(道)에 복귀할 것이다.
☞ 노자(老子)

덕(德)은 재주의 주인이요, 재주는 덕의 종이다.
재주는 있어도 덕이 없으면 주인 없는 집에서 종이 일을 처리함과 같으니, 어찌 도깨비가 놀아나지 않겠는가.
☞ 홍자성(洪自誠) 〈채근담(菜根譚)〉

새로 머리를 감은 사람은 반드시 갓을 털고, 새로 몸을 씻은 사람은 반드시 옷을 턴다.
☞ 〈초사(楚辭)〉

청백(淸白)하면서 너그럽고, 어질면서 결단을 잘하며, 총명하면서 지나치게 살피지 않고, 강직하면서 너무 바른 것에 치우침이 없으면, 이는 꿀을 발라도 달지 않고, 바다 물건이라도 짜지 않음과 같다 할 것이다.

이것이 곧 아름다운 덕(德)이다.　　☞ 홍자성(洪自誠) 〈채근담(菜根譚)〉

학문을 닦으면 날로 할 일이 늘고, 도를 닦으면 날로 할 일이 줄어든다. 줄이고 줄이면 무위(無爲)의 경지에 이르게 되고, 작위(作爲)하지 않아도 하지 않는 것이 없다.

이와 마찬가지로 천하는 무위의 덕으로써만 취할 수 있을 뿐, 인위적 노력으로는 결코 취할 수 없는 것이다.　　☞ 노자(老子)

복(福)은 청렴하고 검소한 것에서 나오고, 덕(德)은 자신을 낮추고 물러서는 것에서 나온다.　　☞ 한비자(韓非子)

사람이면서 어질지 않으면 예(禮)를 무엇 때문에 갖추며, 사람이면서 어질지 않으면 음악을 무엇 때문에 하리오?

☞ 공자(孔子) 〈논어(論語)〉

쑥이 삼밭 가운데서 자라면 붙들어 주지 않아도 스스로 곧아지고, 흰모래가 진흙 속에 있으면 물들이지 않아도 모두 절로 검게 된다.

☞ 〈사자소학(四字小學)〉

숲이 깊으면 새들이 깃들이고, 물이 넓으면 물고기들이 논다. 인의(仁義)를 쌓으면 만물이 절로 귀의(歸依)한다.　　☞ 〈정관정요(貞觀政要)〉

사람이 비록 지극히 어리석어도 남을 꾸짖는 데는 밝고, 비록 총명
할지라도 자기를 용서하는 데는 어둡다.

☞ 〈송명신언행록(宋名臣言行錄)〉

인간은 갈대, 즉 자연에서 가장 약한 것에 지나지 않는다.
그러나 인간은 생각하는 갈대이다. ☞ B. 파스칼 〈명상록〉

인간은 회(灰) 속에서도 화려하고, 무덤 속에서도 호화로운 고상한
동물이다. ☞ T. 브라운 경 〈대장론〉

인간은 모든 탐험의 항로를 노 저어가는 발명가들이다.

☞ 에머슨 〈미정리 강의집〉

자연 속에서 인간은 무엇인가?
무한한 것과의 관계에서는 무(無)이며, 무(無)와의 관계에서는 모든
것이니, 무(無)와 모든 것의 중간이다. ☞ B. 파스칼 〈명상록〉

인간은 자기가 가지고 있는 것의 총화가 아니라, 아직 가지지 못한
것, 혹은 앞으로 가질지도 모르는 것의 총화이다.

☞ J. P. 샤르트르 〈상황〉

인간은 극히 제한된 환경 아래에서 생을 위해 적응하는 피조물이다.
어느 정도의 온도, 대기 성분의 경미한 변화, 식물의 정밀한 적합성이
건강과 질병, 삶과 죽음 간의 차이를 나타낸다.

☞ R. S. 볼 〈천국 이야기〉

인간은 이제껏 나온 모든 컴퓨터 중에서 가장 훌륭한 컴퓨터이다.
☞ J. F. 케네디 연설

신(神)은 작가이고, 인간은 연기자에 지나지 않는다.
지상에서 연기되는 웅대한 작품들은 천상(天上)에서 저술된 것이다.
☞ 발자크 〈기독교적인 소크라테스〉

로맨스는 우리에게 실연을 안겨주고 우정도 실망시킨다. 그러나 부모 자식 관계는 다른 모든 관계보다 덜 시끄러우면서도 세상을 사는 동안 지속되는, 끊을 수 없는 가장 강력한 관계이다.
☞ T. 레이크 〈사랑과 육욕〉

사람에는 네 가지 유형이 있다.
무식하면서 무식함을 모르는 자는 바보니 — 그는 피하라.
무식하면서 무식함을 아는 자는 단순하니 — 그는 가르쳐라.
유식하면서 유식함을 모르는 자는 잠을 자니 — 그는 깨우라.
유식하면서 유식함을 아는 자는 현명하니 — 그는 따르라.
☞ 버튼 여사 〈리처드 버튼 경 전기〉

인간이라는 것은, 자신의 이기적인 용무에는 철두철미하게 비겁한 주제이지만, 사상을 위해서는 영웅처럼 싸운다.
☞ 버나드 쇼 〈인간과 초인〉

조상들 중에 노예가 없었던 군주는 없고, 조상들 중에 군주가 없었던 노예는 없다.
☞ H. 켈러 〈자서전〉

사람들을 선인(善人)·악인(惡人)으로 구분하는 것은 불합리하다. 사람들은 매력적이거나 그렇지 않으면 귀찮은 것일 뿐이다.
☞ 오스카 와일드 〈윈더미어 부인의 부채〉

지구상에는 인간 이외에 더 위대한 것이 없다.
인간에게는 지성 이외에 더 훌륭한 것이 없다.
☞ W. 헤밀튼 경 〈형이상학에 관한 강연〉

인간이란 종족은 지적 생활에서 벌 집단처럼 조직된다. 남성적인 화신(化身)은 일꾼으로, 본질적으로 비개인적 보편적인 작위(作爲)에 헌신하게 되어 있다.
반면 여성은 여왕으로, 무한정의 수태 능력이 있어 어디에서나 자녀를 생산할 수 있다. 그러나 수동적이며, 방법 없는 직감력과 정의감 없는 열정이 풍부하다.
☞ G. 산타야나 〈이성의 생활〉

인간다운 모든 것은 전진하지 않으면, 퇴보해야 한다.
☞ E. 기번 〈로마제국의 쇠망사〉

그 아버지에 그 아들, 모든 좋은 나무는 좋은 열매를 맺는다.
☞ W. 랭런드 〈농부 피어즈〉

자기가 살고 있는 시대에 대해 불평하고, 현재의 권력자들에 대해 수군거리고, 과거를 탄식하며, 미래에 터무니없는 기대를 걸어보는 것 등은 거의 모든 인류가 가지는 공통된 성질이다.
☞ E. 버크 〈현대 불평의 원인에 대한 고찰〉

너의 위대한 조상을 본받아 행동하라. 그리고 그들의 덕성과 비교하여 네가 그들의 자손임을 증명하라. ☞ 드라이든 〈배드의 아내〉

우리가 인간성에 대해 정말로 아는 유일한 것은, 그것이 변화한다는 것이다. 우리가 말할 수 있는 유일한 속성은 변화이다.
☞ 오스카 와일드 〈사회주의적 인간의 영혼〉

인간은 우주의 다른 어떤 유기체나 무기체와 다른 존재다.
자기의 할 일 이상으로 자라서 자기 개념의 사다리를 밟아 올라가,
자신의 꿈을 성취하는 존재다. ☞ J. E. 스타인벡 〈분노의 포도〉

우리들은 항상 자손들을 위해 무엇인가를 하고 있다고 말한다. 그러나 나는 자손들이 우리들을 위해 무엇인가를 해 주는 것을 보고 싶다.
☞ 에디슨 〈스펙테이터〉지(誌)

아버지가 누더기를 걸치면 자식은 모르는 척하지만, 아비가 돈주머니를 차고 있으면 자식들은 모두 효자가 된다.
☞ 셰익스피어 〈리어 왕〉

아이들은 부모의 사랑으로 시작하여 얼마 후엔 부모를 심판한다. 부모를 용서하는 일이 있다고 하더라도 그것은 드문 일이다.
☞ 오스카 와일드 〈하찮은 여인〉

자녀에게 회초리를 쓰지 않으면, 자녀가 아비에게 회초리를 든다.
☞ T. 풀러 〈성지(聖地)〉

자기 아버지만한 명성을 얻기 위해서는 아버지보다 능력이 더 뛰어나
야 한다. ☞ D. 디드로 〈라모의 조카〉

쾌락은 행복하게 사는 시초요 끝이다. ☞ 에피쿠로스

아버지에게 손찌검을 하는 아들을 둔 아버지는 누구나 죄인이다. 자
기에게 손찌검을 하는 아들을 만들었기 때문이다.
☞ C. 페귀 〈레 카에 드 라 퀸젠〉지(誌)

장난감과 먹을 것이 많은데도 더럽고 단정치 못한 어린이는 어쩔 수
없는 장난꾸러기이거나, 아니면 그의 아비가 부족하기 때문일 것이다.
☞ R. L. 스티븐슨 〈체제〉

훌륭한 업적과 재단(財團)은 자식 없는 사람들이 만들어냈다.
☞ F. 베이컨 〈수필집〉

우리들을 부자지간으로 맺어 주는 것은 혈육이 아니라 애정이다.
☞ 실러 〈군도(群盜)〉

아들이 자기보다 더 나무랄 데 없기를 바란다면, 먼저 아버지인 자신
부터 나무랄 데가 없어야 한다. ☞ 플라우투스 〈거짓말쟁이〉

아버지보다 어머니가 자식을 더 사랑한다. 어머니는 자식을 자기 자
식으로 알지만, 아버지는 자기 자식이라고 생각할 뿐이기 때문이다.
☞ 메난드로스 〈유고집〉

한 분의 아버지가 백 명의 스승보다 더 낫다.　☞ G. 하버트 〈명궁〉

자기 자식을 아는 아비가 현명한 아버지이다.
☞ 셰익스피어 〈베니스의 상인〉

우리를 고결하게 하는 것은 덕행이지 가문이 아니다.
☞ 보몬트와 플레처 〈예언자들〉

자녀들을 너희들 자신의 모형대로 만드는 것은 큰 죄악이다. 너희들
의 모형은 반복할 가치가 없기 때문이다.
이것은 아이들도 알고, 너희들도 다 안다. 크게 달라지지 않으면, 결
과적으로 너희들은 서로 미워하게 된다.
☞ K. 사피로 〈부르주와 시인〉

아무리 멀리 떨어진다 해도 핏줄은 끊지 못하는 것, 형제는 언제까지
나 형제이다.　　　　　　　　　☞ J. 키블 〈기독교인의 해〉

피는 물보다 진하다. 사람이 고통을 당할 때는, 친척의 열려진 품을
찾아내는 것이 가장 좋다.　　☞ 에우리피데스 〈안드로마케〉

좋은 가문에 태어나는 것은 바람직한 일이다. 그러나 그 영광은 조상
의 것이다.　　　　　☞ 플루타르코스 〈아이들의 지도에 대하여〉

천한 것과 훌륭한 것은 가문으로가 아니라, 그 사람의 태도와 마음의
순수성으로 구별하라.　　　　　　☞ 호라티우스 〈풍자 시집〉

아무리 세상일이 재미있고 자유를 갈망하더라도, 우리의 소망은 평온을 찾아 가정으로 되돌아오는 것이다.　　☞ 골드스미스 〈세계 시민〉

쾌락과 궁전 속을 거니는 것도, 언제나 초라한 내 집만큼 편안하지는 않다.　　☞ J. H. 페인 〈집, 즐거운 집〉

천천히 화내는 사람을 조심하라.
좀처럼 화를 내지 않는 사람이 성을 내면, 자주 화를 내는 사람보다 심하고 오래간다.　　☞ F. 퀼즈 〈편람〉

가정과 가정생활의 안정과 향상이 문명의 주요 목적이요, 모든 산업의 궁극적 목적이다.　　☞ C. W. 엘리어트 〈행복한 생활〉

천막을 치고 야영을 하는 데는 백 명의 남자가 필요하지만, 가정을 이루는 데는 여자 하나면 된다.　　☞ C. G. 잉거술 〈여인〉

가정은 소녀의 감옥이요, 부인의 노역소이다.
　　☞ 버나드 쇼 〈혁명가를 위한 금언집〉

하나하나 뜯어보면 좋게 보이지 않는 얼굴일지라도, 모두 합쳐보면 좋게 보일 수 있다.　　☞ F. 베이컨 〈수필집 : 미에 대하여〉

분노를 억누르지 못하는 것은 수양이 부족하고 무절제하다는 표시다. 그러나 항상 그것을 억누르는 것은 쉽지 않다. 그것이 불가능한 상황이 반드시 있기 때문이다.　　☞ 〈플루타르크 영웅전〉

가정이 행복해지려면 인내가 필요하다. 변덕스러운 자는 불행을 불러
들이기 마련이다.　　　　　　　　　　☞ G. 산타야나 〈이성의 생활〉

사람은 집에 머물 때 그의 행복에 가장 가까워지고, 밖으로 나가면
그의 행복에서 멀어지기 십상이다.　　　☞ J. G. 홀런드 〈금언집〉

어느 곳에나 가정이 있는 자는 가정이 없는 것과 마찬가지다.
　　　　　　　　　　　　　　　　　☞ 마르티알리스 〈경구집〉

안락한 집은 행복의 근원이다. 그것은 바로 건강과 착한 양심 다음
자리를 차지한다.　　　　　　　　☞ S. 스미드 〈머리 경에의 서한〉

정신이 눈을 지배하면, 눈은 잘못된 길을 가지 않는다.
　　　　　　　　　　　　　　　☞ 푸블릴리우스 시루스 〈잠언집〉

생명이 없는 시체가 값이 나가지 않는 이유는, 정신이 더할 나위 없이
고귀하기 때문이다.　　　☞ N. 호돈 〈블라인드데일 계곡의 사랑〉

현명한 자는 자기 마음의 주인이 되지만, 미련한 자는 그 노예가 될
것이다.　　　　　　　　　　　☞ 푸블릴리우스 시루스 〈잠언집〉

노고 후의 수면, 풍랑 뒤의 항구 정박, 전쟁 뒤의 평온, 삶 뒤의 죽음
— 이것이 인생에서의 최대 기쁨이다.　　☞ H. 스펜서 〈요정 여왕〉

입에서 단 것이 위에서는 쓰다.　　　　　　　　　　☞ 미상

우선 네 마음속의 평화를 지켜라. 그러면 다른 사람들에게도 평화를 가져다 줄 수 있다.　　　　☞ 토마스 아 캠피스 〈그리스도를 본받아〉

쾌락이 일종의 죄이듯, 죄가 일종의 쾌락이 되는 사람도 있다.
　　　　☞ 바이런 〈돈 주안〉

쾌락에 대항하는 것은 현자(賢者)의 역할이요, 쾌락의 노예가 되는 것은 우자(愚者)의 역할이다.　　　　☞ 에픽테토스 〈단편집〉

쾌락을 사랑하는 자는 틀림없이 쾌락으로 멸망한다.
　　　　☞ C. 말로 〈파우스투스 박사의 비극〉

진실은 언제나 씁쓸하지만, 쾌락은 악행을 수반한다.
　　　　☞ 성(聖) 제롬 〈서간집〉

적당한 쾌락은 정신의 긴장을 풀리게 하고 진정시킨다.
　　　　☞ 세네카 〈분노〉

만족은 연료를 더 넣는 데 있지 않고, 불을 좀 덜 때는 데 있다. 만족은 재산을 늘리는 데 있지 않고, 인간의 욕망을 줄이는 데 있다.
　　　　☞ T. 풀러 〈성지(聖地)〉

숨 쉬는 자는 고통이 있고, 생각하는 자는 비통이 있다. 평화는 오직 태어나지 않은 자에게만 있을 뿐이다.
　　　　☞ M. 프라이어 〈세상의 허영에 대한 솔로몬〉

내가 알고 있는 가장 큰 기쁨은 선행을 몰래 하고, 그것이 우연히
드러나는 일이다.　　　　　　　　　　　　☞ C. 램 〈다화(茶話)〉

인생의 커다란 기쁨은, 사람들이 할 수 없다고 말하는 일을 당신이
하는 것이다.　　　　　　　　　　　　　☞ 배저트 〈문학 연구〉

행복은 머물러 있지 않고, 날개를 펼쳐 날아가 버린다.
　　　　　　　　　　　　　　　　☞ 마르티알리스 〈경구집〉

장미에 찔리는 것보다는, 쐐기풀에 찔리는 것이 낫다.
　　　　　　　　　　　　　　　☞ H. G. 본 〈격언 수필〉

가벼운 슬픔은 사람을 수다스럽게 만들지만, 큰 슬픔은 벙어리가 되
게 한다.　　　　　　　　　　　　　　　☞ 세네카 〈도덕론〉

마냥 슬픔에 잠겨 있는 것은 위험한 짓이다. 용기를 앗아갈 뿐더러,
회복하려는 의욕마저 잃게 하기 때문이다.　　　☞ 아미엘 〈일기〉

기쁨은 친구를 갖게 하지만, 슬픔은 고독만을 남겨 준다.
　　　　　　　　　　　　　　　☞ B. 네이던 〈삼나무 상자〉

누구든지 성을 낼 수 있다. ― 그것은 쉬운 일이다.
그러나 올바른 대상에게, 올바른 정도로, 올바른 시간에, 올바른 목적으
로, 올바른 방식으로 성을 내는 것 ― 그것은 모든 사람들이 할 수
있는 일도, 쉬운 일도 아니다.　　☞ 아리스토텔레스 〈니코마크 논리학〉

슬픔은 나누면 반으로 줄어들지만, 기쁨은 나누면 배로 늘어난다.
☞ J. 레이 〈영국 격언집〉

분노는 영혼을 활기차게 하는 원동력 중 하나이다. 그래서 분노가 없는 사람의 마음은 불구이다. ☞ T. 풀러 〈신성 이교국〉

부서지기 쉬운 얼음처럼, 분노는 시간이 흘러감에 따라 사라진다.
☞ 오비디우스 〈사랑의 기술〉

성이 나면 말하기 전에 열을 세라. 그래도 화가 나면 백을 세라.
☞ T. 제퍼슨 〈문집〉

사회에 대해 큰 소리로 불평하는 자가 '그 사회의 복지를 위해서 가장 많이 심려하는 자'라고 생각하는 것은 일반적인 잘못이다.
☞ E. 버트 〈국가의 현장〉 ― 출판에 관한 비평〉

상처는 네게 있지만, 그 고통은 내게 있다. ☞ 찰스 9세
(성(聖)바돌로뮤 대살육전에서 중상을 입은 콜리니 제독에게 한 말)

고통스러운 삶보다 차라리 죽음을 택하겠다.
태어나 불행한 것보다는 태어나지 않는 것이 더 낫다.
☞ 아에스킬루스 〈단편집〉

고통 뒤에 기쁨이 따르지 않는다면, 누가 고통을 참겠는가?
☞ S. 존슨 〈아이들러〉지(誌)

바보일수록 웃음이 헤프다.　　　　　　　☞ 당쿠르 〈시골의 가정〉

고통을 잊어버리는 것이 그것을 치료하는 길이다.
　　　　　　　　　　　　　　　　☞ 푸블리니우스 〈잠언집〉

만일 사람이 참된 마음으로 자기 인생을 인내하고자 한다면, 인간의
가장 큰 재산은 적은 것에 만족하며 사는 것이다. 적은 것은 결코
모자라는 것이 아니기 때문이다.　　☞ 루크레티우스 〈자연의 본질론〉

만족은 먹고 잠자는 것만 중요하게 여기는 사람들의 따뜻한 돼지우리
이다.　　　　　　　　　　　　　☞ E. 오닐 〈마르코 밀리온즈〉

비참하다고 생각하지 않는다면, 비참한 것은 아무것도 없다. 어떠한
상태라도 그것을 지니는 사람이 만족하면 행복하다.
　　　　　　　　　　　　　　　　☞ 보에티우스 〈철학의 위안〉

만족은 부(富)요, 마음의 풍요이다. 그런 풍요를 찾을 수 있는 자는
행복하다.　　　　　　　　　　☞ J. 드라이든 〈바드의 아내 이야기〉

노동에서 건강이, 건강에서 만족이 샘솟는다. 만족은 모든 기쁨의 구
원을 열어 준다.　　　　　　　　　☞ J. 비티 〈음유 시인〉

명성이란, 생존한 사람에게는 거의 관심을 돌리지 않는다. 하지만 죽
은 사람은 화려하게 장식해 주고, 그의 장례식을 준비해 주며, 마침내
무덤까지 따라가 주는 장의사이다.　　　☞ C. C. 콜튼 〈라콘〉

인생의 가치는 세월의 길이에 있는 것이 아니라, 우리가 그것을 사용하는 데 있다. 아무리 오래 살아도, 인생으로부터 얻는 것은 적을지 모른다.

인생에서 얼마만큼 만족을 찾느냐 하는 것은 몇 살이라는 나이로 정해지는 것이 아니라, 오직 자신의 의지에 달린 것이다.

☞ 몽테뉴 〈수상록〉

자기가 소유하고 있는 것을 가장 풍부한 재산으로 여기지 않는 자는, 그가 비록 이 세상의 주인이라 할지라도 불행하다.

☞ 에피쿠로스 〈단편집〉

너에게는 경쟁자가 있기도 하고 없기도 할 것이다.

너에게 경쟁자가 있다면, 그에게 우선권이 돌아가도록 하기 위해 노력해야 한다. 만약 경쟁자가 없다면, 경쟁자를 갖지 않도록 하기 위해 노력해야 한다.

☞ P. C. D. 라클로 〈위험한 결합〉

행복하니까 만족하는 것이지, 만족하니까 행복을 느끼는 것은 아니다.

☞ W. S. 랜더 〈상상적 대화 : 부르크와 시드니〉

자기 몫에 만족하는 자가 가장 크고 가장 안전한 부(富)를 얻는다.

☞ 푸블릴리우스 시루스 〈잠언집〉

즐거워해야 할 것을 즐거워하고 싫어해야 할 것을 싫어하는 것은, 뛰어난 사람의 가장 합리적인 처신이다.

☞ 아리스토텔레스 〈니코마크 논리학〉

절대적인 사람은 자기가 좋아하는 것을 할 수 있다.

자기가 좋아하는 것을 할 수 있는 사람은 쾌락을 즐길 수 있고, 쾌락을 즐길 수 있는 사람은 만족할 수 있다.

만족할 수 있는 사람은 갈망하는 것이 없으며, 갈망하는 것이 없을 때에 문제는 끝난다. ☞ 세르반테스 〈돈키호테〉

어떤 자들은 지나치게 많이 갖고 있으면서도 여전히 탐한다. 나는 적게 가지고 있지만 더 많이 구하지 않는다.

그들은 비록 많이 가지고 있으나 가난하며, 나는 적은 것을 가지고도 부유하다.

그들은 가난하지만 나는 부유하며, 그들은 구걸하지만 나는 나누어 준다.

그들은 부족하지만 나는 만족하고, 그들은 애태우지만 나는 기꺼이 살아간다. ☞ E. 다이어 경 〈롤린스〉지(誌)

불만은 자기 의존의 결핍이요, 의지의 허약이다.
☞ 에머슨 〈수필집 제1집 : 자기 의지〉

소크라테스의 말대로, 만일 세상의 모든 사람이 자기들의 육신과 마음과 운명에 대한 불평거리를 가져와서 산더미로 쌓아 놓고 그것을 똑같이 나누어 갖자고 한다면, 당신은 똑같이 분배하여 당신의 몫을 받겠는가? 아니면 지금 그대로 있겠는가? 의심할 바 없이 당신은 오늘 처한 상황을 택할 것이다. ☞ R. 버튼 〈우울의 해부〉

때를 못 맞추는 웃음은 위험한 악행이다. ☞ 메난드로스 '1행시'

불만은 개인이나 국가가 발전하는 첫걸음이다.

☞ 오스카 와일드 〈하찮은 여인〉

불평을 전혀 하지 않는 자는 복수를 계획한다.

☞ 드라이든 〈엡설럼과 아키토펠〉

오늘 가장 환하게 웃는 자가 최후에 웃을 것이다.

☞ 니체 〈우상의 황혼〉

지각없는 웃음보다 더 바보스런 것은 없다.

☞ G. V. 카툴루스 〈서정 시집〉

아무 때나 웃지 마라. 지혜로운 자는 상황에 맞게 웃는다.

☞ G. 허버트 〈교회 현관〉

상놈은 자주 깔깔거리지만 결코 미소를 띠지 않는 반면, 양반은 미소를 자주 띠지만 좀처럼 깔깔거리지 않는다.

☞ 체스터필드 경 〈서간집〉

너무 많이 웃는 자는 바보의 기질이 있고, 도무지 웃지 않는 사람은 늙은 고양이 기질이 있다.   ☞ T. 풀러 〈잠언집〉

모든 사람의 마음속에는 호랑이와 돼지와 나귀와 나이팅게일이 있다. 성격의 차이는 이 넷의 고르지 못한 작용에서 생긴다.

☞ A. 비어스 〈악마의 사전〉

눈물은 말 없는 슬픔의 언어이다. ☞ 볼테르 〈철학적 사전〉

여자의 눈물보다 더 빨리 마르는 것은 없다. ☞ T. 풀러 〈잠언집〉

현명하고 선량한 자는 치욕을 참지 못한다.
☞ 파비우스 막시무스, 〈플루타르코스 영웅전〉

재능은 조용한 곳에서 발달하고, 성격은 인간생활의 격류에서 이루어
진다. ☞ 괴테 〈타소〉

사람이 어떻게 칭찬을 받아들이는가를 보면 그 사람의 성격을 알 수
있다. ☞ 세네카 〈서간집〉

냉정하면서 열기와 성급함이 없는 것은 훌륭한 자질이다. 괴팍한 자
는 불행하다. 아무것도 그를 만족시킬 수 없기 때문이다.
☞ 라 퐁텐 〈우화집〉

누구도 자신의 성격이 가진 한계 이상으로 발전할 수는 없다.
☞ 블랙번의 몰리 자작 〈비평적 잡문집〉

성품상의 결함이 없는 자가 행복하다. ☞ F. A. 뒤팡루 주교 〈설교집〉

늑대는 이빨을 잃어도 그 천성은 잃지 않는다. ☞ T. 풀러 〈잠언집〉

본능이란 배우지 않은 능력이다. ☞ A. 배인 〈감각과 지능〉

사람은 누구나 독특한 정신상의 기질을 지니고 있다.

☞ 파에드루스 〈우화집〉

수백만의 얼굴들 중에서 똑같은 얼굴이 없다는 것은 모든 사람들의
공통된 놀라움이다. ☞ T. 브라운 경 〈의사의 종교〉

절제된 명랑함은 아름다움을 더욱 돋보이게 하고, 지식을 기쁘게 하
며, 재치를 온후하게 한다. ☞ 에디슨 〈테들러〉지(誌)

수치심이 없는 사람은 양심이 없다고 봐도 무방하다.

☞ T. 풀러 〈잠언집〉

상냥한 사람은 종종 다른 사람의 수치를 보고 나쁜 생각을 하지 않는다.

☞ 토라티우스 〈풍자 시집〉

그대가 하고 싶은 대로 어떤 사람의 마음속을 들여다보라. 그대는
누구에게서나, 그가 숨겨 두어야 할 검은 점을 적어도 하나는 발견할
것이다. ☞ H. 입센 〈사회의 기둥〉

인간의 으뜸가는 장점은 자기의 천성의 충동을 억제하는 데 있다.

☞ S. 존슨 〈잠문집〉

세상을 알면서 공명(功名)을 갖지 않는 것은 존경받을 만한 덕목이지
만, 세상을 모르면서 공명을 갖지 않는 것은 그다지 칭찬할 만한 것이
아니다. ☞ W. R. 머천트 〈인지 사제의 기지와 지혜〉

장점이 명성보다 더 값지다.　　　☞ F. 베이컨 〈에섹스 경에게의 서한〉

결점 중에서 가장 큰 결점은 그것을 전혀 깨닫지 못하는 것이다.
　　　　　　　　　　　　　　☞ T. 칼라일 〈영웅과 영웅 숭배〉

명성은 획득되어지는 것이며, 명예는 잃어서는 안 되는 유일한 것이다.
　　　　　　　　　　☞ 쇼펜하우어 〈인생의 지혜에 관한 금언집〉

나는 화려한 칭호를 사랑하는 사람이 아니다. 다만 나의 이름이 한
줄 혹은 두 줄로 기록되어서, 그것이 나의 이름과 나의 처녀성과, 나의
통치 기간과, 그 기간에서의 종교 개혁과, 그리고 내가 평화를 보존했
던 사실을 짤막하게 설명해 주기를 바란다.　　　☞ 엘리자베드 1세
(정경부인들에게, 자기의 묘비명에 관해 토론하면서)

너에게 명예가 찾아오면 기꺼이 받으라. 그러나 가까이 있기 전에는
붙잡으려고 손을 내밀지 마라.　　　☞ J. B. 오라일리 〈도로 규칙〉

명예를 잃은 자는 더 이상 잃을 것이 없다.
　　　　　　　　　　　　　　☞ 푸블리우스 시루스 〈금언집〉

명예는 모래사장도 없는 울퉁불퉁한 섬과도 같아, 일단 그곳을 떠나
면 결코 돌아갈 수 없다.　　　　　　　☞ 브왈로 〈풍자 시집〉

명예와 영화, 그리고 세인의 허영심을 소리 높여 비난하는 사람들일
수록 명예와 영광을 동경한다.　　　　　☞ 스피노자 〈윤리학〉

부끄러운 재산보다 명예가 낫다.　　　　　☞ E. 데샹 〈발라드 후렴〉

자신이 더 이상 명예롭게 살 수 없을 때, 명예롭게 죽는 것이 명예를
지키는 길이다.　　　　　　　　　　☞ W. B. 커먼 〈나비부인〉

명성은 행동의 결과이다.　　　　☞ 아리스토텔레스 〈니코마크 논리학〉

부(富)나 미(美)가 주는 명성은 덧없고 부서지기 쉽다. 그러나 정신적
인 우수성은 찬란하게 빛나는 영원한 재산이다.
　　　　　　　　　　　　　　　　☞ 살루스티우스 〈카틸리나〉

호흡이 육체의 생명이듯이, 명성은 정신의 생명이다.
　　　　　　　　　　　　　☞ 그라시안 E. 몰레레스 〈완전한 신사〉

명성은 좋은 사람들이 좋은 사람에게 베푸는 칭찬이다.
　　　　　　　　　　　　　☞ 세네카 〈루킬리우스에의 서한집〉

좋은 명성은 제2 의 생명이며, 영원한 생존의 기초 공사이다.
　　　　　　　　　　　　　　　☞ 바스카라 아카리아 〈금언〉

정복자의 명성, 그것은 인류의 멸망에서 생기는 잔인한 명성이다.
　　　　　　　　　　　　　　　☞ 체스터필드 경 〈서간집〉

명성은 모두 위험하다. 좋은 명성은 시샘을 가져오고, 나쁜 명성은
치욕을 가져온다.　　　　　　　　　　☞ T. 풀러 〈잠언집〉

열심히 일한 결과로 세상에 알려지자, 그것을 피하기 위해 검은 안경을 쓰는 사람이야말로 진정한 명사(名士)다.
☞ F. 앨런 〈망각으로의 답차〉

삶에 있어서 첫 번째로 어려운 일은 명성을 얻는 것이고, 다음은 생전에 그것을 유지하는 것이다. 그리고 그다음은 죽은 후에 그것을 보존하는 것이다.
☞ B. R. 헤이든 〈개화〉

항상 야비한 사람이 가장 유명해진다. 유명해지려는 욕망이 바로 야비함이기 때문이다.
☞ G. K. 체스터튼 〈고려된 모든 것〉

나무는 열매로 알려지는 것이지, 잎으로 알려지는 것이 아니다.
☞ J. 레이 〈영국 격언집〉

명성은 강물과 같다. 가볍고 속이 빈 것은 뜨게 하고, 무겁고 실한 것은 가라앉힌다.
☞ F. 베이컨 〈수필집 : 의식과 존경〉

지나치게 유명해진 이름은 무거운 짐일 뿐이다.
☞ 볼테르 〈앙리왕의 노래〉

명예욕보다 덜 이기적인 것은 없다. 그것을 얻는 유일한 방법은 남을 위해 땀 흘리는 것이기 때문이다.
☞ W. S. 랜더 〈존언〉

훌륭한 명성은 어둠 속에서도 빛을 발한다.
☞ J. 레이 〈영국 격언집〉

만일 네가 알려고 하지 않으면서 알려지려 한다면, 시골에서 초목처럼 생활하라. 만일 알려고 하면서 알려지지 않으려면, 도시에서 생활하라.　　　　　　　　　　　　　　　☞ C. C. 콜튼 〈라콘〉

훌륭한 명성은 큰 재산보다 낫다.　　　☞ 세르반테스 〈돈키호테〉

불멸의 명성을 구하는 젊은이에게 보내는 나의 충고는 인기 없는 대의(大義)를 택하여 인생을 거기에 바치라는 것이다.
　　　　　　　　　　　　　☞ G. W. 커티스 〈벤델 필립스〉

명성의 맛이 어떤지 결코 모르는 자가 행복하다. 명성을 얻는 것은 연옥이요, 명성을 원하는 것은 지옥이다.　☞ 버워 리튼 〈바론가의 최후인〉

견고한 탑은 부서지지만, 위대한 이름은 사라지지 않는다.
　　　　　　　　　　　　　　☞ P. 벤자민 〈위대한 이름〉

세월이 흐르면 모든 것이 과장된다. 땅에 묻힌 후, 그 사람의 명성이 입에서 입으로 전해지는 동안 더욱 커진다.　☞ 프로페르티우스 〈만가〉

명성과 영광에는 차이점이 있다. 후자는 많은 사람들의 판단에 달린 것이지만, 전자는 좋은 사람들의 판단에 달린 것이다.
　　　　　　　　　　　　☞ 세네카 〈루킬리우스에의 서한집〉

비록 인명(人命)은 짧다 하더라도 좋은 평판은 그 인간을 오래오래 살게 한다.　　　　　　　　　　☞ R. 워트킨즈 〈열기 없는 불꽃〉

착한 사람들의 영광은 그들의 양심 속에 있는 것이지, 입 속에 있는 것이 아니다.　　　　　☞ 토마스 아 캠피스 〈그리스도의 모방〉

강물이 대양으로 흘러가는 동안, 그늘이 산골짜기에서 움직이는 동안, 하늘이 별에게 먹이를 주는 동안, 너의 명예, 너의 이름, 너의 영광은 남을 것이다.　　　　　☞ 메르길리우스 〈아미네이스〉

나쁜 상처는 고칠 수 있지만, 나쁜 평판은 고칠 수 없다.
　　　　　☞ G. 허버트 〈명궁〉

좋은 말이든 나쁜 말이든, 세상 사람의 입에 가장 적게 오르는 자가 가장 행복하다.　　　　　☞ T. 제퍼슨 〈존 애덤즈에게 보낸 편지〉

평판이라는 폭군은 우리가 겪는 어떤 폭군보다도 더 지독하다.
　　　　　☞ H. 스펜서 〈교육론〉

나쁜 소문은 좋은 소문보다 더 빨리 퍼진다.
　　　　　☞ T. 키드 〈스페인의 비극〉

야망은 휴식이 없다.　　　　　☞ 벌워 리튼 〈리셰리외〉

야망은 온갖 풍토에서 자란다.　　　☞ W. 블레이크 〈에드워드 3세〉

모든 죄악은 열등감, 즉 다른 말로 하면 양심이라는 것에 근원을 두고 있다.　　　　　☞ C. 피베세 〈타고 있는 나무〉

야망에는 결국 단 하나의 보상밖에 없다. 약간의 권력, 약간의 일시적인 명예, 그 안에서 쉴 수 있는 무덤 그리고 사라지는 이름뿐!

☞ W. 윈터 〈여왕의 영토〉

사랑에는 눈물이 있고, 행운에는 기쁨이 있다. 용맹에는 명예가 있으며, 야망에는 죽음이 있다. ☞ 셰익스피어 〈줄리어스 시저〉

만일 야심이 결핍된다면, 인간의 마음에 완전한 활기를 불어넣는 것은 그 무엇이라도 힘들다. ☞ H. 테일러 〈정치가〉

인간은 많이 가질수록 더 많이 갖고 싶어 한다.

☞ J. 플로리오 〈첫 열매〉

탐욕(貪慾)은 항상 만족에 도달하지 못하고, 끝까지 욕구를 만족시키려는 무한한 노력 속에서 개인을 탕진시키는 바닥없는 항아리이다.

☞ E. 프롬 〈자유로부터의 도피〉

양심과 평판은 각기 다르다. 양심은 자기 자신에게서 기인하지만, 평판은 이웃으로부터 생겨난다. ☞ 성 아우구스티누스 〈전집〉

바다는 바람이 자면 조용하다. 그와 마찬가지로 열망이 더 이상 없으면 우리도 평온하다. ☞ E. 윌러 〈예언적 신성시(神聖詩)에 관하여〉

지나친 권력욕은 천사를 타락시켰고, 지나친 지식욕은 인간을 타락시켰다. ☞ F. 베이컨 〈수필집〉

팔려온 노예는 하나의 주인밖에 없지만, 야심이 많은 사람은 자기의
세력 증대에 도움이 될 수 있는 모든 사람의 노예가 되어야만 한다.

☞ 라 브뤼에르 〈인간 백태〉

가난한 사람은 너무 적게 가진 사람이 아니라, 더 많이 갖기를 갈망하
는 사람이다. ☞ 세네카 〈서간집〉

별을 따려고 손을 뻗는 자는 자기 발밑의 꽃을 잊어버린다.

☞ J. 벤담 〈의무론〉

소량의 독약은 때에 따라서 유쾌한 꿈을 가져다주지만, 다량의 독약
은 마침내 안락사의 원인이 된다.

☞ 니체 〈차라투스트라는 이렇게 말했다〉

열정은 일종의 마음의 열병으로, 그것은 어김없이 우리에게 있을 때
보다 우리를 더 약하게 한 후 떠난다. ☞ W. 펜 〈고독의 열매〉

이 세상의 어떤 위대한 것도 정열 없이는 성취되지 않았다는 사실을
절대적으로 확신해도 된다. ☞ 헤겔 〈역사 철학〉

진정한 마음의 평온은 정열에 복종함으로써 얻어지는 것이 아니라,
정열을 억제함으로써 얻어지는 것이다.

☞ 토마스 아 캠피스 〈그리스도를 본받아〉

나쁜 잡초는 빨리 자란다. ☞ 흄 〈격언집〉

열정은 홍수와 같다고 할 수도 있고, 시내와 같다고 할 수도 있다. 얕은 것은 졸졸 소리를 내지만, 깊은 것은 침묵을 지킨다.

☞ W. 롤리 경 〈말 없는 연인〉

폭군의 노예가 되는 것보다 자기 정열의 노예가 되는 것이 더 모진 운명이다.

☞ 스토바에우스 〈적화〉

위대한 업적치고 열의 없이 이루어진 것은 없다.

☞ 에머슨 〈수필집 : 제1집〉

선의(善義)는 우주에서 가장 강력하면서도 실제적인 힘이다.

☞ C. F. 도울 〈클리블런드 연설〉

무한한 선(善)은 무한히 넓은 팔을 갖고 있어서, 그에게 돌아가는 것은 뭐든지 받아들인다.

☞ 단테 〈신곡 : 연옥편〉

선은 특수한 종류의 진리요, 아름다움[美]이다. 아울러 선은 인간 행위에 있어서의 진리이며 아름다움이다.

☞ H. A. 오우버스트리스 〈항구적인 의문〉

이름 모를 착한 사람이 해 놓은 일은, 땅 속에 숨어 흐르면서 남 몰래 땅을 푸르게 해 주는 수맥(水脈)과도 같다.   ☞ T. 칼라일 〈수필집〉

착한 것보다는 아름다운 것이 좋지만, 악한 것보다는 추한 것이 더 낫다.   ☞ 오스카 와일드 〈도리언 그레이의 초상〉

백색은 흑색을 중화시킬 수 없고, 인간의 선은 악을 보상하지도 용서
하지도 못한다. 인간이 할 일은 무서운 선택뿐이다.

☞ R. 브라우닝 〈반지와 책〉

내가 생각하는 바, 선한 인생이야말로 행복한 인생이다.
그것은 당신이 선하다면 행복할 것이라는 뜻이 아니라, 당신이 행복
하다면 선할 것이라는 뜻이다.　　☞ B. 러셀 〈변하는 세계의 새 희망〉

타인에게 선을 베풀려면 은밀하게 행해야 한다.
일반적인 선은 악한의 핑계요, 위선이며 아첨이다.
예술과 과학은 상세하게 조직된 은밀한 것들 속에서밖에는 존재할
수 없기 때문이다.　　☞ W. 블레이크 〈페루살렘〉

할 수 있는 모든 선을 행하라. 할 수 있는 모든 방법으로, 할 수 있는
모든 장소에서, 할 수 있는 모든 시간에, 할 수 있는 모든 사람에게,
할 수 있는 한 모든 것을 다하여…….　　☞ J. 웨슬리 〈행동의 규칙〉

선량한 사람치고 벼락부자가 된 사람은 없다.

☞ 푸블리우스 시루스 〈금언집〉

선한 것이나 악한 것이 따로 있는 것이 아니다. 다만 생각이 그렇게
만들 뿐이다.　　☞ 셰익스피어 〈햄릿〉

보다 큰 악이 닥쳐오지 않게 하려면 현재의 악을 굴복시켜라.

☞ 파에드루스 〈우화집〉

모든 선한 자가 다 영리하고, 모든 영리한 자가 다 선하다면 이 세상은 우리가 생각하는 것보다 훨씬 더 아름다울 것이다.

그러나 거의 혹은 전혀, 이 두 가지는 합쳐질 수 없다.

선한 자는 영리한 자에게 거슬리고, 영리한 자는 선한 자에게 무례하기 때문이다.　　　　☞ E. 워즈워드 〈성(聖) 크리스토퍼와 기타 시(詩)〉

대부분의 악은 덕이라는 가면을 쓰고 기어든다.

☞ G. 허비 〈서간집〉

악은 자신이 보기 흉하다는 것을 알고 있다. 그러기에 가면을 쓴다.

☞ B. 플랭클린 〈가난한 리처드의 달력〉

아무리 전능한 사람도 자기 운명을 일시 정지시킬 수 는 없다. 선한 자는 일찍 죽고, 악한 자는 오래 산다.

☞ D. 데포우 〈고(故) S. 애너슬리 박사의 인품〉

우리를 고결하게 하는 것은 덕성이지 가문이 아니다. 위대한 행동은 위대한 정신을 말하고, 그와 같이 지배할 것이다.

☞ J. 플래처 〈여(女) 예언자〉

모든 사람은 동등하다. 하지만 그것은 타고나는 것이 아니라 덕에 의해 달라지는 것이다.　　　　　　　　　　　　　☞ 볼테르

악을 피하기 위해 선을 저지름은 선일 수 없다.

☞ 쉴러 〈발렌슈타인〉

악은 스승이 없이도 익힌다.   ☞ T. 풀러 〈금언집〉

덕은 일종의 건강이며, 영혼을 살찌게 하는 존재 형식이다. 거기에 반해서 악덕은 병이며, 영혼의 허약함이다.   ☞ 플라톤 〈국가론〉

악에 다다르는 길에는 군중이 넘쳐나고, 그 길은 평탄하며, 또한 매우 가깝다. 그러나 덕의 정상에 다다르려면 땀과 괴로움이 동반되지 않으면 안 된다.   ☞ 헤시도오스

한 시대에는 12가지 악이 있다.
1. 훌륭한 업적 없는 현인
2. 신앙심 없는 노인
3. 복종하지 않는 젊은이
4. 자비심 없는 부자
5. 절제하지 않는 부녀자
6. 덕망 없는 군주
7. 시비 걸기 좋아하는 기독교인
8. 거만한 가난뱅이
9. 불공평한 임금
10. 태만한 목사
11. 기강이 무너진 서민
12. 법률을 무시하는 국민   ☞ 미상 '12가지 악'

악행은 덕행보다 언제나 더 쉽다. 그것은 모든 것에 지름길로 가기 때문이다.   ☞ S. 존슨

선의 끝은 악이요, 악의 끝은 선이다.   ☞ 라 로시코프 〈금언집〉

악은 즐거움 속에서도 괴로움을 주지만, 덕은 고통 속에서도 우리를 위로해 준다.   ☞ C. C. 콜튼 〈라콘〉

덕행은 인간을 인간 이상으로 높여줄 수 있고, 사악한 행동은 인간을 인간으로서의 조건과 가치 이하로 떨어뜨린다.   ☞ 보헤티우스

여자를 교만케 하는 것은 그 미모이며, 찬양받게 하는 것은 그 덕성이다. 그러나 덕성과 미모를 겸비하면, 그것은 신성(神性)이다.
☞ 셰익스피어

유순함과 겸손함에서 모든 덕이 생긴다.   ☞ 몽테뉴

기질이 온건한 것은 하나의 덕이지만, 주의(主義)가 온건한 것은 항상 악덕이다.   ☞ T. 페인

나는 미덕을 타락시키는 사람들보다는 악덕마저도 사랑할 수 있는 것으로 만드는 사람들을 더욱더 좋아한다.   ☞ H. 쥬벨

미덕만이 영원한 명성이다.   ☞ F. 페트라르카 〈명성의 승리〉

덕은 어떤 목표를 달성하기 위한 수단이라고 생각된다. 하지만 그 수단은 그 목적이 가치 있는 것일 때만 의미를 갖는다.
☞ D. 흄 〈인간 오성론〉

덕행과 진리는 아름다울 뿐 아니라, 사랑할 만한 두 사람의 천사에
버금간다.   ☞ F. 베이컨

인간으로서의 최대 미덕은 수완 있게 돈을 벌어 모으는 것이지만,
어떤 일이 있더라도 타인에게 폐를 끼쳐서는 안 된다는 말이다.
                                      ☞ 도스토예프스키 〈가난한 사람들〉

우리들의 덕행은 때때로 위장된 부덕에 지나지 않을 때가 있다.
                              ☞ F. D. 라로슈푸코어 〈도덕적 반성〉

미덕은 결코 공포의 대상이 되지 않는 대담함과 강함이다.
                                                    ☞ 셰익스피어

소극적인 미덕이란 존재할 수 없다. 설사 내가 동포를 위해 보람된
일을 했다 하더라도, 그것은 결코 자기 제한(自己制限)에 의해서가
아니고 자기표현에서 비롯된 것이다.   ☞ 처칠

미덕과 우정 이외에 칭찬에 값하는 것은 없으며, 우정 그 자체는 미덕
의 일부에 지나지 않는다.   ☞ A. 포우프

작은 일에 충실한 것이야말로 위대하고 영웅적인 미덕이다.
                                                    ☞ 보나뷰차

물질은 어느 때고 미덕에 대한 우리의 마음을 파괴할 수 있다.
                              ☞ 러셀 〈사랑이 있는 기나긴 대화〉

여성의 미덕이라는 것은 거개가 남자들이 만들어낸 발명품에 지나지
않는다.   ☞ G. 샹트베에브

미덕은 악덕을 삼가는 것이 아니라, 악덕을 바라지 않는 데서부터
비롯되는 것이다.   ☞ 버나드 쇼 〈혁명주의자를 위한 격언〉

미덕에서는 사람마다 차이가 없지만, 악덕에서는 크게 차이가 난다.
                              ☞ 하버트 〈천(千)과 하나의 격언〉

지혜는 다음에 해야 할 일을 알게 하지만, 미덕은 다음에 해야 할
일을 미리 행하게 한다.   ☞ J. 조단 〈절망의 철학〉

모든 미덕은 자기를 버리는 데서 완성된다. 과일의 달콤한 맛은 싹을
내포하고 있기 때문이다.   ☞ 앙드레 지드 〈지상의 양식〉

인생과 운명

화살 만드는 사람이 어찌 갑옷 만드는 사람보다 인자(仁慈)하지 못하랴.
그러나 화살 만드는 사람은 사람을 상하지 않게 될까 걱정하며 만들고,
갑옷 만드는 사람은 사람을 상하게 될까 걱정하며 만드느니라.

☞ 맹자(孟子)

사람이 세상에 태어나서 보람 있는 일을 하려면, 어느 정도의 생명이
필요함은 말할 것도 없다. '인생칠십고래희(人生七十古來稀)'라는 말도
있지만, 적어도 칠십까지 살지 않고서는 자아(自我)를 충분히 발휘할
수 없을 것 같다.
삼십까지는 자라면서 배운다 쳐도, 나머지 사십 년간쯤은 일을 해야
일다운 일을 할 수 있을 것이다.

☞ 조병옥(趙炳玉) 〈민주주의(民主主義)와 나〉

생(生)의 진리에 통달한 사람은 우리 생이 미치지 못하는 것을 위해
힘쓰지 않고, 운명의 진리를 깨달은 사람은 인지(仁知)가 미치지 못하
는 것을 위해 힘쓰지 아니한다.

☞ 장자(莊子)

인생에는 독특한 리듬이 있다. 우리는 이 리듬의 아름다움을 깨달아야 한다.

대교향악(大交響樂)을 들을 때처럼 그 악상(樂想)과 그 난파조(難破調), 그 마지막 대협화음(大協和音)을 음미할 줄 알아야 한다.

인생의 음악은 각자가 작곡해 나가지 않으면 안 된다.

사람에 따라서는 불협화음(不協和音)이 점점 퍼져서 나중에는 멜로디의 주조(主調)를 압도하거나 말살해 버리는 수가 있다.

또 때로는 불협화음이 너무 강해서 멜로디가 중단되어, 권총 자살도 하고 강물에 뛰어들기도 한다.

이러한 인생은 별도로 치고, 정상적인 인생은 엄숙한 진행이나 행렬처럼 끝까지 지속되는 법이다.

그러나 잡음(雜音)이나 단음(短音)이 지나치게 많은 경우에는 템포가 잘못된 것이므로 불쾌하게 들린다.

주야(晝夜)를 가리지 않고 유유히 흘러서 바다로 들어가는 큰 강물의 저 웅장한 템포야말로 우리가 동경해 마지않는 바이다.

☞ 임어당(林語堂) 〈생활(生活)의 발견(發見)〉

낙망(落望)은 청년의 죽음이며, 청년이 죽으면 민족이 죽는다.

☞ 안창호(安昌浩) '청년(靑年)에게 부치는 글'

무릇 사람들이 저마다 자기의 수명만큼 살지 못하고 중도에서 형(刑)을 받고 죽는 이유는 지나치게 삶을 누리겠다고 안달하고 무리하기 때문이다.

삶에 있어 무위자연(無爲自然)할 수 있는 자만이 오래도록 삶을 간직할 수 있다.

☞ 회남자(淮南子)

겨우 한 인간의 형체(形體)로 태어난 것을 사람들은 기뻐한다. 그러나 만일 이 인간의 형체가 변화무궁(變化無窮)하여 끝이 없음을 안다면, 그 즐거움을 어찌 다 헤아릴 수 있겠는가.

그러므로 성인(聖人)은 아무것도 잃는 것 없이 언제나 있는 그대로를 즐긴다. 일찍 죽음을 싫다 하지 않고, 오래 삶을 바라지도 않으며, 시작과 끝남을 한결같이 즐겨한다.

그런데도 사람들은 오히려 이를 스승으로 본받는다.　　☞ 장자(莊子)

청춘은 다시 돌아오지 않고, 하루에 새벽은 한 번뿐일세. 좋을 때 부지런히 힘쓸지니, 세월은 사람을 기다리지 않는다.

☞ 도연명(陶淵明) 〈고문진보(古文眞寶)〉

남아(男兒)가 실수하면 용납할 땅이 없지만, 지사(志士)가 구차히 살려 하는 것은 다시 때를 기다림일세.

☞ 김좌진(金佐鎭) 〈1917년, 망명의 길을 떠나며〉

백 년이란 수명의 한계여서, 백 년을 사는 사람은 천에 하나 꼴도 안 된다. 설사 한 사람이 있다 할지라도, 어려서 안겨 있던 때와 늙어서 힘없는 때가 거의 반을 차지할 것이다. 그리고 밤에 잠잘 때와 낮에 깨어 있을 때에 헛되이 잃는 시간이 또 그 반을 차지할 것이다. 아프고 병들고 슬퍼하고 괴로워하며, 자기를 근심하며 두려워하는 시간이 또 반은 될 것이다.

수십 년 동안을 헤아려 보아도, 즐겁게 자득(自得)하면서 조그마한 걱정도 없는 때는 잠시 동안도 되지 않는다.

☞ 양주(楊朱) 〈열자(列子)〉

큰 지혜가 있는 사람은 영고성쇠(榮枯盛衰)를 알고 있으므로 얻었다 해서 기뻐하지 않고, 잃는다 해서 근심하지 않는다. 그는 운명의 변화 무상(變化無常)함을 알고 있기 때문이다.　　　　　☞ 장자(莊子)

힘은 산(山)을 뽑고, 기운은 천하를 덮도다.
때가 불리하니, 추(騅)가 가지 않는구나. 추(騅)가 나아가지 아니하니, 이를 어이하랴.
우(虞) 미인아, 너를 어이하랴.　　　☞ 항우(項羽) 〈십팔사략(十八史略)〉

두문불출(杜門不出)하고 책을 읽어 옛 사람을 숭상하고 논함은 때를 만나지 못한 자가 하는 일이다.　　　　☞ 이곡(李穀) 〈가형집(稼亨集)〉

누구에게나 희망이 없을 수 없겠지만, 희망은 언제나 실망과 맞붙어 있기 때문에 실망하게 되면 풀이 죽고 만다. 희망을 길러 나아가고 잃지 않게 하는 것은 굳센 힘뿐이다.

☞ 양계초(梁啓超) '굳센 힘에 대하여'

모든 일은 계획으로 시작되고, 노력으로 성취되며, 오만으로 망친다.

☞ 관자(管子)

나무가 처음 성장할 때는 번잡한 가지들이 나올 때 반드시 잘라 주어야만 뿌리와 줄기가 크게 자랄 수 있다. 처음 학문을 시작할 때에도 역시 그러하다.
그러므로 뜻을 세울 때는 한 가지 일로 통일하는 게 중요하다.

☞ 왕양명(王陽明)

군자(君子)는 곤궁한 처지에 빠져도 마음이 흔들리지 않지만, 소인(小人)은 곤궁해지면 난폭한 생각을 하기 마련이다.

☞ 공자(孔子) 〈논어(論語)〉

발이 하나밖에 없는 기(夔)는 발 많은 지네를 부러워하고, 지네는 발 없이도 가는 뱀을 부러워한다. 뱀은 형태 없이도 잘 가는 바람을 부러워하고, 바람은 가지도 않고 볼 수 있는 눈을 부러워한다. 눈은 보지 않고도 알 수 있는 마음을 부러워한다.

☞ 장자(莊子)

어떤 신(神)이 무심중(無心中)에 와서 돌연 너는 무엇을 하느냐고 물을 때에, 나는 이것을 하노라고 서슴지 않고 대답할 수 있게 하라.

☞ 안창호(安昌浩) '결단력(決斷力)과 인내력(忍耐力)'

세우지 않을 수 없는 것은 뜻이지만, 뜻을 세웠다 해도 굳세게 세우지 않으면 물욕(物慾)에 흔들려 빼앗기거나, 여러 사람의 입으로 말미암아 변동될 수밖에 없다.

☞ 정여창(鄭汝昌)

뜻이 넓으나 굳세지 않으면 기준이 없고, 굳세나 넓지 않으면 좁아서 고루해진다.

☞ 주자(朱子) 〈근사록(近思錄)〉

사물(事物)은 성(晟)하면 반드시 쇠(衰)하고, 흥(興)함이 있으면 바뀌어 기울어지기 마련이다. 빨리 이루면 견고하지 못하고, 급히 달리면 넘어지기 쉽다.
울긋불긋한 화원의 꽃은 일찍 피지만 먼저 시들고, 더디게 자라는 도랑가의 소나무는 늦도록 푸른빛을 띤다. ☞ 범질(范質) 〈소학(小學)〉

난간(欄干)가 가시덤불 젖히고 어린 소나무 심으니, 자라서 천 년 뒤 용트림된 줄기 눈에 선하네.
짧은 뿌리 더디 자란다 업신여기지 마라. 명당(明堂)의 재목되는 날이면 많은 공로(功勞) 새겨지리.　　　☞ 서경덕(徐敬德) 〈화담집(花潭集)〉

착안(着眼)하는 바와 목표하는 바는 멀고도 커야 한다. 그러나 그것을 실행하려면 힘을 헤아려 점진적으로 나아가야 한다. 뜻이 커서 심로(心勞)하고, 역량은 작은데 책임이 무거우면, 마침내 일을 그르칠까 두려울 뿐이다.　　　☞ 주자(朱子) 〈근사록(近思錄)〉

한 가지 일을 반드시 이루고자 생각하면, 다른 일 깨뜨리는 것을 마음 아파하지 말고, 남의 조소도 부끄러워하지 마라.
모든 것을 바꾸지 않고서는 한 가지 큰일도 이루어지지 않는다.
　　　☞ 요시다 켄코오 〈도연초(徒然草)〉

자기(自己)를 아는 자는 남을 원망하지 않고, 천명(天命)을 아는 자는 하늘을 원망하지 않는다. 복(福)도 자기에게서 싹트고, 화(禍)도 자기로부터 나오는 것이다.　　　☞ 회남자(淮南子)

하늘에는 예측할 수 없는 바람과 비가 있고, 사람에게는 아침저녁으로 변하는 화와 복이 있다.　　　☞ 소식(蘇軾) 〈명심보감(明心寶鑑)〉

작은 일이라 하여 허술히 하지 않고, 남이 보지 않는 곳이라 하여 속이고 숨기지 않으며, 실패한 경우에도 자포자기하지 않는 자야말로 진정한 대장부이다.　　　☞ 홍자성(洪自誠) 〈채근담(菜根譚)〉

불길이 무섭게 타올라도 끄는 방법이 있고, 물결이 하늘을 뒤덮어도 막는 방법이 있으니, 화(禍)는 위험한 때 있는 것이 아니고 편안한 때 있으며, 복(福)은 경사 때 있는 것이 아니고 근심할 때 있는 것이다.
☞ 김시습(金時習) 〈매월당집(梅月堂集)〉

역경(逆境)에 처하면 그 몸의 주위가 모두 약(藥)이 되기 때문에 자신도 모르는 사이에 절조(節操)와 행실을 닦게 되고, 순경(順境)에 있을 때는 눈앞이 모두 칼과 창 같아서, 자신의 기름을 녹이고 뼈를 깎아도 알지 못한다.
☞ 홍자성(洪自誠) 〈채근담(菜根譚)〉

꽃은 지었다 피고 피었다 또 지는 것, 비단 옷 베옷도 바뀌어 입혀지는 법. 부유한 집도 항상 부귀한 것은 아니요, 빈한한 집도 길이 적막하지 않으리. 사람을 아무리 추켜올려도 반드시 푸른 저 하늘까지 올리진 못하고, 사람을 아무리 밀어뜨려도 반드시 저 구렁에까지 처박지는 못하리라.
그대에게 권고하노니, 모든 일에 하늘을 원망하지 마라. 하늘의 뜻은 본디 사람에게 후박(厚薄)의 차별을 두지 않나니.
☞ 〈명심보감(明心寶鑑)〉

까닭 없이 천금(千金)을 얻으면 큰 복(福)이 있는 것이 아니라, 반드시 큰 화(禍)가 있으리라.
☞ 소식(蘇軾) 〈명심보감(明心寶鑑)〉

늙어서 나타나는 모든 병은 젊었을 때 불러 온 것이며, 쇠한 뒤의 재앙도 모두 성시(盛時)에 지은 것이다. 그러므로 군자(君子)는 가장 성(晟)할 때에 더욱 조심한다.
☞ 홍자성(洪自誠) 〈채근담(菜根譚)〉

크지만 큰 구실을 못하면 작아지고, 강하되 힘을 발휘하지 못하면 약해지며, 많으면서 많은 구실을 못하면 적어진다.

존귀한 신분에 예(禮)를 차리지 못하면 천해지고, 점잖은 자리에 있으면서 절도(節度)를 어기면 결국 경박해지며, 부자이면서도 오만과 낭비를 일삼으면 가난해지기 마련이다.　　　　　　　☞ 관자(管子)

비밀스런 계책, 괴상한 습속(習俗), 이상한 행동, 기괴한 재주…… 이 모든 것은 세상을 살아감에 있어 재앙의 씨가 된다. 다만 하나의 평범한 덕행(德行)만이 혼돈을 완전히 하여 화평을 부르리라.
　　　　　　　　　　　☞ 홍자성(洪自誠)〈채근담(菜根譚)〉

사람에게 세 가지 불행이 있으니, 어린 시절에 높은 벼슬에 오름이 첫째 불행이요, 부형(父兄)의 세력을 업고 고관(高官)이 됨이 둘째 불행이며, 뛰어난 재주가 있고 문장(文章)에 능함이 셋째 불행이다.
　　　　　　　　　　　☞ 정신(程頤)〈소학(小學)〉

색욕(色慾)이 불길처럼 타오를지라도, 병든 때를 생각하면 흥은 문득 차가운 재 같으리라. 명리(名利)는 엿같이 달지라도, 생각이 사지(死地)에 이르면 맛은 문득 납을 씹는 것과 같으리라.

그러므로 사람이 죽음을 근심하고 병을 생각한다면, 환업(幻業)을 끄고 진심을 오래 기르리라.　　☞ 홍자성(洪自誠)〈채근담(菜根譚)〉

온갖 불행이 이르는 것은 오직 천명(天命)일 뿐, 사람의 힘으로 막을 수 없다. 그러므로 천명을 알면 불행이 마음을 어지럽히지 못하나, 근심이 마음에 침입하도록 버려두어서는 안 된다.　　☞ 장자(莊子)

나무는 가을이 되어 잎이 떨어진 뒤라야 꽃피던 가지와 무성하던 잎이 다 헛된 영화였음을 알고, 사람은 죽어서 관 뚜껑을 닫기에 이르러서야 자손과 재화가 쓸데없음을 안다.　☞ 홍자성(洪自誠) 〈채근담(菜根譚)〉

잘못을 저지르고서도 후회할 줄 모르는 자는 하등(下等)의 사람이요, 후회하면서도 고칠 줄 모르는 자도 하등의 사람이다.
☞ 〈소학(小學)〉

문득 일어난 생각이 사욕(私慾)의 길로 감을 깨닫거든 곧 도리(道理)의 길로 좇아오도록 이끌어라. 일어나매 이어 깨닫고, 깨달으매 이어 돌려라. 그리하여 곧 재앙을 돌려서 복을 삼으면, 죽음에서 일어나 삶으로 돌아가는 관두(關頭)가 되리라. 진실로 안이하게 방심하지 마라.
☞ 홍자성(洪自誠) 〈채근담(菜根譚)〉

곧은 선비는 행복을 구하는 마음이 없기 때문에 하늘은 그 마음 없는 곳을 향해 행복의 문을 열어 주고, 음흉한 사람은 재앙을 피하려고만 애쓰기 때문에 하늘은 그 애쓰는 마음에 재앙을 내려 그 넋을 빼앗는다.
☞ 홍자성(洪自誠) 〈채근담(菜根譚)〉

세상은 죽은 사람을 돌아간 사람이라고 말한다. 죽은 사람을 돌아간 사람이라고 하는 말은, 곧 살아 있는 사람은 길가는 사람이란 뜻이다. 길가는 사람이 돌아갈 줄 모른다면, 이는 집을 잃고 방황하는 사람이다. 그런데 한 사람만이 집을 잃고 방황한다면 온 세상이 그를 그르다고 비난하겠지만, 온 세상 사람들이 집을 잃고 방황하고 있으니 아무도 그른 줄을 모르고 있다.　☞ 안자(晏子) 〈열자(列子)〉

복(福)이 화(禍)가 되고, 화가 복이 되는 조화 변천의 깊은 도리는 끝까지 규명할 수 없으며, 그 깊은 이치는 측량할 수 없다.

☞ 회남자(淮南子)

손에 상처가 없는 사람은 독(毒)을 만져도 해독(害毒)이 없다. 상처가 없거늘 독인들 해하랴. 악(惡)함이 없거늘 재앙이 있으랴.

☞ 〈법구경(法句經)〉

행복이란 마음대로 구하지 못하나니, 스스로 즐거운 정신을 길러 복을 부르는 바탕을 삼을 따름이다.
재앙이란 마음대로 피하지 못하나니, 남을 해하는 마음을 없이 함으로써 재앙을 멀리하는 방도로 삼을 따름이다.

☞ 홍자성(洪自誠)〈채근담(菜根譚)〉

관직에 있으면서 사정(私情)을 행하면 관직을 잃을 때에 후회하고, 부유할 적에 절약해 쓰지 않으면 시기가 지난 때에 후회한다.
사물(事物)을 보고 배워두지 않으면 필요하게 된 때에 후회하게 되며, 취한 뒤에 함부로 지껄이면 깨어난 때에 후회하고, 몸이 성할 적에 휴양하지 않으면 병든 때에 후회한다.

☞ 구준(寇隼)〈명심보감(明心寶鑑)〉

오늘의 일이 의심쩍거든 옛 역사에 비추어 보라. 미래의 일을 알지 못하겠거든 과거에 비추어 보라. 만사의 발생과 현상은 그 형태나 과정에서는 다르지만, 결국 그 귀결(歸結)되는 점이 같음은 고금(古今)을 통해 일정불변(一定不變)이다.

☞ 관자(管子)

뜻을 잃고 살아온 지 여러 해에 머리 모두 희어졌으나, 성글고 느슨한
성격은 타고난 대로 놀기에 알맞네.
다만 마시고 먹고 할 줄이나 알았지 아무 데도 쓸 곳 없으니, 나야말로
인간 세상에 붙은 한 개 혹일 뿐일세.

☞ 서경덕(徐敬德) 〈화담집(花潭集)〉

만물(萬物)이 서로 다른 것은 삶이요, 서로 같은 것은 죽음이다.
살아서는 현명하고 어리석은 것과, 귀하고 천한 것이 있으니 이것이
서로 다른 점이요, 죽어서는 썩어서 냄새나며 소멸되어 버리니 이것
이 서로 같은 점이다.　　　　　　　☞ 양주(楊朱) 〈열자(列子)〉

옛날에는 오로지 사는 가운데 오로지 죽더니, 지금은 오로지 죽는
가운데 오로지 사는구나.　☞ 지눌(知訥) 〈진각국사어록(眞覺國師語錄)〉

십 년 만에 죽어도 역시 죽음이요, 백 년 만에 죽어도 역시 죽음이다.
어진 이와 성인(聖人)도 역시 죽고, 흉악한 자와 어리석은 자도 역시
죽는다. 썩은 뼈는 한 가지인데, 누가 그 다른 점을 알겠는가.
그러니 현재의 삶을 즐겨야지, 어찌 죽은 뒤를 걱정할 겨를이 있겠는가.

☞ 양주(楊朱) 〈열자(列子)〉

인간은 생(生)을 얻으면서부터 죽기를 시작한다고 할 수 있다. 즉 시간
의 흐름을 알리는 시계의 일 초 일 초의 뚝딱거리는 기계 소리는 인간
이 호흡하는 숨소리와 함께, 죽음의 경지(境地)로 가까워 간다는 것을
알리는 경종(警鐘)과도 같다.

☞ 조병옥(趙炳玉) 〈민주주의(民主主義)와 나〉

미친 사람이 동으로 뛰면 그를 좇는 사람도 동으로 뛴다. 그러나 동으로 뛰는 것은 같으나, 뛰는 동기는 서로 다르다.

물에 사람이 빠지면 이를 구하려는 사람도 물에 뛰어든다. 물 속에 사람이 빠지면 이를 구하려는 사람도 물에 뛰어든다. 물 속에 들어간 것은 같지만, 서로 그 동기가 다르다.

이와 마찬가지로 성인(聖人)도 살고 죽으며, 어리석은 자도 살고 죽는다. 그러나 성인의 생사(生死)는 도리에 통달하고 있지만, 어리석은 자는 삶과 죽음의 가치를 몰라서 혼동하고 있는 것이다.

☞ 회남자(淮南子)

사람들이 하는 일은 항상 거의 다 이루어질 듯하다가 실패하곤 한다. 마무리를 신중하게 하는 것을 늘 처음과 같이 한다면 실패하는 일이 없을 것이다.

☞ 노자(老子)

스스로 자신을 해치는 사람과는 함께 말할 것이 못 되고, 스스로 자신을 버리는 사람과는 함께 일할 수 없다.

말로써 예의를 비난하는 것을 스스로 자신을 해친다 하고, 스스로를 인(仁)에 처하고 의(義)에 따를 수 없다고 하는 이를 스스로 자신을 버린다고 하느니라.

☞ 맹자(孟子)

인생이란 덧없는 것이 아닌가. 밤낮 노심초사하다가 생명이 가면 무엇이 남는가? 명예인가 부귀인가, 모두가 아쉬운 것이 아닌가.

결국 모든 것이 공(空)이 되고 무색(無色)하고 무형(無形)한 것이 되어 버리지 않는가. 인생이란 것이 무엇인지, 그것부터 알고 일하자.

☞ 한용운(韓龍雲)

괴로움과 즐거움을 함께 맛보면서 연마하여, 연마 끝에 복(福)을 이룬 사람은 그 복이 비로소 오래가게 된다.

☞ 홍자성(洪自誠) 〈채근담(菜根譚)〉

지난 일을 잊지 않는 것은 앞으로 올 일의 스승이 된다.

☞ 〈전국책(戰國策)〉

한때의 성냄을 참으면, 백일(百日)의 근심을 면할 수 있다.

☞ 〈명심보감(明心寶鑑)〉

어진 사람은 흥하고 쇠하는 것으로 인해 변절하지 않고, 의로운 사람은 존망(存亡)으로 인해 변심하지 않는다. ☞ 〈소학(小學)〉

화(禍) 속에는 복(福)이 의지해 있는 것이요, 복 속에는 화가 숨어 있는 것이다. 누가 그 (화와 복의) 끝을 알겠는가? 그 끝은 일정함이 없다.

☞ 노자(老子)

항상 지난 잘못을 생각하고, 또 언제나 앞날의 허물을 염두에 두라.

☞ 〈명심보감(明心寶鑑)〉

남의 허물은 잘 찾아내지만 자기의 허물은 드러내지 않는다. 남의 잘못은 가벼운 먼지처럼 날리나 자기의 잘못은 없는 듯이 말한다.

☞ 〈법구경(法句經)〉

인생의 본분은 전진이다.　　　　☞ S. 존슨 〈아이들러〉지(誌)

좋은 약은 입에 쓰지만 병에 이롭고, 충성된 말은 귀에 거슬리지만 행하는데 이롭다. ☞ 〈공자가어(孔子家語)〉

인생은 만나는 것이 아니라 헤어지는 것이다.
쓸쓸한 나그네 길의 우의(友誼)도 그저 지나치며 인사하는 것으로, 잠시 동안의 우정에 지나지 않는다. ☞ D. 맬로크 〈하루〉

모든 사람의 일생은 신의 손가락으로 쓰인 동화다.
☞ 안데르센 작품집의 서문

아무리 이기적이고 아무리 탐욕스럽다 하더라도, 모든 인생은 결국 비극이다. 삶이란 죽음으로 끝나는 것이기 때문이다.
☞ A. 오스틴 〈사보나롤라〉 서문

인생의 가장 큰 결함은, 그것이 항상 불완전하다는 사실이다.
☞ 세네카 〈루킬리우스에의 서한집〉

인생이란, 아무리 고치고 고쳐도 어딘가가 불편한 옷이다.
☞ D. 머코드 〈프랜크린 씨에 대하여〉

오래 산다는 것은 거의 모든 사람의 소원이지만, 훌륭히 산다는 것은 소수인의 야망이다. ☞ J. 휴즈 〈평수도사〉

인생의 매 순간은 무덤으로 향하는 한 걸음이다.
☞ 크레비용 〈티트와 베레니스〉

인생은 두 개의 영달이라는 차가운 봉우리와 황망한 봉우리들 사이에 있는 골짜기이다. 우리는 그 꼭대기 너머를 보려고 헛되이 노력한다.
☞ R. G. 잉거솔 〈그의 형제의 무덤 앞에서〉

연기가 얼마나 오래 지속되는가가 중요한 것이 아니라, 연기가 얼마나 훌륭한가가 중요한 것이다. 인생도 이와 같다.
☞ 세네카 〈루킬리우스에의 서한집〉

근사하게 보이는 인생을 더 이상 믿지 말고, 지나간 세월을 보충하라. 그리고 하루하루를 마치 그대의 마지막 날인 것처럼 살아가라.
☞ W. 드러먼드 〈죽음의 최후 유언〉

얼마나 오래 사느냐가 아니라, 어떻게 사느냐가 문제이다.
☞ P. J. 베일리 〈축제〉

인생이 무엇인가를 알기 이전에, 우리 인생은 반이 허비된다.
☞ G. 허버트 〈명궁〉

단 한 번뿐인 인생, 그것을 남을 위해 사는 것이야말로 가치 있는 인생이다.
☞ A. 아인슈타인 〈유드〉지(誌)에서

생명은 죽음의 그림자에 불과하고, 떨어져 나간 영혼은 삶의 그림자에 불과하다. 모든 것은 이 이름 아래에 떨어진다.
태양은 신의 어두운 환영에 불과하고, 빛은 신의 그림자에 지나지 않는다.
☞ T. 브라운 경 〈시루스의 정원〉

인생의 가치는 삶의 길이에 있지 않고, 그 삶을 무엇으로 채웠느냐에 있다. 하지만 아무리 오래 살아도 인생에서 그 가치를 찾지 못할 수도 있다.

우리가 인생에서 가치를 발견하느냐 못하느냐는 몇 년을 살았다는 데 있지 않고, 그것을 얻기 위해 얼마나 애썼느냐에 달려 있다.

☞ 몽테뉴 〈수상록〉

우리가 자연으로부터 받은 수명은 그리 길지 않지만, 잘 소비된 일생의 기억은 영원하다. ☞ 키케로 〈필립피코 변호〉

생명은 자연의 가장 아름다운 발명이며, 죽음은 더 많은 생명을 얻기 위한 자연의 계교이다. ☞ 괴테 〈자연에 관한 경구집〉

나이는 거역할 수 없다. ☞ F. 베이컨 〈수필집〉

먹기 위해 살지 말고, 살기 위해 먹어라!

☞ B. 프랭클린 〈가난한 리처드의 달력〉

산을 칭찬하되 낮게 살고, 바다를 찬미하되 육지에서 살라.

☞ G. 허버트 〈명궁〉

인간들은 자신이 얼마나 고약하게 살고 있는지에는 관심을 두지 않으면서, 얼마나 오래 살 것인가만을 염려한다.

고결하게 사는 것은 모든 사람들의 능력 안에 있지만, 오래 사는 것은 사람의 능력 안에 있지 않은데도 말이다. ☞ 세네카 〈서간집〉

현명하고 선하고 공정하게 살지 않고서는 즐겁게 사는 것이 불가능하다. 또한 즐겁게 살지 않고서는 현명하고 선하고 정직하게 사는 것이 불가능하다. ☞ 에피쿠로스, 디오게네스 라에르티우스의 저서에서

명예로운 행동으로 전체가 꽉 차고, 고상한 모험으로 충만된 인생의 한 시간은, 하찮은 예절의 전 생애만큼 가치 있다.
☞ W. 스코트 경 〈파리의 로베르 백작〉

훌륭하게 사는 자가 오래 사는 것이다. 우리들의 나이란 햇수와 날수와 시간 수로 헤아려서는 안 되기 때문이다.
☞ 바르타의 영주 〈예배 주일과 할 일〉

인생은 짧고, 예술은 길며, 기회는 순식간에 사라진다.
또한 경험은 믿을 수 없으며, 판단은 어렵다.
☞ 히포크라테스 〈경구집〉

젊은이는 소망으로 살고, 노인은 추억으로 산다. ☞ 프랑스 격언

청년기는 자신 만만하고, 장년기는 조심스러우며, 노경(老境)에는 다시 자신만만해진다. ☞ M. F. 터퍼 〈격언적 철학〉

세월은 유수와 같아 청춘은 이내 사라지고, 우리가 기다리는 것은 아무것도 없네.
인생은 충실한 친구 같으나 영원하지 않고, 조수처럼 흐를 뿐이네.
☞ C. G. 릴런드 〈하나 속에 많은 것이〉

청년은 소득의 시절이요, 중년은 향상의 시절이며, 노년은 소비의 시절이다.

방심한 청춘에는 대개 무지한 중년 시절이 뒤따르고, 이 두 시절을 껍데기뿐인 노경이 뒤따른다.

허영심과 거짓말밖에 먹고 살 것이 없는 자는, 슬픔의 밑바닥에 누워 있을 수밖에 없다.　　　　　　☞ A. 브레드스트리트 〈33명상집〉

20세에는 의지가 지배하고, 30세에는 기지가, 40세에는 판단이 지배한다.　　　　　　☞ B. 프랭클린 〈가난한 리처드의 달력〉

청년기를 열정으로, 성년기를 투쟁으로, 노년기를 명상에 잠겨 살지 않은 인생은 완전치 못하다.　　　　☞ W. S. 블런트 〈완전한 인생〉

젊을 때에는 노년을 위해 저축하고, 늙으면 죽음을 위해 저축한다.　　　　　　　　　　　☞ 라 브뤼에르 〈인간 백태〉

괴팍한 노인과 청춘은 같이 지낼 수 없다. 청춘은 기쁨에 가득 차 있고, 노년은 근심 걱정뿐이기 때문이다.

청춘은 여름날 아침 같고, 노년은 겨울철 어느 날의 날씨 같다. 청춘은 여름철같이 왕성하지만, 노년은 겨울철같이 황량하다. 청춘에게는 심심풀이 놀이가 많지만, 노년은 금방 숨이 찬다. 청춘은 날쌔지만, 노년은 절름발이이다. 청춘은 혈기 왕성하지만, 노년은 허약하다. 청춘은 야생적이지만, 노년은 무기력하다.

노년아, 나는 너를 증오한다. 청춘아, 나는 너를 숭배한다.　　　　　　　　　　　☞ 셰익스피어 〈정열의 순교자〉

젊은이들은 앞으로 재빠르게 전진한다. 모든 기쁨의 나라가 그들 눈앞에 펼쳐져 있기 때문이다.

그러나 늙은 사람들은 넘어지면서 하루, 또 하루, 느릿느릿 제자리걸음을 한다. 여전히 뒤를 돌아보면서……. 모든 기쁨의 나라가 그들 뒤에 있기 때문이다.

그러나 슬픔 때문에 망설이지 마라. 오직 앞으로, 앞으로, 목적을 이루는 그 시각까지!
　　　　　　　　　　　　☞ F. A. 켐블 〈젊은 신사들에게 보내는 시〉

내가 한 위대한 일의 대부분은 청년기에 이루어졌다.
　　　　　　　　　　　　☞ B. 디즈데일리 〈커닝즈비〉

지혜가 아니라 운명이 사람의 일생을 지배한다.
　　　　　　　　　　　　☞ 테오프라스투스 〈칼리스테네스〉

청년기는 유일하게 즐거운 계절이다. 자기 일생의 첫 25년을 비록 궁핍과 치욕 속에 보냈다 하더라도 긴 생애의 나머지 삶과 맞먹으며, 그 이후의 삶을 재산과 명예와 존경 속에서 살아가게 하는 힘이 된다.
　　　　　　　　　　　　☞ G. 버로우 〈집시의 호밀〉

하늘은 때를 안다. 총에 맞고 안 맞고는 운명에 달려 있다.
　　　　　　　　　　　　☞ W. 스코트 경 〈파리의 로버트 백작〉

육체가 세월이란 군대에게 공격당하고, 사지가 정력의 탕진으로 말미암아 약해질 때, 마음은 깨어지고 생각과 말은 빗나간다.
　　　　　　　　　　　　☞ 루크레티우스 〈사물의 본질에 관하여〉

인간의 모든 것은 썩기 마련이다. 따라서 운명이 부르면 제왕도 복종해야 한다.　　　　　　　　　　　　　☞ J. 드라이든 〈먹 플리크노〉

행위, 과학, 예술, 문학에서 이룬 모든 인간의 업적을 합하라. — 거기에서 40세 이상의 사람이 하는 일을 제거하라. 그러면 커다란 보물들을, 그것도 막대한 가치의 것들을 잃을까 걱정되겠지만 실질적으로는 현재의 상태가 될 것이다.
…이 세상에서 일어나는 효과적이고, 감동적이며, 활기를 불어넣는 대부분의 업적은 25세와 40세 사이에서 이루어졌다.
　　　　　　　　　　　　　☞ H. 쿠싱 〈W. 오슬러 경의 생애〉

청춘기의 소망과 희망을 실현하기 위해 애쓰는 사람은 누구나 중년기가 되었을 때 자기 자신을 속인다.
인간의 일생을 돌아보면, 각 10년마다 그 나름의 행운과 희망과 욕망이 있기 때문이다.　　　　　　　　　☞ 괴테 〈친화력〉

힘과 건강이 허락하는 한 일을 피하지 마라. 곧 허리 굽은 노경이 발소리를 죽이고 다가올 것이다.　　　☞ 오비디우스 〈사랑의 기술〉

노인들을 사랑하고 존경하자. 노인의 경험을 활용하면 즐거움이 가득해진다. …가장 맛있는 파이 한 조각이 마지막을 위해서 남겨지는 것처럼.　　　　　　　　☞ 세네카 〈루킬리우스에의 서한집〉

늙음을 슬프게 만드는 것은 즐거움이 없어지기 때문이 아니라, 희망이 없어지기 때문이다.　　　　☞ 장 파울(리히터) 〈타이탄〉

아직 노령기가 되려면 멀었는데도 그것을 두려워한다. 오래 살길 바라면서 노령기를 두려워하기 때문이다.

말하자면, 우리는 인생을 사랑하면서 죽음을 피해 달아나고 있는 것이다.　　　　　　　　　　　　　　　　☞ 라 브뤼에르 〈인간 백태〉

기어가는 것이 내 운명이라면 기꺼이 기어갈 테고, 날아가는 것이 내 운명이라면 재빨리 날아갈 테다.

그러나 그것을 피할 수 있는 한, 나는 결코 불행하지 않을 것이다.
　　　　　　　　　　　　　　　　　　　☞ S. 스미드 〈개화〉

인생의 가장 쓰라린 비극적 요소는 이성이 없는 운명, 혹은 숙명을 믿는 것이다.　　　　　　　　☞ 에머슨 〈지성과 자연사 : 비극〉

바람의 변덕을 불평하는 것은 어리석다.　　　☞ 오비디우스 〈여걸〉

인간은 운명이 강요하는 것을 감수해야 한다. 바람과 물살에 역행하는 것은 소용없는 일이기 때문이다.　　☞ 셰익스피어 〈헨리 6세 3부〉

인간은 자기 감옥 문을 열고 달아날 권리가 없는 죄수이다. 인간은 신이 자신을 소환할 때까지 기다려야만 하며, 자기가 자기의 목숨을 거두어서는 안 된다.　　　　　　　　　　　☞ 플라톤 〈대화편〉

친구여, 행운은 기교가 돕지 않으면 약하다고 나는 종종 생각했네.
마찬가지로 모든 기교도 행운이 돕지 않으면 허사일세.
　　　　　　　　　　☞ 셰리던 〈아리스퇴네투스의 사랑의 편지〉

행운은 물레방아처럼 돌고 돌아, 어제 정상에 있었던 사람이 오늘은 밑바닥에 깔린다. ☞ 세르반테스 〈돈키호테〉

행운의 신은 여자이기 때문에, 대담하게 그녀에게 명령하는 젊은이에 게 호의를 보인다. ☞ 마키아벨리 〈군주론〉

다음의 넷은 돌아오지 않는다. — 입 밖에 낸 말, 쏴버린 화살, 흘러간 세월, 간과해 버린 기회. ☞ 오마르 이븐 〈어록〉

행운의 신은 여자의 성질을 갖고 있어서, 너무 조르면 더욱 멀어진다. ☞ F. 베이컨 〈학문의 진보〉

운명의 여신은, 우리 일생에서 우리 손에 한 번 좋은 운을 제공해 준다. ☞ G. 펜턴 경 〈반델로〉

행운의 여신이 지나치게 호의를 베풀 때는 그 사람을 바보로 만든다. ☞ 푸블릴리우스 시루스 〈금언집〉

인간에게 행운과 훌륭한 지각이 한꺼번에 오는 경우는 드물다. ☞ 리비 〈사서〉

위대한 희망은 위대한 인물을 만든다. ☞ T. 풀러 〈잠언집〉

불운은 올 때는 날아오지만, 떠날 때는 걸어서 간다. ☞ H. G. 본 〈격언 수첩〉

불운을 참는 것은 쉬운 일이지만, 그것을 끝까지 견디는 것은 어려운
일이다.
☞ 세네카 〈티스테스〉

불행한 때 슬퍼한 적이 없고, 운명을 통탄한 적이 없는 사람은 스스로
위대함을 보여준 것이다.
☞ 세네카 〈루킬리우스에의 서한집〉

인생은 운이 좋은 자에게는 짧으나, 불운한 자에게는 길다.
☞ 아폴로니우스, 스토바에우스 〈적화〉

최후에 웃는 자가 가장 신나게 웃는다.   ☞ J. 밴부르 경 〈시골집〉

불운 속에서 용감해지는 것은 성인으로서의 가치가 있는 것이며, 불
운 속에서 현명해지는 것은 운명을 정복하는 것이다.
☞ A. 레플러 〈분쟁 하에서〉

시종일관 한결같은 자는 운명을 믿고, 변덕을 부리는 자는 요행을
믿는다.
☞ B. 디즈레일리 〈비비언 그레이〉

인생은 만족보다 실망을 더 많이 지니고 있다.
☞ 디오게네스 라에르티우스 〈테오프라투스〉

그르게 되는 길은 여러 가지가 있으나, 바르게 되는 길은 단 하나가
있을 뿐이다. 이것이 바로 실패하기는 쉽고 성공하기는 어려운, 즉
목표를 빗나가기는 쉬우나 목표를 맞추기는 어려운 이유이다.
☞ 아리스토텔레스 〈니코마크 논리학〉

한 번 뛰어서 하늘에 도달할 수는 없다. 때문에 낮은 땅에서 둥근 하늘로 올라가는 사다리를 만들고, 돌고 돌아서 마침내 그 꼭대기에 이른다. ☞ J. G. 홀런드 〈한 걸음씩〉

인간 중에서 가장 가련한 사람은 희망이 결여되어 있는 자이다. ☞ T. 풀러 〈금언집〉

미련한 자는 먼 곳에서 행복을 찾고, 현명한 자는 자기 발밑에서 행복을 키운다. ☞ J. 오펜하임 〈현인〉

손꼽아 기다리는 일은 좀처럼 일어나지 않고, 거의 기대하지 않은 일은 잘 생긴다. ☞ B. 디즈레일리 〈콘타리니 플레밍〉

자기가 어느 항구로 가고 있는지를 모른다면, 어떤 바람도 순풍이 되지 못한다. ☞ 세네카 〈루킬리우스에의 서한집〉

자기의 빵을 눈물 흘리며 먹어 보지 않은 사람, 근심으로 가득한 밤에 자기 잠자리에서 울어 보지 않은 사람은 너를 모른다. 너, 하늘의 힘을……. ☞ 괴테 〈빌헤름 마이스터의 수업 시대〉

우리는 하기 힘든 일, 들어올리기 힘든 짐을 가졌다. 이 투쟁을 피하지 마라. 대항하라. 그것은 신의 선물이다. ☞ M. 배브코크 〈강하라〉

우리는 고난을 겪음으로써 행복의 소중함을 깨닫는다. ☞ 드라이든 〈복귀한 정의의 여신〉

많은 사람들은 진정한 행복이 무엇으로 이루어지는가에 대해 잘못된
생각을 갖고 있다.
그것은 자기만족을 통해서 획득되는 것이 아니라, 가치 있는 목적을
향한 성실성을 통해 얻어지는 것이다.　☞ H. 켈러 〈헬렌 켈러의 일기〉

모든 노력을 경주하여 해내겠다는 의지를 가진 자가 어떤 목적에서도
승리할 수 있다.　　　　　　　　　　　☞ 메난드로스 〈단편집〉

거친 땅 위에서 굳어진 발굽을 가진 짐승은 어떠한 길도 걸을 수 있다.
　　　　　　　　　　　　☞ 세네카 〈루킬리우스에의 서한집〉

불은 금의 시금석(試金石)이요, 역경은 강한 인간의 시금석이다.
　　　　　　　　　　　　　　　　　　☞ 세네카 〈도덕론〉

폭풍이 지나가면 평온이 온다.　　　　　☞ M. 헨리 〈비평집〉

혹자는 씨도 뿌리지 않고 수확하지만, 혹자는 열심히 일하고도 얻지
못한다.　　　　　　　　　　　　　　　☞ M. 케이윈 〈성공〉

행복은 활동에 있다. 그것이 자연의 구조다. 행복은 흐르는 개울이지,
고여 있는 웅덩이가 아니다.　　　　　　☞ J. M. 구드 〈자연의 책〉

자기 신뢰가 성공의 제1 비결이다.　　　☞ 에머슨 〈사회와 고독〉

하느님은 짐에 맞는 어깨를 준다.　　　　☞ 독일 격언

큰 일을 목적으로 삼는 자는 고통 또한 크게 당해야 한다.
☞ 〈플루타르코스 영웅전〉

정상에서 빠져나오는 것은 중요하지 않다. 문제는 살아서 빠져나오는
자가 되는 것이다.　　　　　　☞ B. 브레히트 〈도시의 밀림〉

성공의 비결은 목표를 향해 멈추지 않고 나아가는 것이다.
☞ B. 디즈레일리 〈연설〉

가시에 찔리지 않고서는 장미꽃을 모을 수 없다.
☞ 필페이 〈우화집 : 두 여행자〉

출세하는 방법은 두 가지가 있다. 자기 자신의 근면에 의해서이거나
다른 사람의 어리석음에 의해서이다.　　☞ 라 브뤼에르 〈인간 백태〉

바보는 때때로 어려운 것을 쉽게 생각해서 실패하고, 현명한 자는
때때로 쉬운 것을 어렵게 생각해서 실패한다.
☞ C. 콜린즈 〈경구집〉

"나는 당신들에게 성공의 공식을 말해 줄 수는 없지만, 실패의 공식은
가르쳐 드릴 수는 있습니다. 그것은 바로 모든 사람의 비위를 맞추라
는 것입니다."　　　　　　　　　　　☞ H. B. 스워우프

우리의 어제와 오늘은 우리가 쌓아 올리는 벽돌이다.
☞ 롱펠로우 〈건축가〉

오늘은 어제의 제자이다.　　　　　　　　☞ T. 풀러 〈금언집〉

어제의 사실은 오늘의 교리(敎理)이다.　　　☞ 주니우스 〈서간집〉

그러므로 내일 일을 위하여 염려하지 마라. 내일 일은 내일 염려할 것이요, 한 날 괴로움은 그날에 족하니라.　☞ 〈신약성경 : 마태복음〉

오늘 밤에 할 수 있는 일을 내일로 미루지 마라.
　　　　　　　　　　☞ M. 코퍼데일 〈기독교 결혼의식〉

미래는 운명의 손이 아니라, 우리의 손에 달려 있다.
그것을 명심하고, 그것이 진리임을 확신하라.
　　　　　　☞ J. 쥐스랑 〈미국에서 보내는 고별 라디오 대화〉

현재는 모든 과거의 필연적 산물이며, 모든 미래의 필연적 원인이다.
　　　　　　　☞ R. G. 잉거솔 〈종교란 무엇인가?〉

과거를 슬프게 들여다보지 마라. 그것은 다시 오지 않는다. 현재를 슬기롭게 이용하라. 그것은 그대의 것이다.
남자다운 기상으로 두려워하지 말고 나아가, 그림자 같은 미래를 맡으라.
　　　　　　　　　　　☞ 롱펠로우 〈하이페리언〉

지난날 우리에게는 깜박이는 불빛이 있었으며, 오늘날 우리에게는 타오르는 불빛이 있다. 그리고 미래에는 온 땅 위와 바다 위를 비춰주는 불빛이 있을 것이다.
　　　　　　　　　　　　　　　☞ 처칠

벌거숭이로 땅 위에 내려앉았다가, 벌거숭이로 땅 밑으로 갈 것이다.

☞ 팔라다스 〈그리스 사화집〉

우리의 이름은 조만간 잊혀질 것이고, 우리가 한 일을 아무도 기억하지 않을 것이다.
우리의 인생은 구름의 자취처럼 사라질 것이고, 안개처럼 흐트러질 것이다.

☞ 〈경외경 : 솔로몬의 지혜〉

아무도 그가 사는 삶 이상의 삶을 잃지 않으며, 그가 잃은 삶 이상을 살지 않는다는 것을 명심하라.

☞ 마르쿠스 아우렐리우스 〈명상록〉

훌륭히 죽기를 원한다면, 훌륭히 살기를 배워라. 살고 죽는 것이 우리가 해야 할 전부다.

☞ B. 디즈레일리 〈엔디미언〉

죽기를 원하지 않는 자는 살기를 원했다고 할 수 없다.

☞ 세네카 〈루킬리우스에의 서한집〉

가장 오래 산 사람이나 가장 짧게 산 사람이나 죽을 때는 똑같은 것 하나를 잃는다.

☞ 마르쿠스 아우렐리우스 〈명상록〉

죽음이 다가오는 것을 그처럼 두려워하는 것은 생전에 사악한 생활을 했다는 증거이다.

☞ 셰익스피어 〈헨리 6세 2부〉

나의 모든 과업을 끝마쳤을 때는 죽음이 즐거운 여행이 될 것이다.

☞ E. W. 윌콕스 〈여행〉

영웅적 죽음으로 최후를 장식한 고귀한 일생은, 이 세상에서 가장 강력한 제국이 가진 자존심과 허세와 영광보다도 더 오래간다.

☞ J. A. 가필드 '하원에서의 연설'

이별의 시간이 왔다. 우리는 각자 자신의 길을 간다. 나는 죽고, 너는 산다. 어느 것이 더 좋은지는 신만이 안다.

☞ 플라톤 〈소크라테스의 변명〉

인생은 본래 영원을 향한 끊임없는 갈망이며, 신을 향한 동경이다. 그러기에 우리의 천성이야말로 가장 고귀한 것이다. ☞ F. 슐레겔

모든 행로는 묘지에서 끝난다. 무덤은 무(無)의 입구이다.

☞ 버나드 쇼 〈신을 찾는 흑인 소녀의 모험〉

바깥사람의 어림 눈으로 보건대, 무덤이란 여섯 자 깊이에 석 자 넓이 밖에 되지 않으리라.
그러나 저 신비로운 잠을 위해 싸늘한 흙 속에 굳이 갇혀 있을 때, 그 영역이 얼마나 넓은지를 누가 알며, 그 깊이가 얼마나 깊은지를 누가 알겠는가. ☞ J. R. 모런드 〈무덤〉

만나서 알고, 사랑하고, 헤어지는 것이 모든 인간의 슬픔이다.

☞ S. T. 콜리지

인생에 집착할 이유가 없으면 없을수록, 인생은 눌어붙는다.

☞ 에라스무스

예술은 길고, 세월은 덧없다. 우리가 비록 강하고 용기 있을지라도, 우리의 심장은 약음기(弱音器)를 낀 북처럼 언제나 묘지로 향하는 장송 행진곡을 울린다.　　　　　　　　☞ H. W. 롱펠로우 〈인생 찬가〉

인간은 나뭇잎과 같이 대지의 은총으로 과일을 먹고, 반짝반짝 아름답게 번성할 때도 있다. 그러나 어느 순간 변하여 갑자기 덧없이 사멸하는 것이 인간의 생명이다.　　　　　　　☞ 호메로스 〈일리아드〉

내 사랑하는 이여, 내가 죽을 때 나를 위해 슬픈 노래를 부르지 마라. 내 머리맡에 장미도, 그늘지는 삼나무도 심지 마라. 내 위에 소낙비와 이슬방울로 축축한 푸른 잔디를 심어 주면 족하다. 그대가 원하면 기억하고, 그대가 원하면 잊으라.　　　　　　☞ C. 로제티 〈송가〉

우리의 삶에서 모든 고난이 자취를 감추었을 때를 생각해 보라. 참으로 을씨년스럽기 짝이 없지 않겠는가.　　　　　　　　　　☞ 니체

구름 속을 아무리 보아도 그곳에는 인생이 없다.
반듯하게 서서 자기 주위를 보라! 자기가 인정한 것을 우리는 그곳에서 붙들 수 있다. 귀신이 나오든 말든 자신의 길을 가야만 하는 것이 우리의 인생인 것이다.
그렇게 앞으로 나아가는 동안에는 고통도 있고 행복도 있다! 우리의 인생은 어떠한 경우라도 완전한 만족이란 없다. 자기가 인정한 것을 힘차게 찾아 헤매는 하루하루가 바로 인생인 것이다.　　　　☞ 괴테

인생은 선을 실행하기 위하여 만들어졌다.　　　　　　　☞ I. 칸트

다음 것들을 명심하라. 즉 인생에 있어서, 육욕에서 벗어난 그대의 정신은 참으로 강한 것이 될 것이다. 그리고 그 이상으로 신뢰할 만하여 악에서 벗어나는 길 또한 다시는 없을 것이다. 이런 사실을 모르는 자는 장님이며, 알면서 실행하지 않는 자는 불행한 인간일 뿐이다.

☞ 마르쿠스 아우렐리우스

인생은 짧다. 그러므로 우리들은 애태우고 또 착각에 빠진다. 우리들은 이 세상에 사는 짧은 세월 동안 삶의 열매를 따려고 하지만, 사실은 그 열매가 익는 데는 수천 년이 필요하다.　　☞ H. 카로사

사람은 열다섯 살쯤에 인생에 대한 많은 것을 생각한다. 그리고 인생의 문제를 거의 남김없이 발견한다. 그 후에는 그것에 익어 점점 그것을 잊어간다.　　☞ 샤르도느 〈사랑, 그것은 사랑보다 더욱 풍부하다〉

인생이란 불충분한 전제에서 충분한 결론을 끌어내는 기술이다.

☞ S. 버틀러

나는 절실한 한 가지 소원이 있다. 그것은 내가 살고 있는 이 세상이 조금 더 나아졌다는 것을 확인할 때까지 살고 싶다는 것이다.

☞ 링컨

사는 것이 중요한 문제가 아니고, 바로 사는 것이 중요한 문제다.

☞ 소크라테스

남의 삶과 비교하지 말고 네 자신의 삶을 즐겨라.　　☞ 콩도르세

대개는 죽으려고 하기보다는 살려고 하는 편이 훨씬 용기를 필요로
하는 시험이다. ☞ 알페리

인생은 반복된 생활이다. 좋은 일을 반복하면 좋은 인생을, 나쁜 일을
반복하면 불행한 인생을 보내는 것이다. ☞ W. NL. 영안

인생은 하나의 실험이다. 실험이 많아질수록 당신은 더 좋은 사람이
된다. ☞ 에머슨 〈일기〉

인생은 우주의 영광이요, 또한 우주의 모욕이다. ☞ B. 파스칼 〈명상록〉

인생의 최고 불행은 인간이면서 인간을 모르는 것이다.
☞ B. 파스칼 〈명상록〉

인생의 위대한 목표는 지식이 아니라 행동이다.
☞ T. H. 헉슬리 〈속인의 설교집〉

삶은 호흡하는 것이 아니라 행위를 하는 것이다. ☞ 루소 〈에밀〉

인생은 한 권의 책과 같다. 어리석은 이는 그것을 마구 넘겨버리지만,
현명한 인간은 열심히 읽는다.
단 한 번밖에 인생을 읽지 못한다는 것을 알고 있기 때문이다.
☞ 장 파울(리히터)

3

인생과 사랑

남자는 수치에 목숨을 버리며, 여자는 남자를 위해 목숨을 버린다.

☞ 일연(日蓮)

대저 종(鐘)이란 치면 소리가 난다. 쳐도 소리가 나지 않는 것은 세상에서 버린 종이다.
또 거울이란 비추면 그림자가 나타난다. 비추어도 그림자가 나타나지 않는 것은 세상에서 버린 거울이다.
대저 사람이란 사랑하면 따라온다. 사랑해도 따라오지 않는 사람은, 또한 세상에서 버린 사람이다.

☞ 정황 〈유헌집(遊軒集)〉

못난 사나이는 아내를 두려워하고, 현숙한 여인은 남편을 공경한다.

☞ 강태공(姜太公) 〈명심보감(明心寶鑑)〉

부모가 사랑하시면 기뻐하며 그것을 잊지 말고, 부모가 미워하시더라도 송구스럽게 생각하며 원망하지 마라. 부모에게 잘못이 있거든 부드럽게 간하고, 거역하지 말아야 한다.

☞ 증자(曾子)

여자에게는 칭찬받을 네 가지 덕(德)이 있다.

첫째는 부녀(婦女)로서의 덕성(德性)이요, 둘째는 부녀로서의 용의(容儀)요, 셋째는 부녀로서의 말씨요, 넷째는 부녀로서의 솜씨가 그렇다. 부녀로서의 덕성이란 반드시 재지(才智)가 뛰어남을 뜻하는 것이 아니요, 부녀로서의 용의란 반드시 얼굴의 아름다움을 뜻하는 것이 아니요, 부녀로서의 말씨란 반드시 구변의 능란함을 뜻하는 것이 아니요, 부녀로서의 솜씨란 반드시 교묘한 재주가 남다름을 뜻하는 것이 아니다. 부녀로서의 덕성이란, 맑고 절개 곧으며 염치 있고 절제 있어 분수를 지켜 마음을 정연히 가다듬고, 행지(行止)에 수줍음이 있으며, 동정(動靜)에 법도가 있는 것을 말한다.

부녀로서의 용의란, 항상 먼지며 때를 빨아 옷차림을 깨끗이 하며, 목욕을 제때 하여 일신(一身)에 불결함이 없도록 하는 것을 말한다. 부녀로서의 말씨란, 말을 가려서 하되 그른 말을 하지 않으며, 꼭 해야 할 때에 말을 하여 사람들이 그 말을 싫어하지 않도록 하는 것을 말한다. 부녀로서의 솜씨란, 길쌈을 부지런히 하며 꼭 술 빚는 것만을 능사로 하지 말고 좋은 맛을 갖추어서 손님을 대접하는 것을 말한다.

☞ 〈익지서(益智書)〉

어진 아내는 그 남편을 귀하게 만들고, 악한 아내는 그 남편을 천하게 만든다. ☞ 〈명심보감(明心寶鑑)〉

부모에게 잘못이 있거든, 기운을 낮추고 웃는 낯으로 말을 부드럽게 하며 간(諫)하라. 만일 간하는 말을 받아들이지 않으시거든, 공경하는 마음으로 효도를 표하여 기뻐하시거든 다시 간하라.

☞ 내칙(內則) 〈소학(小學)〉

결혼은 자손만대(子孫萬代)의 시작이다.　　　　　☞ 〈예기(禮記)〉

아내를 맞아들이는 일에는 집안의 성쇠(盛衰)가 달려 있다.
구차스럽게 한때의 부귀를 탐내어 장가들면, 그 부귀를 끼고 있는
아내는 남편을 경멸하고 시부모를 소홀히 하기 마련이다.
그리하여 교만과 질투의 성품이 길러지면, 뒷날 이보다 더 큰 근심거
리가 어디 있겠는가.　　　　　☞ 사마광(司馬光)

부모의 나이는 반드시 기억하고 있어야 한다. 한편으로는 오래 사신
것을 기뻐하고, 또 한편으로는 연세 많은 것을 걱정해야 한다.
　　　　　☞ 공자(孔子) 〈논어(論語)〉

제 부모를 사랑하는 자는 감히 남을 미워하지 못하고, 제 부모를 공경
하는 자는 감히 남을 업신여기지 못한다.
사랑하고 공경하는 마음을 제 부모에게 다하고 보면, 덕스러운 가르
침이 백성들에게까지 미쳐서 천하가 본받게 될 것이다.
이것은 대개 천자로서의 효도이다.　　　　　☞ 공자(孔子) 〈효경(孝經)〉

세속(世俗)에서 말하는 불효(不孝)에는 다섯 가지가 있다.
사지(四肢)를 게을리 하여 부모의 공양을 돌보지 않음이 첫째 불효요,
노름과 술 마시기를 좋아하여 부모를 돌보지 않음이 둘째 불효다.
또한 재물을 좋아하고, 처자(妻子)만을 사랑하여 부모를 돌보지 않음
이 셋째 불효요, 귀와 눈의 욕구(慾求)를 채우느라 부모를 욕되게 함이
넷째 불효다. 아울러, 용맹을 좋아하여 싸우고 화내어 부모를 불안케
함이 다섯째 불효니라.　　　　　☞ 맹자(孟子)

요즘은 부모에게 물질로써 봉양하는 것을 효도라 한다. 그러나 개나 말도 입에 두고 먹이지 않는가.

여기에 공경하는 마음이 따르지 않는다면, 무엇으로써 구별하겠는가.

☞ 공자(孔子) 〈논어(論語)〉

부모를 사랑하는 사람은 남으로부터 미움을 받지 아니하고, 부모를 공경하는 사람은 남으로부터 업신여김을 받지 아니한다.

☞ 〈소학(小學)〉

친척 중 가난한 이를 소홀히 하지 말고, 타인 중 부귀(富貴)한 이를 두둔하지 마라.　　☞ 신종(神宗) 〈명심보감(明心寶鑑)〉

미움은 미움으로 대하면 끝내 풀리지 않는다. 미움은 미움이 없을 때만 풀리나니, 이것이 여래(如來)의 진리이다.

☞ 〈법구경(法句經)〉

선인(先人)의 지위에 오르고, 선인의 예(禮)를 그대로 행하며, 선인의 음악을 그대로 연주하고, 선인이 존경하던 분을 그대로 존경하며, 선인이 가까이하던 이를 아끼고, 돌아갔을 때 섬기기를 살아계실 때처럼 하며, 망인(亡人) 섬기기를 살아계신 것처럼 하는 것이 효도의 극치이다.　　☞ 공자(孔子) 〈중용(中庸)〉

집안이 화목하면 가난해도 좋거니와, 의롭지 않으면 부(富)한들 무엇하랴. 오로지 한 자식의 효도만 있다면, 자손이 많아서 무엇 하랴.

☞ 〈명심보감(明心寶鑑)〉

자식 된 도리로서 외출할 때는 반드시 고해야 하며, 돌아와서도 반드시 뵙고, 노는 곳이 있으면 반드시 떳떳함이 있어야 한다.

익히는 것이 있으면 반드시 끝을 마쳐야 하고, 부모가 살아계실 때는 언제나 자기 스스로를 늙었다 하지 않아야 한다.

☞ 증자(曾子) 〈소학(小學)〉

세월은 물과 같이 흘러, 부모를 섬기는 시간도 결코 길지 아니하다. 그런 때문에 사람의 자식 된 자는 모름지기 정성을 다하고 힘을 다하면서도, 자기가 할 일을 다하지 못할까 두려워해야 한다.

☞ 이이(李珥) 〈격몽요결(擊蒙要訣)〉

자비로운 어버이가 자식을 사랑함은 보답을 받고자 함이 아니다. 사랑하지 않고는 마음이 풀리지 않기 때문이다.

성인(聖人)이 백성을 보양(保養)하는 것도 이들을 이용(利用)하고자 함이 아니다. 성인의 덕성(德性)으로 스스로 행하는 것이다.

이들은 마치 불이 스스로 뜨겁고, 얼음이 스스로 찬 것처럼 본질적(本質的)인 것이다.

☞ 회남자(淮南子)

길은 가까운 데 있거늘, 사람들은 먼 데서 찾는도다. 일은 쉬운 데서 해결할 수 있거늘, 사람들은 어려운 데서 그 방법을 찾는도다. 사람마다 부모를 부모로 섬기고, 어른을 어른으로 섬기면 온 천하가 화평해지거늘…….

☞ 맹자(孟子)

호랑이는 그리되 뼈는 그리기 어렵고, 사람은 알되 마음은 알지 못한다.

☞ 〈명심보감(明心寶鑑)〉

어떤 사람은 수레를 끌고 장사를 하여 부모를 섬길 시간이 없기도 하고, 어떤 사람은 부모의 갑작스런 사망으로 부모에 대한 보은(報恩)의 기회를 잃기도 한다.

그러나 중요한 문제가 여기에 나타난다. 그것은 부모에 대한 보은의 감정이 부모가 세상을 떠난 이후에야 고개를 든다는 사실이다.

☞ 강유위(康有爲)〈대동서(大同書)〉

형제(兄弟)는 수족(手足)과 같고, 부부(夫婦)는 의복(衣服)과 같다. 의복이 떨어졌을 때는 다시 새것을 얻을 수 있거니와, 수족이 끊어진 곳엔 잇기가 어렵다.

☞〈명심보감(明心寶鑑)〉

사치로써 여자를 떠받치는 것은 그 여자를 사랑하기 때문이지만, 그렇게 사랑하는 것이 마침내는 그 여자를 해롭게 하는 원인이 됨을 잊지 말아야 한다.

☞ 이언적(李彦迪)〈회재집(晦齋集)〉

천금(千金)의 보석은 이익(利益)으로 인연이 맺어졌고, 어린 자식은 자연(自然)의 힘으로 맺어졌다.

이익으로 맺어진 것은 위급하면 버리지만, 자연의 힘으로 맺어진 것은 위급하면 거두어들인다.

이로써 본다면, 거두어들이는 일과 버리는 일의 거리가 얼마나 먼 것인가.

☞ 장자(莊子)

사람들이 재물과 색(色, 욕정)을 버리지 못함은, 칼날 끝에 발린 꿀처럼 한 번 핥는 것만으로는 모자라 어린아이가 혀를 베는 줄도 모르고 덤벼드는 것과 같다.

☞〈장경(藏經)〉

인(仁)이란 마음속에서부터 혼연히 남을 사랑하게 됨을 뜻한다.
이와 같이 남을 좋아하면 복(福)을 받게 되고, 남을 미워하면 화(禍)를
당하게 된다.

그것은 마음에서 저절로 우러나오는 데서 생기는 것이며, 그 보답을
바라서 생기는 것이 아니다. 그러므로 '최고(最高)인 인(仁)을 행하는
데 이유가 있는 것은 아니다.'라고 한 것이다.　　　☞ 한비자(韓非子)

마음보다 더 잔인한 무기는 없다.　　　　　　　　☞ 장자(莊子)

배부른 다음에 음식을 생각하면 맛의 유무를 구별하기 힘들고, 색(色)
을 쓴 다음에 음사(淫事)를 생각하면 이성(理性)에 대한 감각이 사라진
다. 그러므로 사람이 항상 사후(事後)의 뉘우침으로 앞으로 다가올
일의 어리석음을 깨뜨린다면 그 본성이 자리 잡힐 것이요, 행동에
올바르지 않음이 없을 것이다.　　☞ 홍자성(洪自誠) 〈채근담(菜根譚)〉

금실 좋은 부부는 서로 즐기며 음(淫, 음란)하지 아니한다.
　　　　　　　　　　　　　　　　　　　　　　☞ 공자(孔子)

식욕과 색욕은 인간의 본성이다.　　　　　☞ 〈고자(告子)〉

하늘이 인간에게 명하는 것을 성(性)이라 하고, 그 성을 따르는 것을
도(道)라 하고, 그 도를 닦는 것을 교(敎)라고 한다.　☞ 자사(子思)

일반 대중의 심리 작용은, 사랑은 미움의 시발이 되고 은덕(恩德)은
원망의 근원이 된다.　　　　　　　　　　　　　☞ 관자(管子)

형제들이 집안에서는 서로 다투는 일이 있지만, 외부에서 적이 침략해 오면 일치단결해서 그것을 물리친다.   ☞ 〈시경(詩經)〉

아이를 사랑하거든 매를 많이 주고, 미워하는 아이에게는 먹을 것을 많이 준다.   ☞ 〈명심보감(明心寶鑑)〉

어린 자식의 오줌과 똥 같은 더러운 것도 그대 마음에 거리낌이 없고, 늙은 어버이의 눈물과 침이 떨어지면 도리어 미워하고 싫어하는 뜻이 있다. 여섯 자나 되는 몸이 어디서 왔던가. 아버지의 정기와 어머니의 피로 그대의 몸이 이루어졌네. 그대에게 권하노니 늙어가는 어버이를 공경하여 모시라. 젊었을 때 그대를 위하여 힘줄과 뼈가 닳도록 애쓰셨느니라.   ☞ 〈명심보감(明心寶鑑)〉

부모를 공경하는 효행은 쉬우나, 부모를 사랑하는 효행은 어렵다.   ☞ 장자(莊子)

애욕(愛慾)은 횃불을 잡고 바람을 거슬러 가는 것과 같아, 반드시 잡고 가는 사람의 손을 데게 할 우려가 있다.   ☞ 〈장경(藏經)〉

아버지 나를 낳으시고 어머니 나를 기르시니, 슬프다. 부모님이여, 나를 낳아 기르시느라 애쓰고 수고하셨도다. 그 은혜 갚고자 한다면 그 은혜가 넓은 하늘과 같이 끝이 없다.   ☞ 〈시경(詩經)〉

이 세상에는 삼천 가지나 되는 많은 죄가 있다. 효도하지 않는 것은, 그 가운데서 가장 중대한 죄가 된다.   ☞ 김시습(金時習)

욕정에 관한 일은 쉽게 얻을 수 있다 해도, 그 편리함을 조금이라도 즐겨 맛보지 말지니라. 한 번 맛보면 곧 만길 벼랑으로 떨어지니라. 도리에 관한 일은 비록 어렵다 해도 조금이라도 물러서지 말지니라. 한 번 물러서면 곧 천산(千山)처럼 아주 멀어지느니라.

☞ 홍자성(洪自誠)〈채근담(菜根譚)〉

부부된 자는 의(義)로써 화친하고, 은(恩)으로써 화합한다. 남편이 아내를 때리면 무슨 의(義)가 있겠으며, 또 꾸짖으면 무슨 은(恩)이 있겠는가.

☞〈후한서(後漢書)〉

자식을 길러본 후에야 부모의 마음을 알게 된다.　☞ 왕양명(王陽明)

아버지가 사랑하고 아들이 효도하며 형이 우애하고 아우가 공경하여 비록 극진한 경지에까지 이르렀다 할지라도 그것은 모두 마땅히 그렇게 해야 하는 것일 뿐인지라, 털끝만큼도 감격스런 생각으로 볼 것이 못 되느니라.

만약 베푸는 쪽에서 덕으로 자임하고, 받는 쪽에서 은혜로 생각한다면 이는 곧 길에서 오다가다 만난 사람이니 문득 장사꾼의 관계가 되고 만다.

☞ 홍자성(洪自誠)〈채근담(菜根譚)〉

자연에는 상도 벌도 없다. 거기엔 결과만 있을 뿐이다.

☞ R. G. 잉거솔〈강의와 수필집〉

모든 사물은 조물주의 손에서 나올 때는 선하지만, 인간의 손에 들어오면 악해진다.

☞ 루소〈에밀 : 교육론〉

세상은 장기판이다. 장기 알은 우주의 현상이고, 경기 규칙은 우리가 말하는 자연법칙이다.

저편에서 두는 사람은 우리에게 숨겨져 있다. 그러나 우리는 그의 놀이가 항상 공평하고 정당하고 끈기 있다는 것을 안다.

또한 우리는 그것을 우리의 쓰라린 경험으로 알게 되지만, 그는 실수를 봐주거나 무지(無知)를 참작해 주는 일이 없다.

☞ T. H. 헉슬리 〈속인의 설교집〉

모든 것이 너무 빨리 변하여, 요즘 젊은이들에게 적응하는 것은 쉬운 일이 아니다. A에 적응도 하기 전에 B가 C를 이끌고 나타나고, 좀 떨어져서 바로 D가 따라온다.　　　　☞ L. 크로넌버거 〈마차와 딸〉

자연은 중립적이다. 인간은 이 세계를 사막으로 만들거나, 혹은 사막을 꽃피게 하는 능력을 자연에서 캐냈다.

원자 속에는 악이 없으며, 다만 인간들의 정신 속에만 악이 있을 뿐이다.

☞ A. 스티븐슨 '커네티커트 주 하트포드에서의 연설'

세상이 시작된 이래 태양이 그 빛을 비추지 않은 적은 없다. 하지만 우리는 태양의 모습을 보지 못하면 자주 그의 변덕을 불평한다.

그러나 진실로 비난 받아야 할 것은 구름이지 태양이 아니다. 구름 뒤에서 늘 비치고 있으니까……. 　　　　☞ J. 옥스넘 〈신의 햇빛〉

우리가 자연의 문을 아무리 세게 두드려도, 자연은 우리에게 알아들을 수 있는 말로 대답해 주지는 않을 것이다.

☞ I. 투르게네프 〈그 전날 밤〉

자연은 신의 예술이다.
　　　　　　　　　　　　　　　　☞ 단테 〈군주 제도〉

자연의 시(詩)는 결코 죽지 않고, 자연의 시는 결코 중단되지 않는다.
　　　　　　　　　　☞ J. 키츠 〈메뚜기와 귀뚜라미에 대하여〉

시대는 변하고, 우리는 시대와 더불어 변한다.
　　　　　　　　　　　　　☞ 로테어 1세, 오윈 〈경구집〉

생명은 정지된 것이 아니다. 수용소에 있는 무능력자와 공동묘지에
있는 자들만이 자기네의 마음을 바꾸지 않는 유일한 사람들이다.
　　　　　　　　　　　　☞ E. M. 더크슨 '기자 회견'에서

이 시대는 새로운 문제를 해결하고 새로운 기회에 대처하기 위하여,
지도력 있는 새 세대를 요구한다. 이룩해야 할 새 시대가 있기 때문이다.
　　　　　　　　　　　　☞ J. F. 케네디 '텔레비전 연설'

한 시대의 이교도는 다음 시대의 성자이다. 낡은것의 파괴자는 새것
의 창조자이다.　　　　　　☞ R. G. 잉거술 〈위대한 이교도〉

우리들이 오늘날 거짓이라고 배척하는 것 중에도, 먼 옛날에는 진리
였던 것이 있다.　　　　　☞ J. G. 휘티어 〈보스턴의 칼래프〉

새로운 구제책을 쓰지 않는 자는 새로운 재앙이 올 것을 각오해야
한다. 시간이야말로 위대한 혁신자이기 때문이다.
　　　　　　　　　　　　　　　☞ F. 베이컨 〈수필집〉

각 시대는 그 시대의 즐거움과, 그 시대 특유의 스타일과, 그 시대의 독특한 풍습을 갖고 있다. ☞ N. 브왈로 데프로 〈시(詩) 작법〉

가야 할 곳이 확실히 정해져 있지 않은데도, 떠나야 할 때가 있다. ☞ T. 윌리엄즈 〈카미노 리얼〉

새로운 기회는 새로운 의무를 가르쳐 주고, 시간은 고대의 선(善)을 황량한 것으로 만든다.
진리에 뒤떨어지지 않으려는 자는 끊임없이 위로, 그리고 앞으로 나아가야 한다. ☞ J. R. 로우얼 〈현대의 위기〉

우리 모두의 소유인 자연의 재산과 아름다움을 우리보다 앞서간 사람들이 우리에게 물려준 그대로, 조금도 손상시킴 없이, 우리 뒤에 오는 사람들에게 물려줘야 하는 것이 우리 시대와 우리 세대에 주어진 우리들의 임무이다. ☞ J. F. 케네디 '국립 야생동물연맹 건물 헌납 기념사'

한 시대의 철학은 다음 시대의 불합리가 되었으며, 어제의 어리석음은 내일의 지혜가 되었다. ☞ W. 오슬러 경 〈몬트리올 의학 잡지〉

새로운 요리는 새로운 식욕을 낳는다. ☞ T. 풀러 〈금언집〉

계절 중 가장 잔인하고 아름다운 봄이 다시 돌아오듯, 꽃과 잎 속에서 낯선 사람과 잊었던 사람들이 다시 돌아올 것이다.
그러나 죽음과 시체는 결코 다시 오지 못할 것이다. 왜냐하면 죽음과 시체는 무감각한 것이기 때문이다. ☞ T. 울프 〈천사여, 고향을 보라〉

비옥한 땅도 갈지 않으면 무성한 잡초를 길러낸다.

☞ 〈플루타르코스 영웅전〉

겨울은 영원히 계속되지 않으며, 봄은 자기 차례를 건너뛰지 않는다.
4월은 5월이 지켜야 하는 약속이란 것을 우리는 알고 있다.

☞ H. 볼런드 〈계절의 해시계〉

바다를 지배하는 자가 모든 것을 지배한다.

☞ 키케로 〈앗티구스로부터의 서한집〉

4월은 가장 잔인한 달, 죽은 땅에서 라일락을 싹트게 하며, 추억과
욕망을 뒤섞고, 무기력한 뿌리를 봄비로 약동시킨다.

☞ T. S. 엘리어트 〈황무지〉

도시는 얼굴을 갖고, 시골은 영혼을 갖는다.

☞ J. D. 라크르텔 〈모자 속의 사상〉

나는 결코 시간에 얽매이지 않는다. 시간이 사람을 위해 있는 것이지,
사람이 시간을 위해 존재하는 것이 아니기 때문이다.

☞ 라블레 〈전집〉

세월은 흘러가는 사건들의 강이다. 그 물결은 거세다. 한 가지 일이
눈에 띄자마자 그것은 곧 떠내려가고, 다른 것이 그 자리를 차지한다.
머지않아 이것 또한 떠내려갈 것이다.

☞ 마르쿠스 아우렐리우스 〈명상록〉

시간은 가장 위대한 개혁자이다.   ☞ F. 베이컨 〈수필집〉

시간의 흐름은 매끄럽게 미끄러져서, 우리가 알기도 전에 지나가버린다.   ☞ 오비디우스 〈연애 시집〉

시간을 낭비하지 마라. 이것저것 논의하다 헛수고로 보내지 마라. 아무것도 아닌 것을 추구하다 허망해 하거나 쓴 과일로 슬퍼하기보다는 주렁주렁한 포도송이를 가지고 즐기는 것이 낫다.
    ☞ E. 피츠제럴드 〈오마르 하이얌〉

우리 삶에서 가장 큰 손실은 시간의 손실이다.
    ☞ 〈플루타르코스 영웅전〉

시간의 가치는 모든 사람의 입 속에 있으나, 실천하는 사람은 별로 없다.   ☞ 체스터필드 경 〈서간집〉

자기의 시간을 잘못 이용하는 사람이 대개는 시간의 짧음을 불평한다.
    ☞ 라 브뤼에르 〈인간 백태〉

평범한 사람들은 단지 '어떻게 시간을 소비할까?' 하고 생각하지만, 지성인은 그 시간을 '어떻게 사용할까?' 하고 노력한다.
    ☞ 쇼펜하우어 〈인생의 지혜에 관한 금언집〉

1분 늦는 것보다 세 시간 빠른 것이 낫다.
    ☞ 셰익스피어 〈윈저 궁(宮)의 바람둥이 아낙네들〉

귀하(貴下)여, 가라, 달려라! 그리고 세계가 엿새 동안에 만들어졌음을 잊지 마라. 그대는 그대가 원하는 것은 무엇이든 나에게 청구할 수 있으나, 시간만은 안 된다.　　　　　　　☞ 존스튼 〈코르시카 인〉

현명한 자는 허송세월을 가장 슬퍼한다.　　☞ 단테 〈신곡 : 연옥편〉

형제여, 기다리는 시간은 모든 것 중에서 가장 힘든 시간이다.
　　　　　　　　　　　　　　　☞ S. 듀드니 〈인생의 찬가〉

시간에는 현재가 없고, 영원에는 미래가 없으며, 영원에는 과거가 없다.
　　　　　　　　　　　　　☞ 테니슨 〈어떻게 그리고 왜〉

진실을 말하는 데는 두 사람이 필요하다. 한 사람은 말하는 사람이요, 또 한 사람은 듣는 사람이다.
　　　☞ H. D. 도로우 〈콩코드와 매리맥 강에서의 한 주일 : 수요일〉

진리는 정의의 시녀요, 자유는 그 자식이고, 평화는 그 반려(伴侶)다.
안전은 그 걸음으로 걷고, 승리는 그 행렬을 따라간다.
진리는 복음(福音)의 찬란한 발산이요, 하느님의 속성(屬性)이다.
　　　　　　　　　　　☞ S. 미스드 〈홀런드 여사 회상록〉

새날은 영원으로부터 밝아오고, 밤은 영원을 향해 돌아간다.
　　　　　　　　　　　　　　　　　☞ T. 칼라일 〈오늘〉

진리와 기름은 모든 것 위에 있다.　　　　☞ G. 허버드 〈명궁〉

진리는 인간이 지닐 수 있는 최고의 가치이다.
☞ G. 초서 〈캔터베리 이야기〉

진리는 충분히 익었을 때에 따야 하는 열매다.
☞ 볼테르 '드 바르스위츠 백작 부인에의 편지'

개개인은 죽을지라도 진리는 영원하다.　☞ J. 제럴드 〈연설〉

진실은 일반적으로 중상모략에 대한 가장 훌륭한 변호이다.
☞ A. 링컨

진실의 가장 큰 벗은 세월이고, 가장 큰 적은 편견이며, 변함없는 친구
는 겸손이다.　☞ C. C. 콜튼 〈라콘〉

진실한 사람의 가슴은 언제나 평온하다.
☞ 셰익스피어 〈리처드 2세〉

진실에 저항하는 거짓은 힘이 없다.
☞ J. 리드게이트 〈테베스 이야기〉

바보들에게 진실은 쓰고 비위에 거슬리지만, 거짓은 달콤하고 유쾌하다.
☞ 성(聖) 크리소스톰 〈금언집〉

의지를 행사할 수 있는 자에게는 불가능한 것이 없다.
☞ 에머슨 〈수필집〉

진정한 영광은 뿌리를 깊게 박고 가지를 널리 펼친다. 그러나 모든 허위는 덧없는 꽃처럼 이내 땅에 떨어진다. 가짜란 영속할 수 없기 때문이다.
　　　　　　　　　　　　　　　　　　　　☞ 키케로 〈의무론〉

무슨 일이든 끝나버리기 전에는 불가능하다고 생각하지 마라.
　　　　　　　　　　　　　　　　☞ 키케로 〈투스쿨라나루스 논총〉

일이 불가능하다고 믿는 것이야말로 일을 불가능하게 하는 길이다.
　　　　　　　　　　　　　　　　　　　　　☞ T. 풀러 〈금언집〉

겁쟁이와 망설이는 자는 모든 것을 불가능하게 보기 때문에 실제로도 불가능한 것이다.
　　　　　　　　　　　　　　　　　　　☞ 스코트 〈로브 로이〉

'그것은 불가능하다.'고 너는 나에게 써 보냈지?
그 말은 프랑스 어가 아니다.
　　　　　　　　　　　　☞ 나폴레옹 〈르마르와 장군에게 보낸 편지〉

영양이 풍부한 음식은 시장한 사람에게는 유익하지만, 배부른 자에게 는 부담이 된다.
　　　　　　　　　　　　　☞ 세네카 〈루킬리우스에의 서한집〉

차라리 자신 없는 가능성보다는 불가능한 것같이 보이는 것이 더 나 을 수 있다.
　　　　　　　　　　　　　　　　　　☞ 아리스토텔레스 〈시학〉

할 수 있다고 생각하기 때문에 할 수 있는 것이다.
　　　　　　　　　　　　　　　　☞ 베르질리우스 〈아예네이스〉

불가능이란 낱말은 행운의 단어가 아니다. 이 말을 자주 입 밖에 내는
자들한테서는 바람직한 결과가 생기지 않기 때문이다.
☞ T. 칼라일 〈프랑스 혁명〉

로마에 있을 때는 로마식으로 살고, 다른 곳에 있을 때는 그곳 사람들
식으로 살라.　　　　☞ 성 암브로시우스 〈성 아우구스티누스에의 충고〉

나는 무(無)에서 태어났으니, 불원간 다시 시초의 무(無)로 돌아가리라.
☞ 미상 〈그리스 사화집〉

어떤 사람에게는 설익고 쓴 것이 다른 사람에게는 특별히 달게 생각
될 수도 있다.　　　　　　　　　☞ 루크레티우스 〈사물의 본성〉

인간이 살고 있는 이 세상은 그가 보는 시각에 따라 모양이 달리 보인다.
☞ 쇼펜하우어 〈의지와 표상으로서의 세계〉

교수형을 받는 자의 집에서는 밧줄 이야기를 하지 말아야 한다.
☞ 세르반테스 〈돈키호테〉

종교는 여러 색깔을 칠한 등(燈) 안에 있는 촛불이다.
모든 사람은 자신의 느낌으로 그 색깔을 보지만, 촛불은 언제나 그
자리에 있다.　　　　　　　　　☞ M. 나기브 〈뉴스 서머리스〉에서

종교는 문화의 실체이며, 문화는 종교의 형태이다.
☞ P. 틸리히 〈타임〉지(誌)에서

인간은 절대자를 믿도록 태어났다. 나무가 과일을 맺듯이 인간은 믿음을 지닌다.

☞ 에머슨 〈처세론 : 숭배〉

종교는 우리가 생물학적·심리학적 필요의 결과로서, 우리 내부에서 발달시킨 소망의 세계를 이용하여 우리가 위치하고 있는 감각의 세계를 다스리려는 시도이다.

☞ S. 프로이드 〈정신분석 입문 강의〉

종교는 영혼의 지배력이다. 그것은 생(生)의 희망이요, 안전의 닻이며, 영혼의 구조이다.

☞ 나폴레옹, 오머러 〈유배 중의 나폴레옹〉

사람은 빵만으로 살지 않고, 신앙과 찬양과 동정으로 산다.

☞ 에머슨 〈강의와 전기 연구〉

신을 믿는 마음은 권위나 관습이나 법률로 이루어진 것이 아니라, 한결같이 일치한 인류의 의견에서 생겨난 것이다.

☞ 키케로 〈신의 본성〉

강한 믿음은 강한 사람을 만들고, 강자를 보다 강하게 만든다.

☞ W. 배저트 〈물리학과 정치학〉

절대적이고 완전한 믿음은 그 사람을 공포에서 벗어나게 한다.

☞ G. 맥도널드 〈기비 경〉

신앙을 가진 자에게는 죽음도, 그 자신의 죽음인 한에서는 어떤 종류의 두려움도 갖지 않게 된다.

☞ H. G. 웰즈 〈시초와 마지막〉

어떠한 쇠사슬이나 어떠한 외부의 힘도, 무엇을 믿게 하거나 믿지 않게 하도록 강제할 수는 없었다.　　☞ T. 칼라일 〈영웅과 영웅 숭배〉

과오보다는 무지(無知)가 낫다. 그릇된 것을 믿는 자보다는 아무것도 믿지 않는 자가 진리에 가깝다.　　☞ T. 제퍼슨 〈작품집〉

신앙이 산을 움직이지 않으면, 불신은 자기 실존을 부인하기도 한다. 신앙은 그런 무력에는 무기력하기 때문이다.
　　☞ A. 쉔베르크, A. 베버른 〈현악 4중주단의 6개 소지품〉의 서문

의심을 갖는 사람은 좀처럼 실수하지 않는다.
　　☞ W. G. 베넘 〈격언집〉

의심하는 것이 확신하는 것보다 더 안전하다.
　　☞ P. 메신저 〈틀림없는 여자〉

자기가 잘못했다고 고백하는 것을 부끄러워해서는 안 된다. 다시 말하면, 그것은 오늘의 자기는 어제의 자기보다 더 현명하다는 것을 말하는 것이나 다를 바 없으니 말이다.
　　☞ A. 포우프 〈다제다상(多題多想)〉

대개 정직하지 못한 사람들은 자기의 잘못을 남들과 자기 자신에게 감춘다.
그에 비해 진실한 사람들은 자기의 잘못을 완전히 깨닫고, 그것을 고백한다.　　☞ 라 로시푸코 〈격언집〉

무엇이든 당연한 것으로 생각하지 마라.
☞ B. 디즈레일리 '1864. 10. 5. 연설'

박애심은 인간들에 의해 충분히 인정받는, 거의 하나밖에 없는 덕성이다.
☞ H. D. 도로우 〈월든 숲속의 생활〉

참다운 자선이란, 보답에 대한 생각 없이 타인에게 유용함을 주려는 욕망이다.
☞ 스베덴보리 〈천계의 신비〉

우리의 삶에서 멀리 가면 갈수록 그만큼 진리에 접근하게 된다.
☞ 소크라테스

자비심은 인간에게는 즐거움을 주고, 신으로부터는 찬양을 받는 진정 고상하고 아름다운 미덕이다.
그러나 자선은 정의에서 비롯되는 것일 뿐, 정의를 대신할 수는 없다.
☞ H. 조지 〈근로의 조건〉

진리는 절개를 굽힐 줄 모르는 사람을 폭력으로부터 멀어지게 하고, 그 고독 속에서 그의 마음을 위로한다.
☞ F. 라블레

불과 사람은 이런 점에서 일치한다. 즉 그들은 다 같이 선(善)한 종이기도 하고, 다 같이 악(惡)한 주인이기도 하다.
☞ F. 그레빌 〈명성 조사〉

태양은 더러운 곳을 뚫고 지나가도, 그 자신은 이전처럼 순수한 채로 남는다.
☞ F. 베이컨 〈학문의 진보〉

우리가 자연을 기술(記述)하는 목적은 현상들의 참다운 본질을 폭로하려는 것이 아니라, 우리가 경험한 여러 국면들 사이의 관계들을 가능한 한 추억하려는 것뿐이다.

☞ N. 보어 〈원자 이론과 자연의 기술〉

우리는 우리가 가진 옷감에 맞추어 외투를 지어야 하며, 변화하는 환경에 자신을 적응시켜야 한다.　　☞ W. R. 잉 사제 〈속인의 사상〉

너는 책에서보다도 숲에서 더 많은 것을 발견할 수 있을 것이다. 숲 속의 나무들과 풀들은 네가 학교에서는 결코 배울 수 없는 것들을 너에게 가르쳐 줄 것이다.　　　　☞ 성(聖) 베르나르 〈서간집〉

자연은 모든 종류의 생물에게 자기 보존의 본능을 부여했다.

☞ 키케로 〈의무론〉

영원한 변화 이외에는 세상에서 아무것도 계속되지 않는다.

☞ 라캉 후작 〈애송 시집〉

인생의 즐거움은 변화이다. 다할 수 없이 다정한 사람과의 관계도 간혹 이별에 의해 다시 새롭게 할 필요가 있다.

☞ S. 존슨 〈아이들러〉지(誌)

새로운 견해들은 늘 의심을 받고 대개 반대에 부딪힌다. 다른 이유가 아니라 보편화되어 있는 견해가 아니어서 익숙하지 않기 때문이다.

☞ J. 로크 〈인간 오성론〉

옛것이 반드시 진실의 증거가 되는 것은 아니다.

☞ J. 레이 〈영국 격언집〉

가을은 말없이 사라지기 때문에 너로 하여금 더욱 연민을 느끼게 한다.

☞ R. 브라우닝 〈파라셀수스〉

모든 것은 땅에서 생기고, 땅은 모든 것을 도로 찾아간다.

☞ 에우리피데스 〈안티오페〉

나무를 심는 자는 자기보다 타인을 사랑한다.   ☞ T. 풀러 〈금언집〉

인간은 환경의 창조물이 아니다. 환경이 인간의 창조물이다.

☞ B. 디즈레일리 〈비비안 그레이〉

밤은 우리의 고민을 쫓아내기는커녕 오히려 분명하게 만든다.

☞ 세네카 〈루킬리우스에의 서한집〉

한 권의 책만 읽는 사람을 조심하라.   ☞ 토머스 아퀴나스

바보의 천국은 현명한 사람의 지옥.   ☞ T. 풀러 〈성지(聖地)〉

밤을 단축하여, 밤의 일부를 낮일을 위해 쓰라.

☞ 세네카 〈루킬리우스에의 서한집〉

시간을 탓하는 것은 자기변명에 불과하다.   ☞ T. 풀러 〈금언집〉

시간은 우리가 갖고 있는 것 중 가장 적은 것이다.

☞ E. 헤밍웨이 〈뉴요커〉지(誌)에서

조반 전의 한 시간은 그날 남는 시간의 전부보다 두 배의 가치가 있다.

☞ W. 호운 〈매일의 책〉

하루하루를 마지막이라고 생각하라.
그러면 예측할 수 없는 시간은 그대에게 더 많은 시간을 줄 것이다.

☞ 호레스

진실과 자유는 항상 정직한 사람들의 주 무기가 될 것이다.

☞ 스탈 부인 '모로 장군에게 보낸 편지'

진실을 말할 때 겸손한 것은 위선이다. ☞ K. 기브런 〈사색과 명상〉

우리에게 있어 확실한 것은 과거밖에 없다.

☞ 세네카 〈마르키아누스의 위안〉

시간이 모든 것을 말해 준다.
시간은 묻지 않았는데도 말을 해 주는 수다쟁이다. ☞ 에우리피데스

사랑이란 우리들을 행복하게 하기 위해서만 존재하는 것이 아니다.
사랑이란 또한 우리들이 고뇌와 인내 속에서 얼마만큼 강할 수 있는
가 하는 것을 스스로에게 보이기 위해서 존재하는 것이다.

☞ 헤르만 헤세

단 한 가지 확실한 것은, 아무것도 확실하지 않다는 것이다.
　　　　　　　　　　　　　　　☞ S. 플리니우스 〈자연사〉

내가 어찌할 수 없는 것은 걱정해도 소용없다.
　　　　　　　　　　　　　　☞ 보먼트와 플래처 〈이중 결혼〉

아무것도 없는 것보다는 조금이라도 가지고 있는 것이 낫다.
　　　　　　　　　　　　　　☞ 푸블리우스 시루스 〈금언집〉

가난한 사람을 동정해 주는 사람은 가난한 사람뿐이다.
　　　　　　　　　　　　　　☞ L. E. 랜든 〈가난한 사람들〉

힘든 일은 외모를 거칠게 할 수 있고, 가난은 눈의 맑은 광채를 흐릴
수 있다.　　　　　　　　　　　☞ W. 스코트 〈마이온〉

사랑은 고결한 마음을 이어 주는 수문(水門)이요, 신앙은 사랑의 샘을
닫는 마개이다.　　　　　　　　　☞ R. 그린 〈알시다〉

사랑은 두 사람이 마주 쳐다보는 것이 아니라 함께 같은 곳을 향하는
것이다.　　　　　　　　　　　　☞ 생텍쥐페리

사랑은 일에 굴복한다. 만일 사랑으로부터 빠져나오길 원한다면 바쁘
게 되라.　　　　　　　　　　　☞ 오비디우스 〈사랑의 기술〉

질투는 천 개의 눈을 가지고 있다.　　　　　　☞ 〈탈무드〉

이해하기 위해선 서로 닮지 않으면 안 된다.
그러나 사랑하기 위해서는 약간은 다르지 않으면 안 된다.
☞ 제랄디

결혼은 여섯 가지 요소로 이루어져 있다고 한다. 하나는 '애정'이고 나머지 다섯 가지 전부가 '믿음'이라고 한다.
또 결혼은 처음 3주일간은 서로 관찰하고, 다음 3개월간은 서로 미치도록 사랑하며, 그다음 3년간은 서로 싸우면서 지내고, 나머지 30년간은 서로 용서하면서 보낸다고 한다. ☞ 〈탈무드〉

결혼 전에는 두 눈을 커다랗게 뜨고 보라. 결혼 후에는 한쪽 눈을 감으라. ☞ 토마스 풀러

약간 아는 것보다 사람을 더 의심하도록 만드는 것은 없다.
☞ F. 베이컨 〈수필집 : 의혹〉

인간의 가장 가치 있는 특징은 믿지 않아야 할 것에 대한 분별 있는 감각이다. ☞ 에우리피데스 〈헬레나〉

재물의 부족은 채울 수 있지만, 영혼의 빈곤은 회복할 수 없다.
☞ 라볼레 〈전집(全集)〉

인간의 성품과 마음공부

마음을 잘 가꾸는 사람은 육체에 대해 생각하지 않고, 몸을 잘 가꾸는 사람은 물질의 득실을 돌보지 않으며, 도(道)를 체득한 사람은 마음까지 잃는다.

☞ 장자(莊子)

몸을 잘 닦지 않는다면 어찌 인간으로서 기대할 수 있겠으며, 개인을 잘 수양하지 않는다면 어찌 한 집안으로서 기대할 수 있겠는가. 집안을 잘 다스리지 않는다면 어찌 고을로서 기대할 수 있겠으며, 고을을 잘 다스리지 않는다면 어찌 국가로서 기대할 수 있겠는가.

☞ 관자(管子)

의(義)로써 불의(不義)를 치는 자는 명분이 뚜렷하므로 남보다 먼저 군사를 일으킬 일이다.
그러나 사사로운 감정으로 다른 나라와 원한을 맺을 경우에는 의병(義兵)이 나설 일이 아니므로 스스로 군대를 일으키지 말아야 하며, 상대편에서 쳐들어오거든 부득이 이를 맞아 싸워야 한다.

☞ 위조자(尉繰子)

아주 작은 것에서 아주 큰 것을 보면 그 전체의 크기를 볼 수 없고,
아주 큰 것에서 아주 작은 것을 보면 분명하게 볼 수 없는 법이다.
☞ 장자(莊子)

하늘이 나에게 복(福)을 박하게 준다면, 나는 나의 덕(德)을 두터이
함으로써 이를 맞을 것이다. 하늘이 나의 몸을 수고롭게 한다면, 나는
내 마음을 편안하게 함으로써 이를 도울 것이다. 하늘이 나에게 곤궁한
길을 준다면, 나는 나의 도(道)를 형통케 함으로써 그 길을 열 것이다.
이와 같으면 하늘인들 또 나를 어찌하랴.
☞ 홍자성(洪自誠)〈채근담(菜根譚)〉

수명(壽命)을 연장하는 방법은 말을 삼가고, 음식을 절제하며, 탐욕을
줄이고, 수면(睡眠)을 가벼이 하며, 기뻐하고 성냄을 절도에 맞게 하는
것이다.
대체로 언어(言語)에 법도가 없으면 잘못과 근심이 생기고, 음식에
때를 잃으면 고달프고 수고로우며, 탐욕을 많이 내면 위태롭고 어지러움
이 일어나며, 수면을 많이 취하면 몸이 게을러지고, 기쁨과 성냄이
절도에 맞지 않으면 능히 그 성품을 보전하지 못한다.
이 다섯 가지가 절도를 잃으면 진기가 소모되어 날로 죽음에 이를
것이다.
☞ 노수신(盧守愼)

동(銅)으로 거울을 만들면 의관(衣冠)을 바로잡을 수 있고, 옛날을
거울로 삼으면 흥망성쇠(興亡盛衰)를 알 수 있다. 또한 사람을 거울
로 삼으면 득실(得失)을 알 수 있다.
☞ 당태종(唐太宗)〈십팔사략(十八史略)〉

천하(天下)를 가볍게 본다면 정신도 얽매이지 않을 것이며, 만물(萬物)을 사소하게 여긴다면 마음도 헷갈리지 않을 것이다.
삶과 죽음을 같게 생각하면 두려운 생각도 없게 될 것이며, 변화하나 하지 않나 같게 여긴다면 총명한 판단력이 흐려지지 않을 것이다.
☞ 회남자(淮南子)

바쁠 때 자기 성품을 어지럽히지 않으려면, 모름지기 한가할 때에 심신(心身)을 맑게 길러야 한다.
또한 죽을 때 마음이 흔들리지 않으려면, 모름지기 살아 있을 때에 사물(事物)의 진상을 간파해야 한다.
☞ 홍자성(洪自誠) 〈채근담(菜根譚)〉

명분(名分)이 바로서지 않으면 명령(命令)이 이치에 맞지 않고, 명령이 이치에 맞지 않으면 일이 이루어지지 않으며, 일이 이루어지지 않으면 형벌(刑罰)이 공정치 못하고, 형벌이 공정치 못하면 백성들이 손발 둘 곳이 없다.
☞ 공자(孔子) 〈논어(論語)〉

대장부는 선(善)을 분명하게 알기 때문에 명분과 절의(節義)를 태산보다 무겁게 여기고, 마음 씀이 엄밀하기 때문에 생사(生死)를 홍모(鴻毛)보다 가볍게 여긴다.
☞ 〈경행록(景行錄)〉, 〈명심보감(明心寶鑑)〉

의(義)가 아닌 재물은 집을 채우는 데 그칠 것이요, 의(義)가 아닌 음식은 오장을 채우는 데 그칠 뿐이다.
그러니 이런 것은 더욱 범(犯)할 수가 없는 것이다.
☞ 안응세(安應世)

서책(書冊)을 읽고 성현(聖賢)을 보지 못하면 한갓 지필(紙筆)의 용(傭)이 될 것이요, 벼슬자리에 앉아 백성을 사랑하지 않으면 다만 의관의 도둑이 될 것이다.

학문을 가르치되 실천궁행(實踐躬行)을 숭상하지 않으면 이는 구두(口頭)의 선(禪)이 될 것이요, 큰 사업(事業)을 세워도 은덕(恩德)을 베풀 것을 생각하지 않으면 이는 눈앞에 핀 한때의 꽃이 되고 말 것이다.

☞ 홍자성(洪自誠)〈채근담(菜根譚)〉

만물은 기(氣)가 있으면 살고, 기가 없으면 죽는다. 그러므로 살았다고 하는 것은 바로 기가 있다는 것이다.

정치에 있어서도 명분이 있으면 잘 다스려지고, 명분을 잃으면 흐트러진다. 그러므로 잘 다스려진다는 뜻은 명분이 있음을 말하는 것이다.

☞ 관자(管子)

임금이 임금답지 않으면 신하도 신하 노릇을 다하지 않고, 아버지가 아버지답지 않으면 자식도 자식의 도리를 다하지 않는다.

윗사람이 그 자리를 지키지 못하여 체통을 잃으면, 아랫사람들이 분수나 절도(節度)를 넘나게 된다.

이렇듯, 상하(上下)가 화목하지 못하면 임금의 영(令)이 시행되지 않는다.

☞ 관자(管子)

분수 안에서 사는 자는 도(道)를 행하고, 분수 밖의 것을 탐내는 자는 재물을 모으려 한다.

도를 행하는 자에게는 광명(光明)이 따르지만, 재물을 모으려고 애쓰는 자는 남의 물건을 빌려 파는 장사꾼과 다름없다.

☞ 장자(莊子)

천리(天理)에 따르는 자는 공업(功業)을 이룩하고, 천리를 거역하는
자는 흉벌(凶罰)을 받는다.　　　　　　　　　☞ 관자(管子)

한쪽으로 치우치지 않는 것을 중(中)이라 하고, 바뀌지 않는 것을 용
(庸)이라 한다.
중(中)이란 천하의 정도(正道)이고, 용(庸)이란 천하의 정해진 이치이
니라.　　　　　　　　　　　　　☞ 정자(程子) 〈중용(中庸)〉

그대는 사마귀를 알지 못하는가? 그 작은 몸으로 수레바퀴를 막으려
다 눌려 죽은 것은, 그 불가능함을 알지 못하고 자신의 힘만 믿기
때문이다.
삼가고 또 삼가라. 힘만 믿고 남을 해치는 자는 사마귀가 수레바퀴를
막음과 다름없다는 것이다.　　　　　　　　☞ 거백옥(遽伯玉)

어진 사람은 어려움을 앞서 처리하고, 이익(利益)은 뒤에 취한다.
　　　　　　　　　　　　　　　☞ 공자(孔子) 〈논어(論語)〉

마음이 어질지 못한 자는 궁한 생활을 오래 견디지 못하며, 안락한
생활도 오래 지속하지 못한다.　　　　　☞ 공자(孔子) 〈논어(論語)〉

예로부터 임금이 인(仁)을 실천하며 어진 정치를 베풀려 해도, 그것을
해치는 것이 둘 있다.
형벌(刑罰)이 많으면 백성들의 원한이 많아 인(仁)을 해치고, 세금(稅
金)이 무거우면 백성들의 기름과 피가 말라붙어 인(仁)을 해친다.
　　　　　　　　　　　　　☞ 이언적(李彦迪) 〈회재집(晦齋集)〉

의로움이 욕심을 이기면 창성하고, 욕심이 의로움을 이기면 망한다.
☞ 강태공(姜太公)

측은히 여기는 마음은 인(仁)의 단서(端緖)이고, 수치스러워하는 마음
은 의(義)의 단서이다. 남에게 사양하는 마음은 예(禮)의 단서이고,
잘잘못을 가리는 마음은 지(智)의 단서이다. 사람마다 이 사단(四端)을
지니고 있음은 마치 그들에게 사지(四肢)가 있음과 마찬가지이다.
☞ 맹자(孟子)

물과 불은 기운은 있되 생명이 없고, 풀과 나무는 생명이 있되 지각(知
覺)이 없으며, 새와 짐승은 지각은 있되 의로움이 없다.
사람은 기운도 있고 생명도 있고 지각도 있으며, 또한 의로움까지
지니고 있다. 그리하여 천하에서 가장 존귀하다고 하는 것이다.
☞ 순자(荀子)

널리 사랑하는 것, 이것을 인(仁)이라 한다. 행하여 마땅한 것, 이것을
의(義)라 한다. 이로 말미암아 가는 것, 이것을 도(道)라 한다. 자기에게
만족하고 밖에서 기대하지 않는 것, 이것을 덕(德)이라 한다. 이것이
인의 도덕(仁義道德)이다.   ☞ 한유(韓愈)

산이 높고 험한 곳에는 나무가 없으나, 골짜기 감도는 곳엔 초목이
무성하다. 물살이 급한 곳에는 고기가 없으나, 못물이 고이면 어별(魚
鼈)이 모여든다.
이로써 보면 너무 고상한 행동과 급격한 마음이란 군자가 깊이 경계
할 바이다.   ☞ 홍자성(洪自誠)〈채근담(菜根譚)〉

윗자리에 있다 하여 부하를 업신여기지 말고, 아랫자리에 있다 하여 상사에게 기어오르지 마라.　　　　　☞ 자사(子思)〈중용(中庸)〉

사람이 지나치게 기뻐하면 양(陽)이 상하고, 지나치게 성내면 음(陰)이 상한다. 양과 음이 아울러 상하면 사시(四時)의 계절(季節)도 옮아 가지 않고, 한서(寒暑)의 조화(調和)도 깨어질 뿐 아니라 사람의 몸도 해친다.　　　　　☞ 장자(莊子)

예(禮)에 어긋난 것은 보지 말고, 예에 어긋난 것은 듣지 말며, 예에 어긋난 것은 말하지 말고, 예에 어긋난 것은 행하지 마라.
　　　　　☞ 공자(孔子)〈논어(論語)〉

아는 자는 말하지 않고, 말하는 자는 알지 못하는 것이다. 그러므로 성인(聖人)은 말하지 아니하고서 가르친다.　　　　　☞ 장자(莊子)

대저 사람이 사람 되는 까닭은 예의에 있다. 예의의 시초는 얼굴과 몸을 바로 가지며, 낯빛을 온화하게 하고, 말소리를 유순히 하는 데 있다.　　　　　☞〈관의(冠義)〉

예(禮)란 항상 오고 가야 하는 것이다. 가고 오지 아니함은 예가 아니요, 오고 가지 아니함도 또한 예가 아니니라.　　　　　☞〈예기(禮記)〉

정의를 바탕으로 삼고, 예의로써 행동하며, 겸손한 말로써 뜻을 나타내고, 신의(信義)로써 이(利)를 달성하는 사람이야말로 군자(君子)라 하겠다.　　　　　☞ 공자(孔子)〈논어(論語)〉

앵무새가 말을 한다 할지라도 날아다니는 새 무리임에 틀림없고, 원숭이가 말을 한다 할지라도 금수(禽獸)의 무리임에 틀림없다.

오늘날 사람이 예(禮)를 모른다면, 비록 말을 한다 할지라도 금수와 다른 점이 무엇이겠는가?

무릇 금수는 예를 모르기 때문에, 사슴 무리는 부자 공처(父子共妻)한다. 이런고로 성인(聖人)은 예로써 사람을 가르치고, 사람으로 하여금 예를 알아 스스로 금수와 다름을 알게 한다.　　　☞〈예기(禮記)〉

물질만능과 배금사상(拜金思想)이 득세하면 작위의 권위가 아래로 떨어진다.　　　☞ 관자(管子)

가정에 예(禮)가 있으므로 장유(長幼)가 분별되고, 집안 간에 예가 있으므로 삼족(三族)이 화목해지며, 조정에 예가 있으므로 관작(官爵)에 차서(次序)가 있게 되고, 사냥에 예가 있으므로 무공(武功)이 성취된다.
　　　☞ 공자(孔子)

임금은 명령하고 신하는 복종하며, 아버지는 사랑하고 아들은 효도하며, 형은 우애를 베풀고 아우는 공경하며, 남편은 온화하고 아내는 유순하며, 시어머니는 인자하고 며느리는 순종하는 것이 예도(禮度)이다.　　　☞ 안자(晏子)

자기가 잘났다고 뽐내는 관리(官吏)나, 보석을 자랑 삼는 사교계의 여자나, 대가연(大家然)하여 간소하고 자연스러운 생활을 청산한 풋내기 작가들처럼 세상에 불쌍한 소인(小人)은 없다.
　　　☞ 임어당(林語堂)〈생활(生活)의 발견(發見)〉

예(禮)에는 세 가지 근본이 있다. 하늘과 땅은 생명의 근본이요, 선조(先祖)는 종족(種族)의 근본이요, 임금과 스승은 다스림의 근본이다. 하늘과 땅이 없다면 생명이 어찌 있으며, 선조가 없다면 사람이 어디서 나오고, 임금과 스승이 없다면 어떻게 다스려지겠는가?

세 가지 중 어느 하나라도 없을 경우에 안락한 사람은 없다. 그러므로 위로는 하늘을 섬기고 아래로는 땅을 섬기며, 선조들을 존경하고, 임금과 스승을 존중하는 것이야말로 예(禮)의 근본이다.　☞ 순자(荀子)

군자(君子)가 예(禮)를 가지지 않으면 서인(庶人)이고, 서인이 예를 가지지 않으면 이는 금수(禽獸)이다. 신하가 용기를 많이 가지면 임금을 죽이고, 아랫사람이 힘을 많이 가지면 상관을 죽인다.

그러나 그렇게 못하는 것은 다만 예(禮) 때문이다. 백성을 제어(制御)할 수 있음은 예가 있기 때문이고, 말[馬]을 제어할 수 있음은 고삐가 있기 때문이다.

그러므로 예가 없으면서 나라를 잘 다스린 자가 있다는 것은 들어보지 못했다.　☞ 안자(晏子)

백조는 매일 목욕하지 않는데도 희고, 까마귀는 매일 검정 칠을 하지 않건만 검다. 흑백(黑白)이나 선악(善惡)의 본질은 변하지 않는 것이니, 이는 논할 주제도 되지 못한다.　☞ 노자(老子)

소인(小人)이란 허망한 곳에 힘쓰면서도 남들이 자기를 믿어 주기 바라고, 속이는 것에 힘쓰면서도 남들이 자기와 친해지기를 바라며, 금수(禽獸)와 같은 행동을 하면서도 남들이 자기를 착하다고 하기를 바란다.　☞ 순자(荀子)

귀한 자는 그 자체로서 귀한 것이 아니라 천한 자가 그 근본이 되어 있는 것이며, 높은 사람은 그 자체로서 높은 것이 아니라 낮은 자가 그 근본이 되어 있는 것이다.

그러기에 고귀한 왕후(王侯)가 스스로를 고(孤)·과(寡)·불곡(不穀)이라 부르는 것은, 자기가 천한 것으로써 근본을 삼고 있다는 증거가 아닌가.　　　　　　　　　　　　　　　　　☞ 노자(老子)

성인의 다스림은 언뜻 보기에는 막연하여 슬기롭게 나타나는 게 없다. 남는 것은 덜고, 모자라는 것은 보충한다.

이와 같이 천도(天道)는 남는 것을 덜어서 모자라는 것에 보충하는 데 비해, 인도(人道)는 그렇지 않다. 차라리 모자라는 것을 더 덜어서 남아돌아가는 편을 받들고 있다.

남아돌아가는 재물로 능히 천하 사람에게 혜택을 줄 수 있는 일은 도(道) 있는 사람만이 가능하다.

그렇듯 성인(聖人)은 훌륭한 일을 하고도 자랑하지 않고, 큰 공을 이루고도 거기에 주저앉지 않으며, 자기의 현명함을 드러내고자 하지 않는다.　　　　　　　　　　　　　　　　　☞ 노자(老子)

양려(梁麗)라는 메는 성(城)을 부술 수는 있으나, 쥐구멍을 막을 수는 없다. 이는 기구(器具)의 용도가 다르기 때문이다.

준마(駿馬)는 하루에 천 리를 달릴 수는 있으나, 쥐를 잡는 데는 고양이나 족제비만 못하다. 이는 사물에 따라 재주가 다르기 때문이다.

올빼미는 밤이라면 벼룩을 잡고 털을 볼 수 있으나, 낮에 나오면 눈을 뜨고도 산조차 보지 못한다. 이는 사물에 따라 그 본성(本性)이 다르기 때문이다.　　　　　　　　　　　　　　　　　☞ 장자(莊子)

군자(君子)가 경계해야 할 것이 세 가지 있느니라.

젊어서 혈기(血氣)가 잡히지 않았을 때에는 여색(女色)을 삼가야 하고, 나이 들어 혈기가 왕성할 때에는 싸움을 삼가야 하며, 늙어서 혈기가 쇠했을 때에는 물욕(物慾)을 삼가야 하느니라.

☞ 공자(孔子)〈논어(論語)〉

작은 지혜는 큰 지혜를 알 수 없고, 작은 해[年]는 큰 해[年]를 알지 못한다.

아침에 돋아난 버섯은 밤과 낮의 교체를 알지 못하고, 매미는 봄과 가을의 교체를 알지 못하나니, 이는 작은 해[年]이기 때문이다.

☞ 장자(莊子)

사람은 크게 노하면 음기(陰氣)를 망치고, 크게 기뻐하면 양기(陽氣)를 떨어뜨린다. 또한 크게 걱정하면 속이 붕괴되고, 크게 겁을 먹으면 광기(狂氣)가 생긴다.

더럽고 번거로운 잡기(雜氣)들을 제거하는 가장 좋은 방법은 근원인 바탕에서 애당초 벗어나지 않는 것이 제일이다. 즉 대통(大通)하는 것이다.

☞ 회남자(淮南子)

복숭아꽃, 오얏꽃이 아무리 고운들 어찌 저 송백(松柏)의 굳고 곧음만 하랴. 배와 살구가 맛이 달아도 어찌 저 노란 유자와 푸른 귤의 맑은 향기를 당하랴.

진실함이여! 너무 곱고 빨리 지느니보다 담백(淡白)하고 오래가는 것이 좋으며, 일찍 마치느니보다 늦게 이루는 것이 더 나으리라.

☞ 홍자성(洪自誠)〈채근담(菜根譚)〉

우물 안 개구리에게 바다를 이야기할 수 없음은 좁은 우물에만 갇혀 있기 때문이고, 여름철 벌레에게 얼음을 이야기할 수 없음은 한 계절에만 살기 때문이며, 견식(見識)이 좁은 사람에게 도(道)를 이야기할 수 없음은 세속적인 가르침에만 구속(拘束)되어 있기 때문이다.

☞ 장자(莊子)

물오리의 다리는 비록 짧으나 이를 늘여 준다면 슬퍼할 것이고, 학의 다리는 비록 길지만 이를 잘라 준다면 슬퍼할 것이다.
그러므로 길게 타고난 것은 자를 것이 못되며, 짧게 타고난 것은 길게 해 줄 것이 못된다. 그렇다고 근심을 없애주지 못하기 때문이다.

☞ 장자(莊子)

타고난 미인은 사람이 준 거울을 보거나, 사람이 말해 주지 않는다면 자기가 남보다 아름답다는 사실을 알 수 없다. 그러나 스스로 그 사실을 알거나 알지 못하거나, 또는 남에게서 듣거나 듣지 않거나, 본인이 기뻐하거나 말거나, 또 남이 칭찬하거나 말거나, 그 아름다움에는 변함이 없다. 그 미인의 아름다움은 천성(天性)으로 타고났기 때문이다.

☞ 장자(莊子)

강물이 모든 골짜기의 물을 흡수할 수 있는 것은 아래로 흐르기 때문이다. 오로지 아래로 처질 수 있으면, 결국 위로도 오를 수 있게 된다.

☞ 회남자(淮南子)

평생토록 길을 양보해도 백 보에 지나지 않을 것이며, 평생토록 밭두렁을 양보해도 한 마지기를 잃지 않을 것이다.   ☞ 주인궤(朱仁軌)

도둑질을 하여 잘사는 사람도 있으나, 잘사는 사람이라고 하여 다 도둑질을 한 것은 아니다.
청렴해서 가난하게 사는 사람도 있으나, 가난한 사람이 모두 청렴한 것은 아니다.

☞ 회남자(淮南子)

사랑은 부하를 순종케 하고, 위엄은 상관의 체통을 세워 준다. 부하는 상관이 사랑하기 때문에 두 마음을 품지 않고, 대장에게 위엄이 있기 때문에 그 명령을 어기지 않는다.
그러므로 일국(一國)의 장수 된 자는 사랑과 위엄을 겸비해야 한다.

☞ 위조자(尉繚子)

현명한 사람은 귀하게 여겨 그를 공경하고, 못난 사람은 두려워하여 그를 공경한다. 현명한 사람은 친하여 그를 공경하고, 못난 사람은 멀리하여 그를 공경한다.
그러므로 그들이 공경하는 점에서는 한 가지이지만, 감정에 있어서는 두 가지인 것이다.

☞ 순자(荀子)

세상 사람들은 자기가 좋아하는 것은 신기하다 하고, 싫어하는 것은 썩었다 한다.
그러나 썩은 것이 다시 변하여 신기한 것이 되고, 신기한 것이 변하여 썩은 것이 된다.

☞ 장자(莊子)

위엄을 너무 내세우면 부하가 실력을 내세우지 못하고, 위엄이 너무 적으면 부하를 통솔하지 못한다.

☞ 사마양저(司馬穰苴)〈사마법(司馬法)〉

겉으로만 위엄이 있으면서 속으로 약(弱)한 사람을 소인(小人)에게 비유하여 말하면, 벽을 뚫고 담을 넘는 도둑과 같으니라.

☞ 공자(孔子) 〈논어(論語)〉

순응(順應)하는 사람에게는 만물(萬物)이 스스로 들어온다. 자기 한 몸조차 받아들이지 못하고 만물과 대립하는 자에게는 어떤 것도 용납될 여유가 없다.
다른 사람을 용납하지 못하는 사람에게는 친한 사람이 없고, 친한 사람이 없으면 모두가 남인 법이다.

☞ 장자(莊子)

겸양(謙讓)은 아름다운 행실이다. 그러나 겸양이 지나치면 공손하고 삼감을 지나 비굴(卑屈)이 되므로, 본 마음을 의심하게 한다.

☞ 홍자성(洪自誠) 〈채근담(菜根譚)〉

요즈음 세상 사람들은 하급관리(下級官吏)에라도 임명되면 교만해지고, 대부(大夫)가 되면 수레 위에서 춤추며, 정승이 되면 숙부(叔父) 이름까지 부르려 든다.

☞ 장자(莊子)

물을 마셔도 급히 마시면 탈이 나듯, 모든 일에 급히 서둘거나 말을 서둘러 하면 반드시 후회하게 된다.

☞ 이언적(李彦廸) 〈회재집(晦齋集)〉

장차 눈이 멀게 될 사람이 가는 터럭을 먼저 보고, 장차 귀가 들리지 않게 될 사람이 모기 소리를 먼저 들으며, 장차 넘어질 수도 있는 사람이 먼저 달려간다.

☞ 열자(列子)

까치발을 딛고 있는 자는 오래 서 있지 못하고, 가랑이를 쩍 벌린
자는 걸을 수 없다.

스스로 나타내는 자는 분명히 나타나지 않고, 스스로 옳다고 생각하
는 자는 남에게 인정받지 못한다.

스스로 칭찬하는 자는 그 공이 없고, 스스로 자랑하는 자는 그 공이
오래가지 못한다.

☞ 노자(老子)

성실함은 하늘의 도(道)요, 성실해지려고 노력함은 사람의 도(道)이
니라.

☞ 자사(子思) 〈중용(中庸)〉

아랫자리에 있으면서 윗사람의 신임을 받지 못하면 백성을 다스리지
못한다. 윗사람의 신임을 받는 데는 길이 있다.

친구의 신임을 받지 못하면 윗사람의 신임을 받지 못한다. 친구의
신임을 얻는 데는 길이 있다.

부모를 섬겨 기쁘게 해 드리지 못하면 친구의 신임을 얻지 못한다.
부모를 기쁘게 해 드리는 데는 길이 있다.

스스로 반성하여 성실하지 않으면 부모를 기쁘게 해 드릴 수 없다.
자신을 성실하게 하는 데는 길이 있다.

무엇이 선(善)인가를 밝힐 줄 모르면 성실해질 수 없다.

그러므로 성실이란 하늘의 도(道)이고, 성실해지려고 노력함은 사람
의 도(道)이니라.

☞ 맹자(孟子)

어려운 고비를 넘기면 쉬운 일이 생긴다. 뜻이 견고하면 이루어지지
않는 일이 없지만, 의심만 하고 있으면 되는 일이 하나도 없다.

☞ 포박자(抱朴子)

제때가 아닌데 꽃피는 나무의 열매는 먹을 수가 없다.

☞ 회남자(淮南子)

큰 지혜는 관대하고, 작은 지혜는 다투기를 즐긴다.　☞ 장자(莊子)

세 가지 기준으로 지혜를 가릴 수 있다. 그릇과 도량의 깊고 얕음이요,
학술의 닦음이 정(精)하고 거침이며, 논의의 옳고 그름이다.
그러므로 내 그릇이 얕으면 남의 깊음을 재지 못하고, 내 학술이 거칠
면 남의 정함을 가리지 못하며, 내 논의가 옳지 못하면 남의 옳음을
따르지 못한다.　　　　　　　　　　　　　☞ 노수신(盧守愼)

백옥(白玉)은 진흙 속에 던져지더라도 그 빛을 더럽힐 수 없다. 군자
(君子)는 부정한 곳에 갈지라도 그 마음을 어지럽힐 수 없다.
그러므로 송백(松柏)은 능히 설상(雪霜)을 견뎌내고, 밝은 지혜는 능히
위난(危難)을 극복한다.　　　　　　　　　☞〈익지서(益智書)〉

자기를 반성하는 이는 닥치는 일마다 다 이로운 약이 되지만, 남의
탓을 하는 이는 움직일 때마다 스스로를 해하는 창과 칼이 된다. 앞의
것은 선행(善行)의 길을 열고, 뒤의 것은 악(惡)한 길의 근원이 된다.
이 두 가지의 차이는 하늘과 땅의 차이와 같다.

☞ 홍자성(洪自誠)〈채근담(菜根譚)〉

지혜 있는 사람은 물을 좋아하고, 어진 사람은 산을 좋아한다. 지혜
있는 사람은 움직이고, 어진 사람은 고요하다. 지혜 있는 사람은 즐거
이 살고, 어진 사람은 수(壽)를 다한다.　☞ 공자(孔子)〈논어(論語)〉

하늘이 무엇인지를 알고, 사람이 무엇인지를 아는 사람은 최상의 지혜에
이른 것이다. 하늘이 무엇인지를 아는 자는 하늘의 뜻대로 살며, 사람이
무엇인지를 아는 자는 아는 지혜로써 모르는 지혜를 발전시킨다.
☞ 장자(莊子)

틈으로 새어든 빛은 한구석을 밝히지만, 창문으로 들은 빛은 맞은편
빛을 밝혀 주고, 큰 문을 통해 들은 빛은 온 방을 밝혀 준다. 하물며
우주의 빛이 비치면, 그 무게가 무엇인들 온 천하에 밝지 않은 것이
있겠는가.
이렇듯 받는 빛이 작으면 알고 보는 것도 천박해지지만, 받는 빛이
크면 알고 보는 바가 넓고 깊게 된다.
☞ 회남자(淮南子)

삼군(三軍)을 상대하여 그 장수를 뺏을 수는 있어도, 한 사나이의 뜻은
빼앗기 어렵다.
☞ 공자(孔子) 〈논어(論語)〉

큰 소리로 불러도 고작 백(百) 보(步)도 넘지 못한다. 그러나 뜻이 있으
면 천리(千里)를 넘어 서로 통한다.
☞ 회남자(淮南子)

군자는 환난에 처해도 근심하지 않고, 즐거운 때를 당해도 근심하며,
권세 있는 사람을 만나도 두려워하지 않고, 의지 없는 사람을 대하면
안타까워한다.
☞ 홍자성(洪自誠) 〈채근담(菜根譚)〉

차라리 소인(小人)에게 꺼리고 비방을 당하는 사람이 될지언정, 소인
이 아첨하고 좋아하는 사람이 되지 마라.
☞ 홍자성(洪自誠) 〈채근담(菜根譚)〉

그릇이 차면 넘치고, 사람이 자만하면 이지러진다.

☞ 〈명심보감(明心寶鑑)〉

천 년을 보고자 한다면 오늘을 살피고, 억만(億萬)을 알고자 한다면
하나 둘을 살펴야 한다.　　　☞ 순자(荀子) 〈비상편(非相篇)〉

군자(君子)는 근본에 힘쓰니, 근본이 서면 도(道)가 생겨날 것이다.

☞ 공자(孔子) 〈논어(論語)〉

차라리 밑이 없는 항아리는 막을 수 있을지언정, 코 아래 가로질러
있는 입은 막기 어려운 것이다.　　　☞ 〈명심보감(明心寶鑑)〉

잘 세워진 것은 뽑혀지지 않으며, 잘 감싼 것은 벗겨지지 않는다.

☞ 노자(老子)

남을 사랑하는데도 친해지지 않거든 인(仁)함이 부족한지를 반성하
고, 남을 예(禮)로써 대하는데도 응답이 없거든 공경심이 없었는지를
반성하라. 행했는데도 기대한 바를 얻지 못하거든 돌이켜보아 자신에
게서 그 원인을 찾아라.　　　☞ 맹자(孟子)

천자(天子)가 참으면 나라에 해가 없을 것이고, 제후(諸侯)가 참으면
나라가 커갈 것이며, 관리(官吏)가 참으면 그 지위가 높아질 것이다.
형제가 참으면 집이 부귀하게 될 것이고, 부부끼리 참으면 일생을
해로할 것이다. 벗끼리 참으면 의리가 허물어지지 않을 것이요, 자신
이 참으면 화해(禍害)가 없을 것이다.　　　☞ 공자(孔子)

물을 그릇에 가득 담아 들고 엎지르지 않으려고 애쓰느니, 처음부터 그런 일을 하지 않는 것이 상책이다. 칼을 갈아 날카롭게 해 두어도, 그 상태로 오래 보전하는 것은 쉽지 않다. 금옥(金玉)이 집에 가득할 만큼 많더라도 끝까지 지킬 수 없고, 부귀가 대단해도 교만해져서 스스로 불행을 초래할 것이다.

그러므로 공(功)을 이루어 이름이 나면, 이룬 자가 물러나는 것이 하늘의 도리이다. ☞ 노자(老子)

독실하게 믿고 배우기를 좋아하며, 죽음으로써 지켜 도(道)를 높여라. ☞ 공자(孔子) 〈논어(論語)〉

남자는 법률을 만들고, 여자는 예절을 만든다. ☞ 기베르

남자들은 자신이 믿고 싶은 것이면 쉽게 믿어버린다. ☞ G. J. 카이사르 〈갈리아 전기〉

남자가 20대에 잘나지도, 30대에 건장하지도, 또 40대에 치부하지도, 50대에 현명하지도 못하다면, 그는 결코 잘난 용모도, 건강도, 재산도, 지혜도 가져 볼 수 없다. ☞ G. 허버트 〈명궁〉

멋을 부리는 남자는 대개 추잡한 생각을 가진 남자이다. ☞ J. 스위프트 〈다제다상〉

남자가 여자보다 웅변에는 더 능하지만, 설득력은 여자가 남자보다 더 강하다. ☞ T. 랜돌프 〈아민타스 : 서장〉

남자가 죽을 때 움직이는 최후의 것은 마음이고, 여자에 있어서는 혀이다.　　　　　　　　　　　　☞ G. 채프먼 〈마부의 눈물〉

남자는 여자가 있기 때문에 고결하고, 여자는 필요에 따라 정숙하다.
　　　　　　　　　　　☞ E. W. 하우 '비그즈 씨로부터 온 편지'

남자에게는 남자 나름의 의지가 있으나, 여자는 여자 나름의 방식이 있다.　　　　　　　☞ O. W. 홈즈 〈아침 식탁의 독재자 : 서장〉

남자의 으뜸가는 기쁨은 여자의 자존심을 만족시키는 것이지만, 여자의 으뜸가는 기쁨은 남자의 자존심을 해치는 것이다.
　　　　　　　　　　　　☞ 버나드 쇼 〈비사회적 사회주의자〉

남자는 일하고 생각하지만, 여자는 느낀다.
　　　　　　　　　　　　　☞ C. 로세티 〈칩거하는 자매〉

남자들에게 중한 것은 오직 마음뿐이다. 얼굴이야 어떠하든, 무슨 옷을 입었건 누가 상관하는가!
그러나 여인은 육체가 전부이니 오, 내 사랑 머물러 떠나지 마오! 다만 옛 성인의 말씀을 잊지 마오, 잊혀진 여인은 죽은 여인이라는 것을.
　　　　　　　　　　　　☞ A. 비어스 〈악마의 사전〉

내가 여자를 안다고 말할 땐 여자를 모른다는 것을 안다는 뜻이다. 내가 아는 모든 독신 여성은 내게는 모두 수수께끼이다. 틀림없이 그 여자도 자신에게 수수께끼일 것이다.　☞ 대커리 〈브라운 씨의 편지〉

남자의 이성을 통틀어도 여자의 감성 하나만 못하다.

☞ 볼테르 〈잠언집〉

길에서 갑자기 변을 당했을 때, 남자는 지갑을 들여다보지만 여자는
거울을 들여다본다. ☞ M. 턴블 〈좌익계 부인〉

남자는 의견에 도전하는 법을 알아야 하며, 여자는 의견에 순종하는
법을 알아야 한다. ☞ 스탈 부인 〈델핀〉

남자는 자기가 느끼는 만큼 늙고, 여자는 자기가 보는 만큼 늙는 것이다.

☞ M. 콜린즈 〈미지의 분량〉

여자는 자기 운명을 받아들이지만, 남자는 자기 운명을 만들어 간다.

☞ E. 가브리오 〈타인의 돈〉

여자에게 구애하지 못하는 남자는 자기에게 구애해 오는 여자의 제물
이 되기 쉽다. ☞ W. 배저트 〈자전적 연구〉

여인이 없다면 우리 인생의 초기에는 협력자를, 중기에는 기쁨의 일
부를, 종말에는 위안을 빼앗기게 된다. ☞ 드 즈위 〈잠언집〉

유리와 처녀는 항상 위험하다. ☞ P. 모르리지아노 〈피앗자 대학〉

여자의 사양 중 하나는 허락이라고 봐도 무방하다.

☞ V. 위고 〈레미제라블〉

아름다운 여인은 야성적 배우자를 길들이고, 그녀가 만나는 모두에게 상냥한 마음과 소망과 웅변을 심어 주는 실제적인 시인이다.

☞ 에머슨 〈처세론〉

칭찬이든, 비난이든, 남자들 사이에서 가장 적게 화제의 대상이 되는 여인이야말로 영광스런 삶을 사는 것이다.

☞ 투키디데스 〈펠로폰네스 전쟁사〉

약한 자여! 그대의 이름은 여자이다.　　　　☞ 셰익스피어 〈햄릿〉

여인은 바람 속의 깃털에 지나지 않는다.　☞ V. 위고 〈왕은 즐긴다〉

여인은 지옥의 문이다.　　　　　　　　　☞ 성(聖) 제롬

여자는 정복하기 좋아할 뿐 아니라, 정복당하기도 좋아한다.

☞ W. M. 대커리 〈버지니아 사람들〉

착한 여인은 숨겨진 보물이다. 그런 여인을 발견한 사람은 자랑하지 않는 게 좋을 것이다.　　　☞ 차 로시푸코 〈사후 출판 금언집〉

여자는 열 살 때는 천사요, 열다섯 살 때에는 성인(聖人)이고, 마흔 살 때에는 악마이며, 여든 살 때는 마녀이다.　☞ 미상 〈여성 증오자〉

여자는 교회에서는 성인(聖人)이요, 밖에서는 천사이고, 집에서는 악마다.　　　　　　　　　　☞ G. 월킨즈 〈강제 결혼의 비극〉

모든 여자는 자기 어머니처럼 된다. 그것이 그들의 비극이다. 남자는 그렇지 않다. 그것이 남자의 비극이다.

☞ 오스카 와일드 〈진지함의 중요성〉

요부와 창부는 다투어 성장한다. 그렇지 않으면 요부가 창부보다 인기를 끌든가 혹은 창부가 요부보다 인기를 끌기 때문이다. 그러나 그 결과는 파멸이 될 것이다.

☞ T. 윌리엄즈 〈우유 열차는 여기에 서지 않는다〉

모든 여인이 악이라 할지라도 아직은 필요악이다.

☞ B. 멜방크 〈해방된 노예〉

여자는 자기를 사랑해 주는 남자가 바라는 것이면 무엇이든 될 수 있다.

☞ J. M. 바리 〈토미와 그리젤〉

아름다움을 지니지 못한 여성은 인생의 반밖에 모르는 것이다.

☞ 몽타란 부인

여인의 가슴속에 지니고 있는 사랑은, 손님에 지나지 않는다.

☞ H. 워튼 경 〈여인의 마음〉

처녀들은 자기 앞에서 뽐내는 남자들에게는 결코 허리를 굽히지 않는다.

☞ 휘티어 〈에어미 웬트워드〉

여성의 길잡이는 이성이 아니라 변덕이다.　☞ J. 그랜빌 〈예견〉

여자보다 더 이기기 힘든 동물은 없다. 불도 그렇지 않고, 어떠한 살쾡이도 그렇게 무자비하지는 않다. ☞ 아리스토파네스 〈리시스 전〉

여자는 불꽃처럼 스스로 사그라질 때까지는 결코 꺼지지 않는, 파괴하는 힘을 지니고 있다. ☞ W. 콘그리브 〈더블 딜러〉

여자와 함께 할 일은 세 가지뿐이다. 여자를 사랑하고, 여자 때문에 고통 받고, 여자를 문학으로 바꾸는 것이다. ☞ L. 더럴 〈저스틴〉

여인은 사랑하거나 증오할 때 무슨 짓이든 감행한다.
 ☞ 성(聖) 제롬 〈서간집 : 발레리우스가 루피누스에게〉

숙녀의 상상력은 놀라울 정도로 빨라서, 한순간에 존경에서 사랑으로 비약하고, 사랑에서 결혼으로 비약한다.
 ☞ J. 오스텐 〈자부와 편견〉

기쁨을 원하는 여자는 겸손해야 하고, 사랑을 원하는 여자는 고통 받아야 한다. ☞ M. 프라이어 〈질투심 많은 클로우〉

여자들은 아무도 일러 주지 않은, 또 일러 줄 필요가 없는 것들을 참으로 많이 알고 있다. ☞ R. M. 몽고메리 〈율리시스의 귀환〉

우리는 여자들이 말하도록 만드는 약은 알고 있지만, 그들을 침묵케 하는 것이 무엇인지는 아무도 모른다.
 ☞ A. 프랑스 〈벙어리 아내와 결혼한 남자〉

여인의 버릇은 꾸짖어서 고칠 수 있는 것이 아니다. 면박 받은 여인은 결코 수긍하는 일이 없기 때문이다. ☞ C. 콜린즈 〈경구집〉

세상에 열 마디의 말을 털어놓는다면 아홉 마디는 여자의 것이요, 한 마디가 남자의 것이다. ☞ 〈바빌로니아 율법서〉

여인들은 죽고 나면 마음대로 할 수 없다고 생각하기 때문에, 살아 있는 동안 하고 싶은 대로 다 하려고 한다. ☞ J. 매닝햄 〈일기〉

여인들이여, 생각한 것을 결코 말하지 마라. 당신의 말은 당신의 생각과 다를 것이고, 당신의 행동은 틀림없이 당신의 말과 어긋날 것이다. ☞ W. 콘그리브 〈사랑을 위한 사랑〉

기쁨과 여인은 친구가 될 수 없으나, 수심과 여인은 친구가 될 수 있다. ☞ J. 레이 〈영국 격언집〉

죽음보다 강한 것은 이성이 아니라 사랑이다. ☞ T. 만 〈마의 산〉

맷돌과 여자는 항상 무엇인가를 원한다. ☞ M. 구앗조 〈예의바른 대화〉

사물을 있는 상태와 가장 다르게 보는 것이 사랑이다.
사랑에 빠지면 모든 것을 달콤하게 느끼면서 환상적으로 보기 마련이다.
사랑의 힘은 매우 강렬하여, 다른 때보다 더 잘 참고 만사에 순응하게 만든다. ☞ 니체 〈그리스도의 적〉

사랑은 자기 자신을 존재하게 하는 힘이다. 그것은 그 자체의 가치이다.
☞ T. 와일더 〈타임〉지(誌)에서

여자는 돈과 남자를 필요로 한다. 그러나 돈이 없는 남자보다는, 남자가 없더라도 돈이 있는 상태를 더 선호한다. ☞ 〈그리스의 격언〉

사랑은 병영과 법정과 숲을 지배한다. ― 사랑은 천국이고, 천국이 곧 사랑이기 때문이다. ☞ 바이런 〈돈 주앙〉

사랑은 무기 없이도 그 왕국을 지배한다. ☞ G. 허버트 〈명궁〉

사랑이 있는 곳에는 부족함이 없다. ☞ R. 브롬 〈명랑한 승무원〉

사랑! 그것은 두 마음이 하나가 되게 하며, 또 하나의 뜻이 되게 한다.
☞ H. 스펜서 〈요정 여왕〉

사랑에 미치면 누구나 장님이 된다. ☞ 프로페르티우스 〈만가〉

사랑하는 여인이 하는 일은 모두 옳다고 여겨진다. ☞ 뮈세 〈목가〉

젊은 남자의 노예가 되기보다는 늙은 남자의 애인이 되는 편이 낫다.
☞ J. R. 플랑셰 〈괴짜〉

사랑하는 사람끼리 결혼하는 것은, 누가 먼저 사랑을 끝낼 것인가에 대해 두 사람이 내기를 하는 것이다. ☞ A. 카뮈 〈비방록과 명상록〉

사람은 사랑 없이는 강해질 수 없다. 사랑은 부적절한 감정이 아니기 때문이다. 그것은 인생의 피요, 분리된 것을 재결합시키는 힘이다.
☞ P. 틸리히 〈영원한 지금〉

사랑의 관계가 최고조에 달할 때는 주위 환경의 어느 것에도 관심 둘 이유가 없다. 한 쌍의 여인은 그들만으로 족하기 때문이다.
☞ 프로이드 〈문명과 문명의 불만〉

사랑스러운 사람의 입에서 나는 양파 냄새가, 보기 흉한 사람의 손에 있는 장미 냄새보다 더 향기롭다.
☞ 사디 〈장미 정원 : 늙은 남편의 추한 모습〉

우리는 3주간 동안 자신들에 관해 공부하고, 3개월간 서로 사랑하며, 3년간을 싸우고, 30년간 서로 관대하게 봐준다.
그러면 자녀들이 다시 시작한다.
☞ H. 테인 〈토마 그랭고르지의 지혜와 의견〉

그대가 없다면……. 나는 깊은 밤, 달도 없는 바다를 표류하는 일엽편 주요, 줄 끊어진 로프요, 한쪽 날개만 가진, 그나마도 불완전하여 날 수 없는 상처 입은 작은 새와도 같으리.　　☞ T. 무어 〈천사의 사랑〉

구애할 때는 꿈을 꾸지만, 결혼하면 잠을 깬다.
☞ 포우프 〈바드 지방의 아낙네〉

훌륭한 남편은 훌륭한 아내를 만든다.　　☞ R. 버튼 〈우울의 해부〉

추녀와 결혼하면, 그대는 불만에 차 있을 것이다. 하지만 미인과 결혼하면, 그대는 그녀를 간수하지 못하리라.

☞ 디오게네스 라에르티우스 〈비온 전〉

돈은 있으나 불성실한 자보다는, 돈은 없지만 성실한 자를 나는 택한다.

☞ 키케로 〈의무론〉

부유한 여자와 결혼한 가난한 남자는, 아내를 얻은 것이 아니라 지배자를 얻은 것과 마찬가지다.　　　　　　☞ 스토바에우스 〈적화〉

아름다운 아내를 얻고 싶으면, 일요일에 여자를 고르지 말고 토요일에 고르도록 하라. 그날은 그녀가 아름다운 옷을 입고 있을 테니 말이다.

☞ J. 하우얼 〈격언집〉

아내의 지참금을 받는 자는 그 값에 자기 자신을 파는 것과 마찬가지다.

☞ 에우리피데스 〈포에톤〉

아내로 인해 부자가 되는 것보다는 가난뱅이가 되는 것이 천 배는 더 낫다.　　　　　　　　☞ 성 J. 크리소스톰 〈그렇고 그런 결혼〉

당신의 아들은 당신이 소망할 때, 당신의 딸은 당신이 가능할 때 결혼시켜라.　　　　　　　　　　　　　☞ G. 허버트 〈명궁〉

조용한 남편은 아내를 사납게 만든다. 남편이 조용하면 아내는 절로 사나워질 수밖에 없는 것이다.　　　☞ I. 디즈레일리 〈문학적 호기심〉

착한 아내와 건강한 남자는 가장 훌륭한 재산이다.
☞ C. H. 스퍼전 〈농부 존〉

한 집에 두 여자, 한 마리의 쥐에 두 마리 고양이, 뼈다귀 하나에 두 마리 개……. 이들은 결코 화목할 수 없다. ☞ 미상 〈여인과 여인〉

덕망 있는 아내는 남편에게 복종함으로써 남편을 지배한다.
☞ 푸블리우스 시루스 〈잠언집〉

넘어지지 않는 말이 훌륭한 말이요, 불평하지 않는 아내가 훌륭한 아내이다. ☞ J. 레이 〈영국 격언집〉

질투하는 여자의 독설에는 미친개의 이빨보다 더 치명적인 독성이 있다. ☞ 셰익스피어 〈헛소동〉

교활한 아내는 남편을 자기 행주치마로 만든다.
☞ J. 레이 〈영국 격언집〉

암탉이 울고 수탉이 침묵을 지키는 집은 가련한 집안이다.
☞ J. 플로리오 〈첫 열매〉

여자가 약간의 창녀 기질이 없다면, 대체로 그 여자는 마른 나무토막이다. ☞ D. H. 로렌스 〈춘화와 외설〉

사람은 자기가 두려워하는 사람을 미워한다. ☞ 키케로 〈의무론〉

인간은 모든 유해한 생물에 대한 치료법은 알아냈으나, 악처에 대한 치료법은 아직까지 발견하지 못했다.　　　　　☞ 라블레 〈작품집〉

슬픈 자는 기쁜 자를 미워하고, 기쁜 자는 슬픈 자를 미워한다. 빠른 자는 느린 자를 미워하고, 게으른 자는 민첩한 자를 미워한다.
　　　　　☞ 호라티우스 〈서한집〉

인간은 자기가 가장 부러워하는 것을 가장 증오한다.
　　　　　☞ H. L. 멘컨 〈편견〉

가장 칭찬을 많이 받는 자가 미움도 가장 많이 받는다.
　　　　　☞ 드라이든 〈경쟁하는 숙녀들〉

진리는 현명한 자에게 있고, 미(美)는 참된 마음에 있다.
　　　　　☞ A. 쥬벨 〈팡세〉

아름다운 얼굴이 추천장이라면, 아름다운 마음은 신용장이다.
　　　　　☞ B. 리튼 〈그것으로 그는 무엇을 하는가?〉

여자를 좋게 말하는 사람은 여자를 충분히 모르는 사람이고, 여자를 항상 나쁘게 말하는 사람은 여자를 전혀 모르는 사람이다.
　　　　　☞ 루부랑

현명한 남자는 냉정한 여자가 다룰 수 있지만, 어리석은 남자는 현명한 여자라야 다룰 수 있다.　　　　　☞ R. 키플링 〈직언〉

나는 당연히 그렇게 해야 한다고 해서 스스로 제공해 주는 여인을 싫어한다. 또한 정사할 때 바느질 생각을 하는, 그런 냉정하고 메마른 여자도 싫어한다. ☞ 오비디우스 〈사랑의 기술〉

사랑은 연령 제한이 없다. 그것은 어느 때든지 생길 수 있는 것이다. ☞ B. 파스칼 〈팡세〉

희망이 없는 사랑을 하고 있는 자만이 사랑을 알고 있다. ☞ 실러

사랑한 후에 사랑을 잃는 것은 전혀 사랑하지 않은 것보다 낫다. ☞ A. 테니슨 〈인·메모리엄〉

사랑하지 말아야 되겠다고 결심해도 뜻대로 되지 않는 것처럼, 영원한 사랑도 뜻대로 되는 것이 아니다. ☞ J. 라브뤼이엘 〈사람 제각기 심정에 대하여〉

사랑에 대하여 가르쳐 주는 사람은 아무도 없다. 사랑이란, 우리의 생명처럼 날 때부터 가지고 태어나는 것이다. ☞ 막스 뮐러 〈독일인의 사랑〉

사랑을 할 줄 아는 사람은 자기의 정열을 지배할 줄 아는 사람이다. 이와 반대로 사랑을 할 줄 모르는 사람은 자기의 정열에 지배를 받는 사람이다. ☞ 호라티우스 〈애송 시집〉

사랑이 깊은 자는 마음 또한 깊다. ☞ 호메로스

사랑을 좇으면 사랑이 도망가지만, 사랑을 자유롭게 두면 그 사랑은 그대를 좇을 것이다. ☞ 영국 격언

아름다운 것은 그 자체의 힘 때문에 옳게 보이지만, 연약한 것은 약하기 때문에 그르게 생각된다. ☞ 브라우닝 〈오로러 리〉

여자는 사랑하든지, 아니면 증오한다. 그는 중용을 모른다. ☞ P. 사이러스

아무도 너를 정당하게 미워하지 않도록 조심하라. ☞ 푸블리우스 시루스 〈금언집〉

사람은 자신이 미워하는 자를 결코 이해하지 못한다. ☞ J. R. 로우얼 〈비글로우 페이퍼즈〉

인간관계

옛날 친구를 만나거든 마땅히 의기를 더욱 새롭게 하라.
비밀스런 일에 처하거든 마땅히 마음자리를 더욱 나타나게 하라.
노쇠한 사람을 대함에는 마땅히 은례(恩禮)를 더욱 융성하게 하라.
☞ 홍자성(洪自誠)〈채근담(菜根譚)〉

위에 있으면서 교만하지 않으면 아무리 지위가 높아져도 위태하지
않고, 예절과 법도를 삼가면 아무리 재물이 가득해도 넘치지 않는다.
☞〈소학(小學)〉

냉정한 눈으로 사람을 보고, 냉정한 귀로 말을 듣고, 냉정한 마음으로
도리를 생각하라. ☞ 홍자성(洪自誠)〈채근담(菜根譚)〉

공로와 과실을 조금도 혼동하지 마라. 혼동하면 사람들이 태만한 마
음을 품는다.
은의(恩意)와 구원(仇怨)은 크게 밝히지 마라. 밝히면 사람들이 배반의
뜻을 일으킨다. ☞ 홍자성(洪自誠)〈채근담(菜根譚)〉

평소에 공손하고, 일을 함에 신중하고, 사람을 대함에 진실하라. 그러면 비록 오랑캐 땅에 간다 할지라도 버림받지 않으리라.

☞ 공자(孔子) 〈논어(論語)〉

이익이 앞에 있을 때 의리를 생각하고, 위급한 시기에 목숨을 내놓으며, 오랜 약속을 평생토록 잊지 않고 지킨다면 완성된 사람이라 하겠다.

☞ 공자(孔子) 〈논어(論語)〉

일을 사양하고 물러서려거든 그 전성(全盛)의 때를 택하고, 몸 둘 곳을 택하려거든 홀로 뒤떨어진 자리를 택하라.

☞ 홍자성(洪自誠) 〈채근담(菜根譚)〉

한쪽에 치우침으로써 간사한 사람에게 속지 말고, 제 힘을 너무 믿어 객기 부리지 말며, 자신의 장점(長點)으로써 남의 단처(短處)를 들춰내지 말고, 자신이 무능하다 하여 남의 능함을 미워하지 마라.

☞ 홍자성(洪自誠) 〈채근담(菜根譚)〉

벼랑길 좁은 곳에서는 한 걸음 멈추고, 다른 사람으로 하여금 먼저 가게 하라. 맛 좋은 음식은 삼분의 일을 덜어서 다른 사람에게 양보하라. 이것이 곧 세상을 건너가는 가장 안전한 방법이다.

☞ 홍자성(洪自誠) 〈채근담(菜根譚)〉

바늘로 백 번 찌를지언정, 칼로 한 번 베는 것을 삼가라.
한바탕 무거운 것을 당기는 것보다 항상 가벼운 것을 들고 있기가 더 어렵다.

☞ 회남자(淮南子)

물이 지나치게 맑으면 고기가 없고, 사람이 이것저것 지나치게 살피면 따르는 사람이 없다.　　　　　　☞〈공자가어(孔子家語)〉

간악한 사람을 물리치고 망령된 무리를 막으려면, 한 줄기 달아날 길을 열어 줘야 한다.
만일 그들로 하여금 한 곳도 몸 둘 곳을 없게 하면 이는 쥐구멍을 막음과 같다. 달아날 길을 모두 막으면 소중한 기물을 다 물어뜯을 것이다.　　　　　　☞ 홍자성(洪自誠)〈채근담(菜根譚)〉

근원이 깊어야 강물이 흐르고, 물이 흘러야 물고기가 생기며, 뿌리가 깊어야 나무가 잘 자라고, 나무가 자라야 열매를 맺는다.
　　　　　　☞ 강태공(姜太公)

다스리는 이는 지위가 성취되는 데서 게을러지고, 병은 얼마간 치유되는 데서 더해지며, 화(禍)는 해이한 데서 생기고, 효도(孝道)는 처자를 갖는 데서 흐려지는 법이다.
이 네 가지를 살펴서 나중을 삼가고, 처음과 같이 해야 한다.
　　　　　　☞ 설원(說苑)

남의 외밭 가에서 신을 고쳐 신지 말아야 하고, 오얏나무 아래에서는 갓을 고쳐 쓰지 말아야 한다.　　　　　　☞ 강태공(姜太公)

땅 속 깊이 뿌리 뻗은 나무가 아니면 구름에 닿을 줄기나 가지를 기다려도 소용없고, 수원(水原)이 넓고 깊지 않으면 만 리에 이르는 흐름이 도도해도 훌륭한 물고기가 있을 까닭이 없다.　　☞ 포박자(抱朴子)

귀한 손님 앞에서는 개를 꾸짖지 말고, 음식을 사양할 때는 침을 뱉지
말아야 한다.　　　　　　　　　　　　　　　　☞〈소학(小學)〉

남의 조그만 허물을 꾸짖지 말고, 남의 비밀을 드러내지 말며, 남의
지난날 잘못을 생각하지 마라.
이 세 가지는 가히 덕을 기르며, 또한 해(害)를 멀리할 것이다.
　　　　　　　　　　　　　☞ 홍자성(洪自誠)〈채근담(菜根譚)〉

뜻을 굽혀서 남으로부터 기쁨을 얻기보다, 내 몸의 행실을 곧게 하여
사람의 미움을 받음이 더 낫다.
좋은 일 한 것도 없이 남의 칭찬을 받기보다, 나쁜 일을 하지 않고서
남의 헐뜯음을 당하는 것이 더욱 낫다.
　　　　　　　　　　　　　☞ 홍자성(洪自誠)〈채근담(菜根譚)〉

태평한 세상을 당해서는 마땅히 방정하게 해야 하고, 어지러운 세상
을 당해서는 몸가짐을 원만하게 해야 하며, 말세를 당해서는 마땅히
방정함과 원만함을 아울러 써야 한다.
착한 사람을 대함에는 너그럽게 하고, 악한 사람을 대함에는 엄하게
하며, 보통 사람을 대함에는 마땅히 너그러움과 엄함을 아울러 지녀
야 한다.　　　　　　　　　　　☞ 홍자성(洪自誠)〈채근담(菜根譚)〉

수고란 아랫사람이 윗사람을 섬기는 것이고, 은혜란 윗사람이 아랫사
람을 어루만지는 것이다.
무릇 사람이란 이처럼 서로 보답하기 마련이다.
　　　　　　　　　　　　　☞ 정도전(鄭道傳)〈삼봉집(三峰集)〉

선비가 세력(勢力)을 의지하여 출세하면 끝이 있기 어렵고, 글과 행실로써 출세해야 경사가 있다.　☞ 최충(崔沖) 〈보한집(補閑集)〉

사은(私恩)을 파는 것은 공의(公議)를 돕는 것보다 못하며, 새로이 지우(知友)를 만드는 것은 옛 친구와 정을 두터이 하는 것보다 못하다. 드날리는 명성을 세우기보다는 숨은 공덕을 심는 것이 더 나으며, 어려운 절의(節義)를 숭상하느니보다는 행동에 더러운 허물이 없도록 삼가는 것이 더 낫다.　☞ 홍자성(洪自誠) 〈채근담(菜根譚)〉

기녀(妓女)라도 늘그막에 양인(良人)을 좇으면 한평생의 분 냄새가 거리낌이 없을 것이요, 정부(貞婦)라도 머리털 센 다음에 정조(貞操)를 잃으면 반생(半生)의 깨끗한 고절(苦節)도 아랑곳없으리라.
일찍이 속담에 말하기를 '사람을 보려면 그 후반(後半)을 보라.' 하였으니, 참으로 명언이로다.　☞ 홍자성(洪自誠) 〈채근담(菜根譚)〉

고움이 있으면 반드시 추함이 있어 서로 대(對)가 되지만, 내가 고움을 자랑하지 않으면 누구도 나를 추하다 하지 않는다.
깨끗함이 있으면 반드시 더러움이 있어 서로 대(對)가 되지만, 내가 깨끗함을 좋아하지 않으면 누구도 나를 더럽다 하지 않는다.
　☞ 홍자성(洪自誠) 〈채근담(菜根譚)〉

나에게 닥쳐오는 불행도 그 원인은 스스로 만든 것이요, 나에게 찾아드는 행복도 스스로 이룬 것이다.
그렇듯 불행과 행복은 같은 문에서 들어오고 나가며, 이익과 손해는 서로 이웃하며 상대적으로 자리바꿈하는 것이다.　☞ 회남자(淮南子)

옛날 이윤(伊尹)이 요리사가 되고, 백리해(白里奚)가 노예가 되었던 것은, 모두 그의 임금이 뜻을 펴게 하기 위함이었다. 이 두 사람은 모두 성인(聖人)이다. 그런데도 나아가 벼슬을 하고, 자기 몸을 수고롭게 해가면서 이처럼 몸을 더럽혀야 했다.

지금 내가 한 말 때문에 요리사나 노예가 된다 할지라도, 그의 의견이 받아들여져 세상을 뒤흔들 수 있다면, 이것은 벼슬할 능력을 가진 사람이 수치로 여길 일은 아니다.　　　　　☞ 한비자(韓非子)

한 고을의 선비일 때는 한 고을의 선비를 사귀고, 한 나라의 선비일 때는 한 나라의 선비를 사귀며, 천하의 선비일 때는 천하의 선비를 사귀라.

천하의 선비를 사귀어도 마음에 차지 않거든, 다시 옛 사람을 숭상하여 논하라.　　　　　☞ 맹자(孟子)

가까운 사람들과 친하지 않으면서 멀리 있는 사람들과 가까이하려 애써서는 안 된다. 친척들이 따르지 않는다면 밖의 사람들과 사귀려고 애써서는 안 된다.

그러므로 옛 임금들은 천하를 다스림에 있어서 반드시 가까운 것을 잘 살핀 다음 먼 것을 가까이했던 것이다.　　　　　☞ 묵자(墨子)

은혜를 베풀거든 그 보답을 구하지 말고, 남에게 주었거든 뒤돌아보며 뉘우치지 마라.　　　　　☞ 〈명심보감(明心寶鑑)〉

부모의 낳은 은혜 갚기를 죽음으로써 다하고, 남에게서 받은 은혜 갚기를 힘껏 하는 것이 사람의 도리이다.　　　　　☞ 〈소학(小學)〉

제 집에 있을 때 손님을 맞아들일 줄 모르면, 밖에 나갔을 때에야 비로소 자기를 환대해 줄 주인이 적음을 알게 된다.

☞〈명심보감(明心寶鑑)〉

오래 머물면 남에게 업신여김을 받고, 자주 오면 친분도 엷어진다. 단 사흘이나 닷새 사이에도 서로 대하는 것이 처음과 같지 않음과 같다.

☞〈명심보감(明心寶鑑)〉

공손하면 남에게 모욕을 당하지 않고, 관대하면 많은 사람으로부터 지지를 얻는다.
신의가 있으면 사람들이 믿고 맡기고, 민첩하면 공을 이루며, 은혜를 베풀면 능히 사람을 부릴 수 있다.

☞ 공자(孔子)〈논어(論語)〉

나라가 바로 다스려지면 천심(天心)도 순해지고, 관청이 청백하면 백성은 저절로 편안해진다.
아내가 어질면 그 남편의 화(禍)가 적어지고, 자식이 효성스러우면 그 아버지의 마음이 너그러워진다.

☞〈명심보감(明心寶鑑)〉

은혜와 의리를 널리 베풀어라. 인간의 삶이란, 어느 곳에서 서로 만나게 될 줄 아무도 모른다.
그가 누구든 원수 짓거나 원망 사게 하지 마라. 좁은 길에서 만나면 피하기 어렵다.

☞〈명심보감(明心寶鑑)〉

어두운 밤이라 아는 자가 없다 하나, 하늘이 알고 신(神)이 알며, 내가 알고 그대가 알거늘 어찌 아는 이가 없다 하는가.

☞ 양운(楊雲)

해와 달이 비록 밝지만 엎어놓은 소래기 밑은 비추지 못하고, 칼날이 비록 잘 들지만 죄 없는 사람은 베지 못한다.
불의(不意)의 재화(災禍)는 조심하는 집의 문에는 들지 못한다.
☞ 강태공(姜太公)

오, 경계해야 한다! 걱정이 없을 때 경계하여 법도를 잃지 말고, 편안히 놀지 말며, 즐기는 일에 빠지지 마라.
☞ 〈서경(書經)〉

재상이 된 노(盧)나라의 박사(博士) 공의휴(公儀休)는 생선을 좋아했다. 한나라의 제후(諸侯)가 그것을 알고 생선을 바쳤으나, 공의휴는 받지 않았다.
"선생님은 생선을 좋아하시는데, 왜 받지 않으십니까?"
제자가 충간(忠諫)하자, 공의휴가 이렇게 대답했다.
"바로 내가 생선을 좋아하기 때문에 받지 않은 것이다. 생선을 받고 재상의 자리에서 면직되면 아무리 내가 좋아하는 생선일지라도 내 스스로 먹을 수 없을 것이다. 그러나 생선을 받지 않으면 재상의 자리에서 면직되지 않을 것이니, 오래도록 생선을 먹을 수 있지 않겠냐."
공의휴는 어떻게 하는 것이 자신을 위하는 것이고, 어떻게 하는 것이 남을 위하는 것인가를 분명히 아는 사람이라 하겠다.
☞ 공의휴(公儀休)

받아도 되고 받지 않아도 될 때 받는 것은 자기의 청렴(淸廉)을 손상시키고, 주어도 되고 주지 않아도 될 때 주는 것은 자기의 은혜를 손상시키며, 죽어도 되고 죽지 않아도 될 때 죽는 것은 자기의 용기를 손상시키는 것이니라.
☞ 맹자(孟子)

관리(官吏)들에게 널리 퍼져 있는 주구(誅求)의 폐단이란 과연 무엇인가?

권력 있고 간사한 무리들이 질서를 어지럽힌 뒤로 상하(上下)가 모두 뇌물을 일삼으니, 벼슬도 뇌물이 아니면 승진되지 못하고, 쟁송(爭訟)도 뇌물이 아니면 판결나지 않으며, 죄인도 뇌물이 아니면 방면(放免)되지 못하고, 백관(百官)들은 법도에 어긋나는 일만 한다.

그뿐인가. 관리들은 법률의 조문(條文)을 농간하기에 이르러 옥송(獄訟)의 중대한 사건마저도 교활한 관리의 손에 맡겨져 그 뇌물의 많고 적음을 보아 옳고 그름을 판결하게 되었으니, 이는 진실로 정치를 어지럽히고 나라를 쇠망하게 하는 고질병이 아니고 무엇이겠는가.

☞ 이이(李珥)〈율곡집(栗谷集)〉

팔이 바깥쪽으로 굽지 않는 것은 술잔을 잡기에 편하도록 하기 위해서이다.

☞ 박지원(朴趾源)

참고 또 참아라. 경계하고 또 경계하라. 참지 않고 경계하지 않으면 작은 일도 크게 벌어진다.

☞〈명심보감(明心寶鑑)〉

오늘 밤은 달이 몹시 밝다. 왜적(倭賊)은 잔꾀가 많아 달이 없는 밤에도 아군을 습격해 오겠지만, 이같이 달 밝은 밤에는 틀림없이 습격해 올 것이니 경비를 게을리 해서는 안 된다.

☞ 이순신(李舜臣)

세상일은 처음에는 너그러우나 끝에는 으레 인색해지기 마련이다. 그러나 처음에 대수롭지 않다 하여 경계하지 않으면, 마침내는 수습할 수 없게 된다.

☞ 공자(孔子)

생각은 항상 전장(戰場)에 나아간 날같이 하고, 마음은 언제나 다리를 건널 때처럼 지니라.　　　　　　　　　　☞〈명심보감(明心寶鑑)〉

천하에 큰 경계(警戒) 둘이 있으니, 그 하나는 천명(天命)이고 다른 하나는 정의(正義)이다. 자녀가 부모를 섬김은 천명이니 마음에서 우러나는 것이요, 국민이 국가를 섬김은 정의이니 세상에서 피할 수 없는 것이다.　　　　　　　　　　　　　☞ 공자(孔子)

참언하고 욕하는 사람은 조각구름이 햇빛을 가림과 같아서 오래지 않아 절로 밝아진다.
아양 떨고 아첨하는 사람은 틈새 바람이 살갗에 스며듦과 같아서 그 손해를 깨닫지 못한다.　　　☞ 홍자성(洪自誠)〈채근담(菜根譚)〉

사람에게는 빠지기 쉬운 여덟 가지 잘못이 있으니, 잘 살피지 않으면 안 된다.
자기가 할 일이 아닌데 하는 것을 주책이라 하고, 상대방이 청하지도 않는데 의견을 말하는 것을 망령이라 하며, 남의 비위를 맞추어 말하는 것을 아첨이라 하고, 시비를 가리지 않고 마구 말하는 것을 분수적다고 하며, 남의 단점을 말하기 좋아하는 것을 참소라 하고, 남의 관계를 갈라놓는 것을 이간이라 하며, 나쁜 짓을 칭찬하여 사람을 타락시킴을 간특하다 하고, 옳고 그름을 가리지 않고 비위를 맞춰 상대방의 속셈을 뽑아 보는 것을 음흉하다고 한다.
이 여덟 가지 잘못은 밖으로는 남을 어지럽히고, 안으로는 자기 몸을 해친다. 때문에 군자는 이런 사람을 친구로 사귀지 않고, 명군(明君)은 이런 사람을 신하로 삼지 않는다.　　　　　　☞ 장자(莊子)

조심하는 일에는 실패가 거의 따르지 않는다.

☞ 공자(孔子) 〈논어(論語)〉

저 아름다운 가죽을 지닌 여우나 표범이 깊은 숲속에 살면서 바위굴에 엎드려 있는 것은 고요함을 택하기 때문이요, 밤에 돌아다니고 낮에 숨어 있는 것은 경계하기 때문이며, 굶주림에 시달려도 인가(人家)에서 떨어진 강호(江湖)에서 먹이를 구함은 안전(安全)을 도모하기 때문이다. 이렇게 조심하는데도 그물이나 덫에 걸림을 면치 못함이 어찌 그들에게 죄가 있어서이겠는가. 오로지 그 가죽이 아름답기 때문이다.

☞ 장자(莊子)

지금 다섯 개의 송곳이 있다면 이들 중 가장 뾰족한 것이 먼저 무디어질 것이며, 다섯 개의 칼이 있다면 이들 중 가장 날카로운 것이 먼저 닳을 것이다.
그래서 맛있는 샘물이 먼저 마르고 쭉 뻗은 나무가 먼저 잘리며, 신성한 거북이 먼저 불에 구워지고, 신성한 뱀이 먼저 햇빛에 말려진다. 비간(比干)이 죽임을 당한 것은 그가 고상했기 때문이고, 맹비(孟費)가 죽임을 당한 것은 그가 용감했기 때문이며, 서시(西施)가 물에 빠져 죽은 것은 그가 아름다웠기 때문이며, 오기(吳起)가 몸을 찢긴 것은 그가 일을 잘했기 때문이다.
이들은 모두 장점(長點) 때문에 죽은 것이다. 그러므로 '너무 성(盛)한 것은 지키기 어렵다.'고 했다.

☞ 묵자(墨子)

이 세상에서 방관자(傍觀者)보다 더 보기 싫고, 얄밉고, 비열한 자는 없다.

☞ 양계초(梁啓超)

내 사람을 대함에 있어 누구를 흉보고 누구를 칭찬하랴.
그러나 어떤 이를 칭찬할 경우에는 먼저 그를 시험해 본 다음에 한다.
☞ 공자(孔子) 〈논어(論語)〉

아버지가 지은 문장(文章)을 잘되었다고 그 아들이 칭찬한다면, 남의
헐뜯음을 일으킬 뿐이다. 따라서 그 아들이 아닌 사람이 칭찬함만
못하다.
☞ 이인로(李仁老) 〈파한집(破閑集)〉

아버지가 자기의 아들 중매를 하지 않음은 아버지가 자기 자식을 칭찬하
는 것보다 다른 사람이 칭찬하는 것이 더욱 효과가 있기 때문이다.
☞ 장자(莊子)

아첨을 잘하는 자는 충성하지 않고, 바른 말을 잘하는 사람은 배신하
지 않는다.
☞ 정약용(丁若鏞) 〈목민심서(牧民心書)〉

사람의 마음의 움직임은 말로 인하여 베풀어지나니, 길흉(吉凶)과 영
욕(榮辱)은 다 말이 불러들이는 것이다.
☞ 정신(程頤) 〈소학(小學)〉

정직하게 간(諫)하여 잘못을 바로잡아 줌은 쓴 듯하지만 실제로는
달고, 등창을 빨고 치질을 핥으며 아첨하여 받들어 줌은 편안한 듯하
지만 끝은 위태롭다.
☞ 김시습(金時習) 〈매월당집(梅月堂集)〉

세상 사람들은 세력에는 모여들고, 명예와 이익은 함께 도모한다. 그
러나 모여드는 사람이 많으면 세력이 갈라지고, 함께 도모하는 자가
많으면 명예와 이익도 헛수고가 된다.
☞ 박지원(朴趾源)

효자는 부모에게 아첨하지 않으며, 충신은 임금에게 아첨하지 않는다.

☞ 장자(莊子)

스승 된 사람이 도(道)를 얻고자 그 자리에 있으면, 이는 진실(眞實)로서 분수에 넘치는 일이 아니다. 그러나 도(道)를 잃고서 그 이름만을 훔치면, 이는 분수에 넘치는 일로서 진실이 아니다.

제자 된 사람이 그 교훈을 받고서 그것을 행하면, 이는 옳음이요 아첨이 아니다. 그러나 그 법(法)만 취하고 그 은혜를 저버리면, 이는 아첨이요 옳음이 아니다. ☞ 대각국사(大覺國師) 〈대각국사(大覺國師) 문집(文集)〉

분수에 넘치는 일과 아첨함은 군자(君子)가 부끄러이 여기는 것이다. 내가 만일 그대를 외람되게 인도(引導)한다면 이는 내가 그대를 속이는 것이요, 그대가 만일 나에게 아첨으로써 구한다면 이는 그대가 나를 속이는 것이다.

그러나 세상 사람들 중에는 사제(師弟)의 이름만을 알고 그 진실(眞實)을 알지 못하는 이가 왕왕 있다.

☞ 대각국사(大覺國師) 〈대각국사(大覺國師) 문집(文集)〉

대저 귀로 듣는 것도 말이요, 마음으로 듣는 것도 같은 말이다. 그러나 귀로 듣는 자(者)는 말을 밖으로 들을 뿐이고, 마음으로 듣는 자(者)는 그 말을 안에 간직한다. ☞ 정황(丁熿) 〈유헌집(遊軒集)〉

인(仁)을 갖춘 사람은 말이 거침없이 나오지 않는다. 인(仁)을 실천하기 어려우니, 어찌 말이 거침없이 나오겠는가.

☞ 공자(孔子) 〈논어(論語)〉

신의(信義) 있는 말은 아름답지 않고, 아름다운 말엔 신의(信義)가 없다. 착한 사람은 말에 능하지 않고, 말에 능한 사람은 착하지 않다.

☞ 노자(老子)

그대에게 수다스럽지 말기를 경계하나니, 말이 많으면 사람들이 싫어한다.
중요한 때 말을 삼가지 않으면, 재액(災厄)이 이로부터 시작된다.
옳다 그르다 헐뜯고 칭찬하는 사이에, 일신(一身)에 욕을 당하게 된다.

☞ 범질(范質) 〈소학(小學)〉

어른과 더불어 말할 때엔 처음에는 그 낯빛을 살피고, 다음에는 그 가슴을 살피며, 나중에는 다시 낯빛을 살피되, 공경하는 마음을 고치지 말아야 한다.

☞ 〈사상견례(士相見禮)〉

말을 착하고 부드럽게 하라. 악기(樂器)를 치면 아름다운 소리가 나오듯이, 그렇게 하면 몸에 시비(是非)가 붙지 않고 세상을 편안히 살다 가리라.

☞ 〈법구경(法句經)〉

편파적인 말에서는 마음을 가리고 있음을 알 수 있고, 늘어놓는 말에서는 함정이 있음을 알 수 있으며, 간사한 말에서는 이간시키려 함을 알 수 있고, 변명하는 말에서는 궁지에 몰려 있음을 알 수 있느니라.

☞ 맹자(孟子)

개는 잘 짖는다고 좋은 개가 아니요, 사람은 말을 잘한다고 현인(賢人)이 아니다.

☞ 장자(莊子)

선비에게 간하는 벗이 있으면 몸이 아름다운 이름에서 떠나지 아니하고, 아버지에게 간하는 아들이 있으면 몸이 불의(不義)에 빠지지 않는다.

☞ 〈소학(小學)〉

나무는 먹줄을 좇음으로써 곧게 되고, 사람은 간(諫)함을 받아들임으로써 거룩해진다.

☞ 공자(孔子)

비록 신통한 약이라도 병이 뜨거운 환자가 먹으면 죽고, 비록 지저분한 것이라도 병이 뜨거운 환자가 먹으면 살아나기도 한다. 언어(言語)를 사용하는 것도 꼭 이 이치와 같다.

☞ 이지함(李之菡) 〈토정집(土亭集)〉

덕(德)이 있는 사람은 말도 훌륭하지만, 말이 훌륭한 사람이라 하여 반드시 덕이 있지는 않다.
인(仁)한 사람은 용기가 있지만, 용기 있는 사람이라 하여 반드시 인(仁)한 것은 아니다.

☞ 공자(孔子) 〈논어(論語)〉

물처럼 스며드는 중상과 피부에 느껴지는 모략이 통하지 않는다면, 가히 총명한 사람이라 할 수 있다.

☞ 공자(孔子) 〈논어(論語)〉

착한 사람일지라도 급히 친할 수 없으면 마땅히 미리 찬양하지 마라. 간사한 사람의 이간이 올까 두렵다.
몹쓸 사람일지라도 쉽게 내칠 수 없으면 마땅히 미리 발설(發說)하지 마라. 뜻하지 않은 재앙을 부를까 두렵다.

☞ 홍자성(洪自誠) 〈채근담(菜根譚)〉

음침하고 말없는 선비를 만나면, 마음속을 털어놓고 말하지 마라.
발끈하여 성 잘 내는 사람이 스스로 좋아함을 보이거든, 모름지기
입을 막으라.　　　　　　　　　　☞ 홍자성(洪自誠)〈채근담(菜根譚)〉

남을 그르다고 하는 사람은 반드시 그것에 대신할 것을 갖추고 있어
야 한다. 만일 남을 그르다고 하면서 그것에 대신할 것을 갖추고 있지
않다면, 비유컨대 그것은 물로써 물을 구(救)하고 불로써 불을 구(救)
하는 것과 같은 것이다.　　　　　　　　　　☞ 묵자(墨子)

비방을 듣더라도 곧 성내지 말며, 칭찬을 받더라도 곧 기뻐하지 마라.
다른 사람의 나쁨을 듣거든 이에 부화(附和)하지 말고, 다른 사람의
착함을 듣거든 나아가 이에 화응(和應)하며, 또 따라 기뻐하라.
　　　　　　　　　　☞〈명심보감(明心寶鑑)〉

사람의 장단점 말하기를 좋아하거나, 정치와 법령(法令)의 옳고 그름
을 망령되이 평하는 것을 나는 가장 미워한다.
차라리 죽을지언정, 내 자손(子孫)에게 이 같은 행실이 있음을 듣고
싶지는 않다.　　　　　　　　　　☞ 마원(馬援)〈소학(小學)〉

임금에게 총애를 받고 있으면 지혜가 합당하게 받아들여져 더욱 친해
지고, 임금에게 미움을 사고 있으면 지혜가 합당하게 받아들여지지
않고 죄를 짓게 되어 더욱 멀어진다.
그러니 임금에게 간하는 말을 하거나 변설(辨說)을 하려는 사람은,
임금의 사랑과 미움을 잘 살핀 뒤에 얘기하지 않으면 안 된다.
　　　　　　　　　　☞ 한비자(韓非子)

부자(父子)는 골육(骨肉)으로 이어졌고, 신하와 임금은 의(義)로 맺어졌다. 그러므로 아버지에게 잘못이 있을 때, 아들이 세 번 간해도 듣지 않으면 아들은 울면서 이를 따라야 한다.

그러나 신하가 임금에게 세 번 간해도 듣지 않으면 의(義)를 버려야 한다.

☞ 〈소학(小學)〉

예나 지금이나 사람들은 서로 헐뜯는다. 말이 많으면 많다고 헐뜯고, 말이 없으면 없다고 헐뜯으며, 적당히 말해도 역시 헐뜯는다. 헐뜯기지 않고 살 수 없는 것이 세상이다.

☞ 〈법구경(法句經)〉

무슨 문제든지 그것을 연구하는 최선의 방법은, 우선 그 문제에 대해 반대의 입장을 취하는 책부터 읽을 일이다. 이렇게 하면 얼른 속아 넘어가지 않으며, 마음의 준비가 정돈되는 것이다. 이것은 비평 정신을 기르는 방법의 하나이다.

☞ 임어당(林語堂) 〈생활(生活)의 발견(發見)〉

유익한 벗이 셋 있고, 해로운 벗이 셋 있느니라.
곧은 사람과, 신용 있는 사람과, 견문이 많은 사람을 벗으로 사귀면 유익하다. 반면 편벽한 사람과, 아첨하는 사람과, 말이 간사한 사람을 벗으로 사귀면 해로우니라.

☞ 공자(孔子) 〈논어(論語)〉

신하 된 자의 예(禮)로써 간(諫)하지 아니하나, 마땅히 간하여야 할 것을 세 번이나 하여 듣지 아니하면 곧 떠나야 한다. 아들이 어버이를 섬기는 일로 세 번씩이나 간하여 듣지 않더라도, 울면서 그 뒤를 따를 수밖에 없느니라.

☞ 〈예기(禮記)〉

도끼를 맞이하고서도 바르게 간(諫)하고, 가마에 삶기기 직전이라도 할 말을 다하면, 이가 바로 충신(忠臣)인 것이다.

☞ 〈명심보감(明心寶鑑)〉

충간(忠諫)하는 말과 정직(正直)한 이론은 신하의 이익이 아니라, 국가의 복(福)이다. ☞ 이언적(李彦迪) 〈회재집(晦齋集)〉

열 마디 말에 아홉 가지가 맞아도 대단하다고 칭찬하지 않으면서도, 한 마디만이라도 어긋나면 곧 허물하는 소리가 사방에서 모여든다. 열 가지 계략(計略)에서 아홉 가지가 성공해도 그 공(功)을 돌리려 하지 않으면서도, 한 계략만 이루지 못하면 비방하는 소리가 사면에서 일어난다.
이것이 군자(君子)가 침묵할지언정 떠들지 않는 까닭이고, 졸렬할지언정 교묘함을 보이지 않는 까닭이다.

☞ 홍자성(洪自誠) 〈채근담(菜根譚)〉

군자(君子)는 신뢰(信賴)를 받고 난 다음에 사람을 부린다. 신뢰를 받기 전에 부리면 심하게 군다고 하기 때문이다.
군자는 신임(信任)을 얻고 난 다음에 간(諫)한다. 신임을 얻기 전에 간하면 헐뜯는다고 생각하기 때문이다. ☞ 자하(子夏) 〈논어(論語)〉

올바른 말을 누가 좇지 않으랴. 그러나 그 말대로 행동을 고치는 것이 무엇보다 중요하다.
부드러운 말을 누가 기뻐하지 않으랴. 그러나 그 뜻을 생각해 보는 것이 무엇보다 중요하다. ☞ 공자(孔子) 〈논어(論語)〉

봄철의 새 소리, 여름의 매미 소리, 가을의 벌레 소리, 겨울의 눈[雪]에
귀를 기울여라. 낮에는 장기의 말 소리에, 달빛 아래서는 피리 소리에,
산에서는 솔방울 소리에, 물가에서는 물결 소리에 귀를 기울여라. 그
렇게 해야만 참으로 이 세상에 태어난 보람이 있을 것이다.

다만 젊은 무뢰한들이 길거리에서 싸움질을 하거나, 마누라가 시끄럽
게 바가지를 긁을 때에는 귀머거리가 되는 것이 상책이다.

☞ 임어당(林語堂) 〈생활(生活)의 발견(發見)〉

부모의 동기가 변을 당하거든 마땅히 종용할 것이요, 격렬하지 마라.
친구의 과실을 보거든 마땅히 충고할 것이요, 주저하지 마라.

☞ 홍자성(洪自誠) 〈채근담(菜根譚)〉

친구를 사귐에 있어 방법이 있으니, 장차 그를 칭찬하고자 할 때는
먼저 잘못을 책망할 것이요, 기쁨을 보여 주려면 먼저 성냄으로써
밝혀 보여야 한다. 또한 남이 나를 믿게 하려면 먼저 의심나는 일을
베풀고 기다려 봐야 한다.　　☞ 박지원(朴趾源) 〈연암별집(燕巖別集)〉

중용(中庸)의 덕(德)을 갖춘 사람을 사귈 수 없을 때는 적어도 열성
있는 사람이나 결벽 있는 사람과 사귀라. 열성 있는 사람은 진취적이
고, 결벽 있는 사람은 마구 타협하기 때문이다.

☞ 공자(孔子) 〈논어(論語)〉

하등(下等)한 사람의 말을 듣고 하등한 일을 함은 마치 어두운 방 가운
데 앉아 있는 것 같다. 사면(四面)이 담벼락이니, 이를 열어 밝히려
해도 불가능할 것이다.　　　　　　　　　☞ 〈소학(小學)〉

군자(君子)의 사귐은 담담하기가 물 같고, 소인(小人)의 사귐은 달콤하기가 감주 같다. 군자는 담담하기 때문에 더욱 친해지고, 소인은 달콤하기 때문에 절교(絶交) 된다. ☞ 이언적(李彦廸) 〈회재집(晦齋集)〉

얼굴 아는 이야 천하에 가득하지만, 마음 아는 이는 과연 몇 사람이나 될까? ☞ 〈명심보감(明心寶鑑)〉

대체로 아주 친하면서도 오히려 소원한 듯하면 더할 수 없는 친함이 되고, 아주 믿는 사이이면서도 오히려 의심스러운 듯하면 더할 수 없는 믿음이 된다. ☞ 박지원(朴趾源) 〈연암별집(燕巖別集)〉

함께 놀면서도 사랑받지 못하는 것은 반드시 내가 어질지 않기 때문이며, 사귀면서도 존경받지 못하는 것은 반드시 내가 뛰어나지 못하기 때문이다. 재물을 놓고 신용 받지 못하는 것은 반드시 나의 신용이 없기 때문이다.
이 세 가지를 자신이 지니고 있다면, 어찌 남을 원망할 것인가? 잘못이 자기에게 있는데도 그것을 남에게 미룬다면, 이 또한 어찌 어리석다 하지 않겠는가. ☞ 회자(會子)

학문을 좋아하는 사람과 함께 가면 마치 안개 속을 가는 것 같아서, 옷이 비록 젖지는 않더라도 때때로 물기의 배어듦이 있다.
무식한 사람과 함께 가면 마치 뒷간에 앉은 것 같아서, 옷이 비록 더럽혀지지 않더라도 때때로 그 냄새가 맡아진다. ☞ 공자(孔子)

옷은 새것이 좋으나, 사람은 오래 사귄 사람이 좋다. ☞ 안자(晏子)

집안에서 기뻐하지 않거든 남과 사귀지 말고, 가까이 있는 사람과 친해지지 않거든 멀리서 구하지 말며, 작은 일을 살필 수 없으면 큰일을 말하지 마라. ☞ 증자(曾子)

착한 사람과 함께 지내면 마치 지란(芝蘭)의 방에 든 듯하여, 오래되면 그 향기를 맡지 못할지라도 곧 그와 더불어 감화(感化)될 것이요, 착하지 못한 사람과 함께 지내면 마치 생선 가게에 든 듯하여 오래되면 그 냄새를 맡지 못할지라도 역시 그와 더불어 감염(感染)될 것이다. ☞ 공자(孔子) 〈명심보감(明心寶鑑)〉

만일 자기보다 못한 사람을 벗으로 사귀면, 이로움이 없을 뿐 아니라 도리어 해가 된다. 그러므로 옛 사람들은 간혹 천고(千古) 이전의 옛 사람 가운데서 벗을 골라 사귀었다. ☞ 이언적(李彦廸) 〈회재집(晦齋集)〉

제자의 가르침은 규중처녀를 기르는 것과 같다. 출입을 엄하게 하고 교우(交友)를 삼가게 하여야 하나니, 만일 한 번 나쁜 사람과 가까이 접하게 되면 이는 곧 청정(淸淨)한 논밭에 부정(不淨)한 종자를 뿌리는 격이어서, 종신토록 좋은 곡식 심기가 어렵게 된다. ☞ 홍자성(洪自誠) 〈채근담(菜根譚)〉

젊은이들은 모름지기 집에서는 부모께 효도하고, 밖에서는 어른께 공손해야 한다. 이를 위해 말을 삼가고 신의를 지키며, 널리 사랑으로 사귄 여러 사람과 가까이해야 한다. 이 일들을 실천하고서도 여력(餘力)이 있거든 글을 배우도록 한다. ☞ 공자(孔子) 〈논어(論語)〉

성실과 신의를 존중하되, 자기만 못한 사람과 사귀지 마라. 그리고 잘못이 있으면 거리낌 없이 고쳐야 한다.　☞ 공자(孔子)〈논어(論語)〉

인생에 있어서 건강이 목적이 될 수는 없다. 그러나 건강은 으뜸가는 조건이 되는 것이다.　☞ 무자소로실독(武者小路實篤)〈인생론(人生論)〉

양생(養生)하는 사람이 화려한 옷을 입지 않음은 무슨 까닭인가. 조금이라도 돌아보고 생각하는 마음이 있으니 이것이 첫째 손해요, 더러운 것을 피하려는 마음이 있으니 이것이 둘째 손해요, 마음대로 동작할 수 없으니 이것이 셋째 손해다.
그러나 이뿐 아니다. 의복은 외물(外物)이요, 몸을 받드는 작은 물건 가운데 하나이다. 그것을 화려하게 하고자 한다면, 이로써 그 마음 쓰는 곳이 대인(大人)이나 군자(君子)가 아님을 알게 된다.
그러므로 조그만 지식이라도 있는 사람이라면, 사람의 의복을 보고 그 인격의 높고 낮음을 결정한다.

　　　　　　　　　☞ 송익필(宋翼弼)〈구봉집(龜峯集)〉

보통 사람들의 정(情)은 자기만 못한 사람들과 사귀기를 좋아하고, 자기보다 나은 사람과 사귀기를 싫어한다.

　　　　　　　　　☞ 이황(李滉)〈퇴계집(退溪集)〉

민머리가 되어야 가발(假髮)을 쓰며, 병(病)이 나야 의사를 부른다. 효자가 약을 달여 그 부모에게 드릴 때 낯빛이 초췌해진다. 사람들은 이를 효자라 칭찬하지만, 성인(聖人)은 이를 부끄러이 여긴다.

　　　　　　　　　☞ 장자(莊子)

나이가 자기의 배가 되면 아버지처럼 섬기고, 열 살이 위면 형님처럼 섬기며, 다섯 살이 위면 친구로 사귀어도 된다.

☞ 〈예기곡례(禮記曲禮)〉

나이 많음을, 지위가 높음을, 형제의 세력을 개의치 말고 벗을 사귀라. 벗이란 상대방의 덕(德)을 가려 사귀는 것이니, 여기에 무엇을 게재시켜서는 안 되느니라.

☞ 맹자(孟子)

의리 없는 친구는 피하고, 어리석은 사람과는 사귀지 마라. 현명한 벗을 사귀고, 나보다 훌륭한 사람을 따르라.

☞ 〈법구경(法句經)〉

대저 의복의 미(美)를 뽐냄은 장부(丈夫)가 하는 것이다. 제왕(帝王)이라면 비록 미(美)를 자랑하더라도 그것이 의복에 관한 것은 아니다. 선(善)한 말을 한 번 하고, 선한 행동을 한 번 하면 온 나라가 그 아름다움을 찬미할 터인데, 어찌하여 이 하기 쉬운 말과 행동은 버려두고, 거리의 부랑아들도 부러워하지 말아야 할 의복의 미(美)를 뽐내려 드는가.

☞ 송익필(宋翼弼) 〈구봉집(龜峯集)〉

모범적 행동으로 일관된 생애는 자신에게는 명성을 가져다주고, 다른 사람들에게는 행동의 기준을 보여 주는 덕행의 예가 된다.

☞ G. 채프먼 〈뤼시 당브와〉

인간의 인격은 말하지 않아도 저절로 드러난다. 순간적인 행위와 말, 그리고 일신상의 의도는 인물 됨됨이를 나타내기에 충분하다.

☞ 에머슨 〈수필 제1집〉

항구에 정박해 있는 배는 안전하다. 그러나 그것이 배가 건조된 목적
은 아니다.　　　　　　　　　☞ J .A. 셰드 〈내 고향 아티카에서 온 소금〉

예절은 비용을 들이지 않고 모든 것을 얻는다.
　　　　　　　　　　　　　　　☞ M. W. 몬터규 여사 〈서간집〉

공손하지 못한 말은 변명을 허용치 않는다. 예절의 부족은 지각의
부족이기 때문이다.　　　　　　　　　　☞ W. 딜론 〈번역 시론〉

남의 품행을 공격하기에 앞서 자신의 품행을 돌아봐야 한다.
　　　　　　　　　　　　☞ J. 가드너 씨 부인 〈국제 윤리학〉지(誌)에서

훌륭한 예절과 부드러운 언사는 많은 어려운 일을 해결해 주는 힘이
되어 준다.　　　　　　　　　　☞ J. 벤부르 경 〈이솝 제1부〉

인생의 목적은 행복이 아니라 인격이다.　☞ H. W. 비처 〈생활 사상〉

큰 나무는 과일나무보다 더 큰 그늘을 준다.　　☞ 이탈리아 격언

모든 인간에게는 자기의 값이 있다.
　　　　　　　　　　　☞ R. 월포올 경 〈로버트 월포올 경의 회고록〉

재산을 잃는 것은 조금 잃는 것이고, 건강을 잃는 것은 많이 잃는
것이며, 명성을 잃는 것은 모든 것을 잃는 것이다.
　　　　　　　　　　　☞ 미상 '독일 어느 학교 벽에 있는 표어'

자기 일을 처리하기 위해, 타인의 지혜를 사용할 수 있는 자는 위대하다.
☞ D. 피아트 〈연방을 구원한 위인들의 추모〉

소인(小人)들에게는 신들도 항상 작은 것을 준다.
☞ 칼리마크스 〈미확인 유고〉

작은 일에 지나치게 관심을 갖는 사람들은 대개 큰일에 무능하다.
☞ 라 로시푸코 〈금언집〉

소인은 특별한 것에 관심이 있고, 위인은 평범한 것에 관심이 있다.
☞ E. 허버트 〈경구집〉

소인은 불행에 억눌려 복종하지만, 위인은 불행을 초월한다.
☞ W. 어빙 〈스케치 북〉

소인은 사소한 일로 중상을 입지만, 위인은 일체를 통찰하니 경상조차 입지 않는다.
☞ 라 로시푸코 〈금언집〉

위인은 사상을 논하고, 범인은 사건을 논하며, 소인은 인간을 논한다.
☞ 미상 〈심정〉

왕왕 위대한 사람이 비열하고 부정직한 자에게 죽는다.
☞ 셰익스피어 〈헨리 6세〉

높은 바람은 높은 산에 분다.
☞ T. 풀러 〈금언집〉

물은 가장 깊은 곳에서 가장 잔잔하게 흐른다.

☞ J. 릴리 〈사포와 포오〉

게를 똑바로 걷도록 가르칠 수는 없다.　☞ 아리스토파네스 〈평화〉

우리는 모든 것을 빼앗겨도 견딜 수 있지만, 자부심만은 빼앗기면
견딜 수 없다.　　　　　　　　　　☞ W. 래즐리트 〈성격론〉

얼굴을 붉히는 자는 이미 유죄요, 참다운 결백은 어떤 것에도 부끄럽
지 않다.　　　　　　　　　　　　　　　☞ 루소 〈에밀〉

숭배 받는 인물들 앞에서는 신을 존경하고, 병사들 앞에서는 영웅들
을 존경하고, 사람들 중에서는 우선 부모를 존경하라. 그러나 무엇보
다도 너 자신을 존경하라.　　　　　　☞ 피타고라스 〈금언집〉

난장이가 산꼭대기에 서 있다고 해서 키가 커지지 않는 것처럼, 거인
은 우물 속에 서 있어도 키가 그대로다.

☞ 세네카 〈루킬리우스에의 서한집〉

정직만큼 값진 유산은 없다.　☞ 셰익스피어 〈끝이 좋으면 모두 좋다〉

부와 권력을 좇다 실패하는 자는, 정직이나 용기도 오래 지니지 못한다.

☞ S. 존슨 〈어드밴추어리〉지(誌)에서

양심은 모든 인간에게 신(神)과 같은 것이다.　☞ 메난드로스 '단행시'

정직한 길을 걸어가는 데는, 너무 늦다는 법이 없다.

☞ 세네카 〈아가멤논〉

정직할 수 있는 사람만이 완전한 인간이다.

☞ J. 플래처 〈정직한 사람의 재산〉

정직한 사람은 광명도 암흑도 두려워하지 않는다.

☞ T. 풀러 〈잠언집〉

정직한 사람은 참된 종교와 같이 이해력에 호소하며, 혹은 겸손하게 양심의 내적 증거를 신뢰한다.
협잡꾼은 논쟁 대신에 폭력을 사용하며, 설득할 수 없을 때는 침묵을 강요하거나 칼에 의해 자기의 성격을 과시한다.

☞ 주니우스 〈주니우스 서간집〉

바다보다 웅대한 장관이 있으니, 그것은 하늘이다. 하늘보다 웅대한 장관이 있으니, 그것은 양심이다. ☞ V. 위고 〈레미제라블〉

양심에 대한 가책의 시작은, 새 생명의 시작이다.

☞ G. 엘리어트 〈펠릭스 홀트〉

거짓된 말은 그 자체로서 죄악일 뿐 아니라, 영혼을 죄악으로 더럽힌다.

☞ 플라톤 〈대화편 : 파에도스〉

거짓말은 나이를 먹지 않는다. ☞ 에우리피데스, B. 존슨 〈탐구 : 진리〉

농담조의 거짓말이 커다란 슬픔을 가져온다.
　　　　　　　　　　　　　　☞ H. G. 보운 〈격언 수첩〉

거짓말을 하지 마라. 그것은 부정직하기 때문이다.
모든 진실을 다 이야기하지 마라. 그것은 불필요하기 때문이다.
그렇다! 때와 장소에 따라서는 유해(有害)한 거짓말이 해로운 진실보
다 훨씬 좋을 때가 있다.　　　☞ R. 애스컴 〈호우 씨에게 보낸 편지〉

거짓말쟁이는 아무리 진실을 말해도 아무도 믿어 주지 않는다.
　　　　　　　　　　　　　　　　☞ 아리스토텔레스

사실을 말해도 아무도 믿어 주지 않는다는 것이 거짓말쟁이가 받는
벌이다.　　　　　　　　　　　　☞ 〈바빌로니아 율법서〉

이처럼 천하고 가련하고 경멸스러운 악덕은 없다.
자신에게 거짓말하도록 일단 내버려두는 자는 두 번 세 번 거짓말하
는 것이 더욱 쉽다는 것을 알게 되며, 마침내는 그것이 습관이 된다.
　　　　　　　　　　　　　　　　☞ T. 제퍼슨 〈문집〉

어떤 사람은 말하는 데서 거짓말을 하여 오명(汚名)을 얻고, 어떤 사람
은 태도에서 거짓말을 하여 명성을 얻는다.
　　　　　　　　　　　　　　　　☞ H. D. 도로우 〈일기〉

거짓말한 이후에는 훌륭한 기억력이 필요하다.
　　　　　　　　　　　　　　☞ P. 코르네이유 〈거짓말쟁이〉

자기 아버지에게 거짓말을 하고 혹은 기만하는 습성을 가진 자, 또는
적어도 감히 그렇게 할 수 있는 자는 다른 사람들한테 똑같은 짓을
더욱 용감히 할 것이다. ☞ 테렌티우스 〈형제〉

위선은 비겁자의 장기(長技)이다. ☞ 볼테르 〈동 페드로〉

용서받을 수 없는 유일한 악은 위선이다. 위선자의 후회는 그 자체가
위선이다. ☞ W. 헤즐리트 〈성격론〉

모든 악행 중에서 위선자의 악행보다 더 비열한 것은 없다. 그는 가장
위선적인 순간에 가장 고결한 체하려고 조심한다.
☞ 키케로 〈의무론〉

마음에 들지 않는 진실을 말하지 않을 수 없게 되었을 때, 그것을
대담하게 말하고 끝내는 사람은 그것을 낮은 목소리로 계속 지껄이는
사람보다 더 대담하며 더 너그러운 사람이다.
☞ J. K. 라바터 〈인간에 관한 경구집〉

자기 지식의 한계를 다른 사람에게 숨기는 가장 확실한 방법은, 그
지식의 한도를 벗어나지 않는 일이다. ☞ G. 레오파르디 〈명상록〉

진정한 용기란, 모든 세상사람 앞에서 행할 수 있는 일을 아무도 안
보는 데서 하는 것이다. ☞ 라 로시푸코 〈금언집〉

행운의 여신은 용감한 사람들을 돕는다. ☞ 테렌티우스 〈포르미오〉

용기는 모든 것에 우선하며, 용기는 가장 좋은 선물이다.
우리의 자유와 안전과 생명과 가정과 부모와 조국과 자식들을 보호해
주는 것이 용기이며, 그것은 모든 것을 포함한다.
따라서 용기를 가진 사람은 모든 축복을 갖는다.

☞ 플라우투스 〈암비트루오〉

다음 세 가지는, 다음 세 가지 경우에만 알려진다.
용기, 그것은 전쟁터에서만 알아볼 수 있다.
지혜, 그것은 분노에 사로잡혔을 때만 알아볼 수 있다.
우정, 그것은 곤궁할 때만 알아볼 수 있다.　　☞ 에머슨 〈일기〉

용감한 사람은 진실하고 선한 사람들 사이에서 태어난다.

☞ 호라티우스 〈애송 시집〉

진정 용감한 자는 무슨 욕을 들어도 현명하게 참아낸다.

☞ 셰익스피어 〈아테네의 타이몬〉

겁쟁이는 죽기 전에 여러 번 죽지만, 용감한 자는 단 한 번 죽음을
맛본다.　　☞ 셰익스피어 〈줄리어스 시저〉

하는 일이 잘되고 못됨에 따라, 사람들은 오만해지기도 하고 겸손해
지기도 한다.　　☞ 테렌티우스 〈헤키라〉

누구든지 자기를 높이는 자는 낮아지고, 자기를 낮추는 자는 높아지
리라.　　☞ 〈신약성경 : 마태복음〉

가장 향기로운 향수는 언제나 가장 작은 병에 담겨 있다.

         ☞ J. 드라이든 〈수필집〉

경쟁 속에서는 아름답게 이루어지는 것이 없고, 자만 속에서는 고상하게 이루어지는 것이 없다.   ☞ J. 러스킨 〈인간의 윤리학〉

겸손은 모든 미덕의 근원이다.   ☞ P. J. 베일리 〈축제 : 가정〉

기고만장하게 구는 것보다 허리를 굽히는 편이 더 슬기로운 행동이다.

         ☞ 워즈워스 〈소요편〉

자만은 만족에 대한 불구대천의 원수이다.   ☞ T. 풀러 〈잠언집〉

자만심은 인간이 자기 자신을 너무 높게 생각하는 데서 생기는 쾌락이다.   ☞ 스피노자 〈윤리학〉

많은 오해를 하는 것보다는 차라리 거의 이해하지 못하는 편이 낫다.

        ☞ A. 프랑스 〈천사의 반역〉

많이 이해하는 자는 적게 이해하는 자보다 성격상 더 큰 단순성을 나타낸다.   ☞ A. 체이스 〈전망〉

편견은 무지의 자식이다.   ☞ W. 해즐리트 〈소묘와 수필집〉

한 번 용서받은 잘못은 두 번 저지른다.   ☞ G. 하비 〈가장자리〉

나는 정직해지겠다고는 약속할 수 있으나, 치우치지 않겠다고는 약속할 수 없다. ☞ 괴테 〈산문 금언집〉

모든 사람이 같은 것을 보더라도 똑같이 이해하지는 않는다. 지성은 이를 식별하고 음미하는 혀다. ☞ T. 트래헌 〈명상의 수세기〉

누구에게나 등을 돌리지 마라. 만약 그리하면 한쪽 면만 채색하게 될 것이다. ☞ S. 레크 〈다듬지 않은 사상〉

우리 모두가 편견을 비난함에도 불구하고, 아직은 모두가 편견을 갖고 있다. ☞ H. 스펜서 〈사회학 원리〉

편견을 버린다는 것은, 그것이 언제일지라도 결코 늦지 않다. ☞ H. D. 도로우 〈월든 숲속의 생활〉

너그러운 사람은 자기가 받은 것만큼 많이 지불하지 않는다. ☞ T. 풀러 〈금언집〉

솔직함과 관대함은 그 정도를 적당하게 유지하지 않으면 파멸로 인도하게 된다. ☞ 타키투스 〈사서〉

관용은, 모두에게 좋을 수 있지만 혹은 아무에게도 좋지 않을 수 있다. ☞ 버크 '하원에서의 연설'

용서를 받으려면, 먼저 용서하라. ☞ 세네카 〈자비론〉

사람들은 자기들이 사랑하는 사람보다 자기들이 두려워하는 사람들을 더 너그럽게 다룬다.　　　　　　　　☞ E. W. 하우 〈시골 속담〉

잔인한 행동은 악한 마음에서, 때로는 겁 많은 마음에서 생긴다.
　　　　　　　　☞ J. 해링턴 경 〈격노한 오를란도〉

인간이 짐승이 되면 짐승보다 더 나빠진다.
　　　　　　　　☞ R. 타르고 〈길 잃은 새들〉

용서는 보복보다 낫다. 용서는 온화한 성격의 증거지만, 보복은 야만적인 성격의 신호이기 때문이다.　　　　　☞ 에픽테토스 〈유고집〉

다른 사람은 자주 용서하더라도, 자신은 결코 용서하지 마라.
　　　　　　　　☞ 푸블리우스 시루스 〈금언집〉

'용서는 해도 잊을 수는 없다.'고 말하는 것은 '용서할 수 없다.'는 것을 달리 표현한 것이다.　　　　　☞ H. W. 비처 〈인생 사상〉

너에게 해를 끼친 자는 대개가 너보다 강하거나 약하다.
그가 너보다 약하면 그를 용서하고, 그가 너보다 강하면 너 자신을 용서하라.　　　　　　　　☞ 세네카 〈분노론〉

감사할 줄 아는 마음씨는 돈으로 살 수 없는 것 중 하나이다. 그것은 타고나는 것으로, 이 세상의 어떤 것으로도 창조할 수 없다.
　　　　　　　　☞ 헬리팩스 경 〈작품집〉

모든 사람을 용서하는 것은 아무도 용서하지 않는 것과 마찬가지로 잔인하다. ☞ 세네카 〈서간집〉

감사는 훌륭한 교양의 열매이다. 천한 사람 사이에서는 그것을 찾기 힘들다. ☞ 보즈웰 〈헤브리테스 섬 여행기〉

가장 훌륭한 선(善)은 신중성이다. 그것은 철학보다도 더 귀중하다. 모든 덕(德)은 신중성에서 나온다고 해도 과언이 아니다. ☞ 에피쿠르스 〈메노에케우스에게 보낸 편지〉

믿기 전에 시험하라. 뛰기 전에 앞을 보라. ☞ J. 트랩 〈비평론집〉

작은 것을 크게 받아들이는 자에게 큰 것이 찾아든다. ☞ M. A. 카시오도루스 〈정서법〉

신중한 사람은 국가를 감독할 수 있다. 그러나 국가를 재생시키거나 폐허로 만드는 것은 정열가들이다. ☞ 벌워 리튼 〈린치〉

신중은 인생을 안전하게 한다. 그러나 좀처럼 인생을 행복하게 만들지는 않는다. ☞ S. 존슨 〈아이들러〉지(誌)

시련 속에서의 침착과 용기는 성공을 확보하는 데 있어 군대보다 더 낫다. ☞ J. 드라이든 〈오랭 지브〉

나는 생각한다. 그러므로 나는 존재한다. ☞ R. 데카르트 〈방법 서설〉

마음은 부드러워야 하고, 의지는 굽혀지지 않아야 한다.

☞ 롱펠로우 〈존 앤디코트〉

잘못 디딘 한 발자국은 되돌릴 수 없다는 것을 명심하라. 그러므로 대담하게 나아가되, 신중해져라!

☞ T. 그레이 〈귀여운 고양이의 죽음에 부쳐〉

지식은 전달될 수 있지만 지혜는 전달될 수 없다.
사람은 지혜를 찾을 수 있고, 지혜를 통해 경이(驚異)를 행할 수 있다.
그러나 그것을 전달하고 가르칠 수는 없다.

☞ 헤르만 헤세 〈싯다르타〉

청하는 곳에 얻음이 있고, 구하는 곳에 찾음이 있으며, 두드리는 곳에 활짝 열림이 있다.

☞ C. 스마트 〈다윗에게 바치는 노래〉

사람이 말을 물가로 끌고 갈 수는 있지만, 물을 억지로 마시게 할 수는 없다.

☞ J. 헤이우스 〈격언집〉

슬기로운 자의 가치 있는 경쟁은 자신과의 경쟁뿐이다.

☞ A. 제임스 부인 〈추억과 수필〉

다른 사람을 지배하려거든, 먼저 자기 자신의 주인이 되어야 한다.

☞ P. 메신저 〈노예〉

인내는 쓰지만 그 열매는 달다.

☞ 루소 〈에밀〉

자신을 극복하는 힘을 가진 사람이 가장 강하다.
　　　　　　　　　　　　☞ 세네카 〈루클리우스에의 서한집〉

너희가 '그렇다' 하는 것은 '그렇다' 하고, '아니다' 하는 것은 '아니다'
하라.　　　　　　　　　　　　☞ 〈신약성경 : 야고보서 5, 12〉

소신껏 사는 삶이야말로 단 하나의 성공이다.
　　　　　　　　　　　　☞ C. 몰리 〈푸른 하늘이 시작되는 곳〉

할 수 있다고 믿는 자들이 정복할 수 있다.
한번 실행해 본 사람은 다시 하기를 꺼려하지 않는다.
　　　　　　　　　　　　☞ 에머슨 〈사회와 고독 : 용기〉

자신(自信), 그것이야말로 유일하게 값진 친구요 모든 선한 정신의
후원자이다.　　　　　　　　　　　　☞ 채프먼 〈미망인의 눈물〉

자신(自信)이란, 우리 마음이 확실한 희망과 그 희망에 대한 신뢰를
가지고 명예로운 항로로 출범하는 감정이다.
　　　　　　　　　　　　☞ 키케로 〈수사학 강의〉

신은 참는 자와 더불어 있다.　　　　　　　　　　　　☞ 〈코란〉

떡잎은 쓰되, 그 꽃은 향기로우리라.　　☞ W. 쿠퍼 〈어둠을 밝히는 빛〉

각오가 되어 있는 곳에서는 발이 가볍다.　　☞ G. 허버트 〈명궁〉

모든 고통을 치료하는 최선의 치료약은 인내(忍耐)다.

☞ T. M. 플라우투스 〈밧줄〉

우선 무엇이 되어야 하는가를 자신에게 말하라. 그러고 나서 해야 할 일을 하라.

☞ 에픽테토스 〈어록〉

이기(利己)를 아는 것이 진(眞)이고, 사리(私利)와 싸우는 것이 선(善)이며, 사심(私心)을 극복하는 것이 미(美)이다.

☞ J. 루 〈교구 목사의 명상록〉

망치에 두들겨 맞으며 시뻘겋게 달구어진 쇠를 벼르는 모루는 신음하지 않고 묵묵히 견딘다.

☞ 아에스킬루스 〈유고집〉

쓰러지면 일어나고, 좌절이 찾아오면 더 잘 싸우고, 자고 나면 깨는 것이 우리다.

☞ R. 브라우닝 〈애솔랜도우 : 존장〉

부자로 죽기 위해서 궁하게 사는 것은 미친 짓임에 분명하다.

☞ 유베날리스 〈풍자 시집〉

겁쟁이는 자기를 사려 깊다고 하고, 인색한 자는 자기를 검약하다고 한다.

☞ F. 베이컨 〈이성의 장식〉

올바른 명분을 가지고 목적에 집착하는 사람의 결심은 잘못되었다고 아우성치는 동료 시민들의 광기에도, 혹은 독재자의 위협적인 표정에도 결코 흔들리지 않는다.

☞ 호라티우스 〈애송 시집〉

녹슬어 못 쓰게 되는 것보다는 써서 닳아 없어지는 것이 낫다.
☞ R. 컴벌런드 주교, G. 혼 주교 '진실을 위한 투쟁 의무의 설교'

우리에게는 글보다 인간에 대해 공부하는 것이 더 필요하다.
☞ 라 로스푸코 〈사후 출판 금언집〉

대부분의 사물은 가운데가 으뜸이다. 그와 마찬가지로 자신의 위치도
가운데가 되게 하라. ☞ 포킬리데스 〈단편집〉

모범은 모든 사람이 읽을 수 있는 교훈이라고 할 수 있다.
☞ G. 웨스트 〈교육〉

끊임없는 고행 속에서 살아가도록 하라. 또한 세속적인 안락이나 쾌
락은 결코 기대하지 말며, 원하지도 마라. ☞ J. 에드워즈 〈일기〉

명분이 정당하면, 약자가 강자를 제압한다.
☞ 소포클레스 〈오이디푸스 클로네우스〉

자연과 조화를 이루어 나가는 삶이야말로 으뜸가는 선이다.
☞ 키케로 〈한계론〉

우리가 즐거움을 추구하는 데는 어떤 한계가 있어야 한다. 마찬가지
로 매사에 너무 지나치지 않도록 조심해야 한다. 그리고 정열에 휩쓸
려서 수치스러울 만큼 정도를 지나쳐서도 안 된다.
☞ 키케로 〈의무론〉

존경할 만한 인물한테까지도 존경을 받거나, 혹은 존경할 만하게 만
드는 데는 절대적으로 어떤 위엄 있는 태도가 필요하다.

☞ 체스터필드 경 〈서한집〉

중용에 힘쓰는 사람은 오막살이의 빈곤도 피하고, 궁전의 선망도 피
한다.　　　　　　　　　　　　　　☞ 호라티우스 〈애송 시집〉

예절과 지식이 사람을 만든다.　　　☞ H. 브래드쇼 〈성 워버즈 전〉

사람의 인격은 그 사람의 말에 의해서 드러난다.

☞ 메난드로스 〈피리 부는 소녀〉

사람의 됨됨이는 마음에도 나타나지만, 안색에서도 명확하게 드러난다.

☞ G. 맥도널드 〈숙고와 소원〉

가득 찬 것은 순진이고, 텅 빈 것은 경험이다.
이기는 것은 순진이고, 지는 것은 경험이다.

☞ C. 페귀 〈기본적 진실성〉

우리가 알고 있는 틀림없는 법칙 중 하나는, 자신이 항상 신사라고
말하는 자는 결코 신사가 아니라는 것이다.

☞ R. S. 서티즈 〈엄마에게 물어보라〉

신사를 만드는 것은 화려한 코트가 아니다.

☞ J. 레이 〈영국 격언집〉

진정한 위인치고 자신을 위인으로 생각하는 사람은 없다.

☞ W. 해즐리트 〈다화〉

사람을 고귀하게 만드는 것은 정신이지 결코 가문이 아니다.

☞ 독일 격언

양심은 영혼의 소리이며, 정열은 육신의 소리이다.   ☞ 루소 〈에밀〉

하루만 행복하려면 이발소에 가서 머리를 깎아라. 일주일만 행복해지고 싶거든 결혼을 하라. 한 달 정도라면 말[馬]을 사고, 일 년이라면 새 집을 지어라. 그리고 평생토록 행복하기를 원한다면 정직한 인간이 되라.   ☞ 영국 격언

정직한 노동자는 즐거운 얼굴을 가진다.

☞ T. 데커 〈참을성 많은 그리셀〉

정직을 잃은 자는 더 잃을 것이 없다.   ☞ J. 릴리 〈유퓨즈〉

뜻대로 될 때 위선을 부리는 자는 없다.

☞ S. 존슨, 보즈웰 〈존슨 전〉

자존심은 다 떨어진 외투 밑에도 숨어 있을 수 있다.

☞ T. 풀러 〈금언집〉

인간의 행실은 각자 자기의 이미지를 보여 주는 거울이다.   ☞ 괴테

자존심을 앞세우면 치욕이 뒤따를 것이다.
☞ G. 채프먼 〈호미를 동쪽으로〉

오직 바른 데에만 근거를 두었다면, 자부심은 느낄지 모르지만 이익을 얻는 일은 없을 것이다.
☞ 밀턴 〈실락원〉

인간은 자기가 남을 존경할 때만 존경받을 수 있다.
☞ 에머슨 〈강연과 스케치〉

과오는 인간에게만 있다. 인간에게 있어서 과오는 자기 자신이나 타인, 사물과의 올바른 관계를 찾아내지 않은 데서 비롯된다. 과오나 허물은 일식이나 월식과 같아서 평소에도 그 모습을 나타내고 있으나 보이지 않다가, 비로소 그것을 고치면 모두가 우러러보는 하나의 신비한 현상이 된다.
☞ 괴테

생산적이라는 것이야말로 올바른 인간관계에 대한 단 하나의 타당한 정의이다.
☞ 피터 드러커

인간 행복의 90%는 인간관계에 달려 있다.
☞ 키에르 케골

우리는 사람을 알려고 할 때 그 사람의 손이나 발을 보지 않고 머리를 본다.
☞ 캘빈

웃어라. 온 세상이 너와 함께 웃을 것이다.
울어라. 너 혼자 울 것이다.
☞ 엘라 헬러 윌콕스

상대가 비록 불쾌한 말을 하더라도 오히려 적극적으로 그 이야기를 들어 주어서 조금이라도 상대의 의견을 존중하는 태도를 가져라. 그렇게 되면 상대도 당신의 의견을 존중하게 된다.　☞ B. 프랭클린

친구는 너무 믿지 말고 적은 이용하라. 친구를 조심하라. 친구는 쉽게 질투하기 때문에 쉽게 당신을 배반한다.
오히려 예전의 적이 친구보다 더 의리 있게 행동한다. 당신에게 자신의 충성심을 증명해 보이려고 노력할 것이기 때문이다.
그러므로 적보다 더 두려워해야 할 사람이 친구이다.
적이 없다면 적을 만들 방법을 찾아라.　☞ 미상

이해관계가 있을 때만 남에게 친절하고 어질게 대하지 마라.
이해관계를 떠나서 누구에게나 친절하고 누구에게나 어진 마음으로 대하라.
어진 마음 자체가 따스한 체온이 되기 때문이다.　☞ B. 파스칼

당신이 행한 봉사에 대해서는 말을 아끼지만, 당신이 받았던 호의들에 대해서는 이야기하라.　☞ 세네카

학문과 일

괴로움과 즐거움을 섞어 맛보아, 고락(苦樂)이 서로 연마되어 복(福)을 이룬 이는 그 복이 오래간다.
또한 의심과 믿음이 서로 참조(參照)된 다음에 지식(知識)을 이룬 이는 그 지식이 참된 법이다. ☞ 홍자성(洪自誠) 〈채근담(菜根譚)〉

소 발자국에 고인 물에서 헤엄치는 장구벌레는 천하에 넓은 사해(四海)가 있다는 것을 꿈에도 생각하지 못할 것이다. 과실의 씨 속을 기고 있는 바늘 끝 같은 벌레는 이것이 세계의 전부라고 생각할 것이다. 그들에게 망망한 바다를 설명해 주고 우주가 얼마나 넓다는 것을 가르쳐 주어도, 거짓말이라고 하면서 믿지 않을 것이다.
☞ 포박자(抱朴子)

남을 책망하기는 쉽지만 스스로를 책망하기는 어려운 법인데, 암행어사(暗行御史)란 다름 아닌 남을 책망하는 사람이다. 오직 스스로를 책망하기에 어렵지 않은 사람이라야 남을 책망하여 능히 그 임무를 완수할 수 있다. ☞ 정도전(鄭道傳) 〈삼봉집(三峰集)〉

황금이 상자에 가득 차 있다 해도 자손에게 경전(經典) 하나를 가르침만 못하고, 천금(千金)을 물려준다 해도 한 가지 재주를 가르침만 못하다.
☞〈한서(漢書)〉,〈명심보감(明心寶鑑)〉

밭이 있어도 갈지 않으면 창고는 비고, 책이 있어도 가르치지 않으면 자손은 어리석어진다. ☞ 백낙천(白樂天)〈고문진보(古文眞寶)〉

속담에 '귀엽게 기른 자식이 어미를 꾸짖는다.'라는 말이 있다. 대저 집안의 자식(子息)은 어릴 때부터 미리 가르치지 않으면 자라서 반드시 방자해지고, 방자함이 지나치면 부모를 꾸짖으려 들기까지 한다. 그러나 자식이 이렇게 된 것은 부모의 잘못으로, 자식으로 하여금 자식 노릇조차 제대로 못하게 한 것이다.
☞ 이황(李滉)〈퇴계집(退溪集)〉

어린이의 배움은 쓰고 외우는 데 그치지 말고, 그 타고난 지혜와 재능을 길러야 한다. ☞ 양문공(楊汶公)〈소학(小學)〉

자신에 대해서는 깊이 책망하고, 남에 대해서는 가볍게 책망하면 원망을 멀리할 수 있다. ☞ 공자(孔子)〈논어(論語)〉

사람이 고금(古今)의 진리를 알지 못하면, 말과 소에 옷을 입혀둔 것과 같다. ☞ 한유(韓愈)〈명심보감(明心寶鑑)〉

황금 천 냥이 소중할 것이 없을 뿐 아니라, 그보다는 사람에게서 좋은 말 한 마디 들음이 천금(千金)보다 낫다. ☞〈명심보감(明心寶鑑)〉

만일 한 가지 말이나 한 가지 일이 잘못되었다고 하여 그를 지탄한다
면, 누가 자기 몸을 아끼지 않으면서 일을 하겠는가. 이렇게 되면 그
뒤의 폐단(弊端)은 이루 말할 수 없이 커지게 될 것이다.

☞ 권발(權撥) 〈중재집(仲齋集)〉

사람으로서 지켜야 할 도(道)가 있나니, 배불리 먹고 따뜻하게 입고
편안히 산다고 할지라도 교육(敎育)이 없으면 새나 짐승에 가까우니라.

☞ 맹자(孟子)

오늘 배우지 않았으면 내일이 있다 말하지 말고, 올해 배우지 않았으
면 내년이 있다고 이르지 마라.　　☞ 주자(朱子) 〈고진보(故眞寶)〉

사람이 아는 바는 모르는 것보다 아주 적으며, 사는 시간은 살지 않는
시간에 비교가 되지 않을 만큼 아주 짧다.
이 지극히 작은 존재가 지극히 큰 범위의 것을 다 알려고 하기 때문에,
혼란에 빠져 도(道)를 깨닫지 못한다.　　☞ 장자(莊子)

사람이 비록 배움에만 힘쓸 수 없다 할지라도, 마음은 배움의 뜻을
잊지 말아야 한다. 만약 마음이 배움의 뜻을 잊으면 종신토록 학문을
한다 할지라도 이는 단지 속(俗)된 일일 뿐이다.

☞ 주자(朱子) 〈근사록(近思錄)〉

공부가 다 이루어지면 움직임과 고요함에 간격이 없고, 자고 깸이
한결같아서 부딪쳐도 흩어지지 않고, 방탕해도 잃음이 없다.

☞ 나옹(懶翁) 〈보제존자어록(普濟尊者語錄)〉

학문하는 길에는 방법이 따로 없다. 모르는 것이 있으면 길을 가는 사람이라도 붙잡고 묻는 것이 옳다. 비록 하인이라도 나보다 글자 하나라도 많이 알고 있으면 그에게 배워야 한다. 자신이 모르는 것을 부끄러워하여 자기보다 나은 사람에게 묻지 않는다면, 이는 죽을 때까지 편협과 무식 속에 자신을 가두어 두는 것이 된다.

☞ 박지원(朴趾源)

사람이 배우지 않는 것은 재주 없이 하늘에 오르려는 것과 같고, 배워서 널리 알게 되는 것은 구름을 헤치고 푸른 하늘을 보는 것과 같으며, 높은 산에 올라 사방의 바다를 바라보는 것과 같다. ☞ 장자(莊字)

사람이 만약 착실히 공부하기만 한다면, 남들이 공격하든지 말든지 남들에게 속든지 말든지 언제나 모두가 유익한 일이 될 것이며, 모든 것이 덕(德)으로 발전하는 바탕이 될 것이다.
그러나 만약 공부를 하지 않는다면, 그것이 모두 마귀가 되어 마침내는 그것들에게 압도당하고 말 것이다. ☞ 왕양명(王陽明)

군자가 가난하여 물질로써는 사람을 구할 수 없을지라도, 어리석게 방황하는 사람을 만나 일언(一言)으로써 끌어올려 깨어나게 하고, 위급하고 곤란한 사람을 만나 일언으로써 풀어 구해 준다면 이 또한 무량(無量)의 공덕이다. ☞ 홍자성(洪自誠) 〈채근담(菜根譚)〉

안으로 훌륭한 부형(父兄)이 없으며, 밖으로 엄한 사우(師友)가 없는데 능히 성수(成遂)한 사람은 드물다.

☞ 〈명심보감(明心寶鑑)〉

나보다 먼저 태어나 도(道)를 듣기를 나보다 먼저 했다면 나는 이를 스승으로 따르고, 나보다 뒤에 태어났더라도 도(道)를 듣기를 나보다 먼저 했다면 또한 이를 스승으로 따른다.

☞ 한유(韓愈)〈고문진보(古文眞寶)〉

세상 사람들은 스승을 가려 사랑하는 아들을 가르치게 하면서도, 자신이 스승 모심은 부끄러이 생각한다. 그러나 이는 어리석은 짓이다.

☞ 한유(韓愈)〈고문진보(古文眞寶)〉

인재(人才)는 국가에 이로운 그릇이요, 학교는 그 인재의 그릇을 만드는 도가니다.

☞ 양성지(梁誠之)〈눌재집(訥齋集)〉

진실로 능히 의(義)와 이(利)를 분별하고 공(公)과 사(私)를 망설임 없이 구분할 줄 안다면, 몸이 닦이고 마음이 맑아 시비(是非)의 판단이나 좋아하고 싫어함이 두루 올바를 것이다. 그리하여 일을 처리함에 있어 부당함이 없을 것이다.

☞ 조광조(趙光祖)〈정암집(靜庵集)〉

학교는 교화(敎化)의 근본이다. 이로써 인륜도덕(人倫道德)을 밝히고, 이로써 인재(人才)를 양성한다.

☞ 정도전(鄭道傳)〈삼봉집(三峰集)〉

백성을 배불리 살게 한 뒤에야 교화(敎化)할 수 있으며, 교화하는 방법으로는 학교(學校)가 제일이다.

☞ 이이(李珥)〈율곡집(栗谷集)〉

자기의 의견을 버리고 다른 사람의 의견을 따를 줄 모르는 것은 학자의 큰 병이다.

☞ 이황(李滉)〈퇴계집(退溪集)〉

교육 또는 교양의 목적은 지식 가운데서 견식을 키우는 것이고, 행실 가운데서 훌륭한 덕(德)을 쌓는 데 있다.

교양 있는 사람이나 또는 이상적으로 교육을 받은 사람이란, 반드시 독서를 많이 한 사람이나 박식(博識)한 사람을 가리키는 것이 아니다. 사물을 옳게 받아들여서 사랑하고, 올바로 혐오(嫌惡)하는 사람을 뜻한다.

☞ 임어당(林語堂)〈생활(生活)의 발견(發見)〉

현명한 사람이 있는 곳에는, 호랑이와 표범이 산에 있는 형세와 같다. 공도(公道)가 실현되는 곳에는 마치 해와 달이 중천에서 밝게 비춤과 같아서, 여우와 살쾡이는 넋을 잃고 도망쳐 숨는다. 또한 어두운 그늘은 밝은 빛을 바라보며 흩어져 없어진다.

☞ 이언적(李彦廸)〈회재집(晦齋集)〉

내가 앎이 있는 사람인가? 아니다, 앎이 없는 사람이다.
그러나 대단치 않은 사람이라도 나를 찾아와 물었을 때, 그 태도가 성실하기만 하다면 나는 최선을 다해 그에게 대답해 준다.

☞ 공자(孔子)〈논어(論語)〉

학자는 먹은 것을 입으로 토하여 새끼를 기르는 큰 까마귀와 같은 자이고, 사상가는 뽕잎을 먹고 명주실을 토해 내는 누에와 같은 자이다.

☞ 임어당(林語堂)〈생활(生活)의 발견(發見)〉

근본이 견고하지 못한 자는 종말에는 반드시 위태로워질 것이다. 용감하면서도 몸을 닦지 않는 자는 그 뒤에는 반드시 태만해질 것이다. 근원이 흐리면 그 흐름이 맑지 않다.

☞ 묵자(墨子)

군자(君子)는 전쟁을 함에 있어서 포진법(布陣法)이 있다고는 하지만, 용기를 가장 근본으로 삼는다. 상(喪)을 치름에는 예(禮)가 있다고는 하지만, 슬픔을 가장 근본으로 삼는다. 선비에게는 학문이 있다고는 하지만, 실천을 가장 근본으로 삼는다.

그러므로 근본이 안정되게 놓이지 않은 자는 말단적(末端的)인 결과를 풍성히 하려 들어서는 안 된다. ☞ 묵자(墨子)

근본을 찾지 않고 그 상(相)에 집착하여 바깥만을 구한다면, 지혜 있는 사람들의 비웃음을 받을 것이다.

☞ 지눌(知訥) 〈진각국사어록(眞覺國師語錄)〉

틀리는 견지에서 볼 때는, 간(肝)과 쓸개도 북쪽의 호(胡)나라나 남쪽의 월(越)나라같이 멀리 떨어져 있는 것으로 생각되지만, 같은 견지에서 볼 때는 만물이 한 둘레 속에 있는 법이다. ☞ 회남자(淮南子)

만리(萬里) 창해(滄海)로도 왜적을 능히 막지 못하였거늘, 한 줄기 띠[帶]와 같은 강물을 왜적이 건너지 못하리라 하니, 이는 사리(事理)에 어두운 탓이다. ☞ 유성룡(柳成龍)

자기의 마음이 밝은 뒤에야 군자(君子)와 소인(小人)을 능히 구별할 수 있다. ☞ 조광조(趙光祖) 〈정암집(靜庵集)〉

나아갈 때 문득 물러섬을 생각하면 울타리에 걸리는 재앙을 면할 것이요, 손 붙일 때 문득 손 뗄 일을 도모하면 호랑이를 타는 위태로움도 벗어날 것이다. ☞ 홍자성(洪自誠) 〈채근담(菜根譚)〉

학문(學問)이 크게 이로운 바는 스스로 기질(氣質)의 변화를 구함에 있다. ☞ 주자(朱子)〈근사록(近思錄)〉

시고 달고 짜고 싱거운 맛을 자기의 입으로 판단하지 않고 주방장에게 결정을 내리게 하면, 곧 요리사는 임금을 가벼이 여기고 주방장을 중히 여길 것이다.
임금이 친히 보고 듣지 아니하고 신하들에게 판단을 내리게 하면, 신하들은 나라에 붙어먹고 사는 자로 전락하기 십상이다. ☞ 한비자(韓非子)

대개 학문(學問)이란 정밀하면서 무르익기만 하고, 정밀하지 못해도 도(道)를 깨치지 못한다. ☞ 조식(曺植)〈남명집(南溟集)〉

시경(詩經) 삼백(三百) 편(篇)을 막힘없이 암송하고 있다 할지라도, 정치를 맡김에 있어 자신의 임무를 다하지 못하고 외국에 사신(使臣)으로 파견해도 담판을 짓지 못한다면, 아무리 많이 외운들 무슨 소용이 있겠는가. ☞ 공자(孔子)〈논어(論語)〉

학문(學問)을 아는 자는 이를 좋아하는 사람만 못하고, 학문을 좋아하는 자는 즐기는 사람만 못하다. ☞ 공자(孔子)〈논어(論語)〉

학문에는 옳고 그름이 있고, 선비에는 진짜와 가짜가 있다. 귀로 들어가 입으로 나올 뿐 실천과 관계없다면 학문이 아니요, 말과 행동이 어긋나고 시속에 따르기에 힘쓴다면 선비가 아니다. ☞ 노수신(盧守愼)

학문의 방법에는 끝이 있지만, 그 뜻으로 말하면 잠시라도 버려둘 수가 없다. 학문을 하면 사람이고, 그것을 버리면 금수(禽獸)인 것이다.

☞ 순자(荀子)

학문은 반드시 안정(安靜)해야 하고, 재능은 반드시 배워야 한다. 배우지 않으면 재능을 넓히지 못하고, 안정하지 않으면 학문을 이룰 수 없다.

☞ 〈소학(小學)〉

소위 참다운 선비는 나아가서는 한 시대에 도(道)를 행하여 백성들로 하여금 태평성대를 누리게 하고, 물러나서는 만세(萬世)에 가르침을 전하여 학자들로 하여금 큰 꿈을 깨어나게 한다.

☞ 이이(李珥)〈율곡집(栗谷集)〉

싹이 튼 채 이삭이 나오지 않는 것도 있고, 이삭이 나온 채 결실되지 않는 것도 있다.

☞ 공자(孔子)〈논어(論語)〉

말에는 언제나 거짓이 없고 행동은 언제나 과단성이 있다면, 딱딱한 소인(小人)일지라도 가히 선비라 할 수 있다.

☞ 공자(孔子)〈논어(論語)〉

사려(思慮)를 많이 하는 폐해는 고금을 통해 학자들에게 있는 공통된 폐단이다.

☞ 이황(李滉)〈퇴계집(退溪集)〉

푸른 물감은 쪽풀에서 취한 것이지만 쪽보다 더 푸르고, 얼음은 물에서 이루어진 것이지만 물보다 더 차다.

☞ 순자(荀子)

선비의 뜻은 넓고 굳세야 하나니, 그 임무는 무겁고 그 길은 멀다. 어짊을 자신의 임무로 삼는데 어찌 무겁지 아니하며, 그 임무는 죽은 뒤에야 끝이 나니 어찌 멀지 않으랴.   ☞ 증자(曾子)

백 번 쏘아 한 번이라도 실패하면 최고의 사수(射手)라 할 수 없고, 천리 길에 반 발자국이라도 이르지 못한다면 최고의 마부라 할 수 없듯이, 인류의 윤리에 통하지 못하고 어짊과 의로움에 한결같지 못하다면 잘 배웠다고 할 수 없다.
학문이란 것은 본시 배운 것이 한결같아야 되는 것이다. 한 번은 잘했다, 한 번은 잘못했다 하는 것은 거리의 보통 사람들이다.
    ☞ 순자(荀子)

성인(聖人)은 하늘을 바라고, 현인(賢人)은 성인을 바라며, 선비는 현인을 바란다.   ☞ 주돈신(周敦頤)

봄에 이르러 바람이 화창하면 꽃은 한결 고운 빛을 땅에 펴나니, 새가 또한 몇 마디 고운 목청을 굴린다.
선비가 다행히 세상에 두각을 나타내 등이 따습고 배불러도, 좋은 말과 좋은 일 행하기를 생각하지 않으면 이 세상에서 백 년을 산다 해도 하루를 살지 못함과 같다.   ☞ 홍자성(洪自誠) 〈채근담(菜根譚)〉

옛날의 소위 은사(隱士)들은 굳이 자신의 몸을 숨겨 나타내지 않은 것이 아니고, 굳이 자신의 입을 다물어 말하지 않은 것이 아니며, 굳이 자신의 지혜를 숨기어 나타내지 않은 것이 아니다. 다만 시운(時運)이 맞지 않았기 때문이다.   ☞ 장자(莊子)

고금의 학자들이 곤궁하면서도 마음 편히 있기가 몹시 어려운 것은, 사서(四書)를 깊이 읽어 깨치지 못한 까닭이다.

☞ 조식(曺植) 〈남명집(南溟集)〉

선비는 마땅히 세상 근심을 먼저 챙기고, 세상 즐거움을 뒤에 즐긴다.

☞ 범질(范質) 〈소학(小學)〉

학자가 선뜻 나서서 벼슬하지 아니함은 그 시대가 좋지 않아서도 아니요, 숨어 사는 것이 좋아서도 아니다.
부족한 학술로써 먼저 공(功)을 세우려고 하면, 목수(木手)를 대신하여 서투른 자귀질을 하다가 손을 다칠까 염려해서이다.
그리하여 빛남을 숨기어 스스로 지키고, 재기(才氣)를 감추어 쓰이기를 기다림은, 마치 자벌레가 몸을 굽혔다가 펴려 함과 같다.

☞ 이이(李珥) 〈율곡집(栗谷集)〉

사람이 비록 학문에 뜻을 두었다고 해도 용맹스럽게 앞으로 나아가서 무엇인가를 이루지 못하면, 옛날의 습관이 그 뜻을 막아 흐려버리고 만다.

☞ 이이(李珥) 〈격몽요결(擊蒙要訣)〉

현인(賢人)을 상해한 자는 그 재앙이 자손 삼대(三代)에까지 미치고, 현인을 은폐한 자는 그 몸이 해를 입는다.
현인을 질투한 자는 그 명예를 보전하지 못하고, 현인을 천거한 자는 예록(禮祿)이 그 자손에까지 미친다.
그러므로 군자는 현인을 천거하는 데 열중하여 자신의 아름다운 이름을 나타낸다.

☞ 〈삼략(三略)〉

자기 행동에 대해 염치를 알고, 외국에 사신으로 가서 임금의 명령을 욕되게 하지 않는다면 가히 선비라 할 수 있다.

☞ 공자(孔子) 〈논어(論語)〉

자기를 돌이켜 생각하지 않고 오로지 견문과 지식만을 쌓으려 함은, 귀로 들어 입으로 말하는 학문일 뿐 몸을 닦는 길은 아니다.

☞ 조식(曺植) 〈남명집(南溟集)〉

현자(賢者)는 어지러운 세상을 피하고, 그다음 가는 사람은 어지러운 땅을 피하며, 그다음 가는 사람은 임금의 낯빛을 보고 피하고, 그리고 그다음 가는 사람은 임금의 말을 듣고 피한다.

☞ 공자(孔子) 〈논어(論語)〉

큰 지혜가 있는 사람은 원근(遠近)을 아울러 보기 때문에 작은 것을 적다 않고, 큰 것을 많게 여기지 않는다. 그는 분량(分量)이 무궁(無窮) 함을 알고 있기 때문이다.

☞ 장자(莊子)

아무리 어리석은 자라도 스스로 어리석은 줄 아는 이는 적어도 그만 큼은 현명하다. 어리석은 자신을 현명하다고 생각하는 자야말로 가장 어리석은 자라 하겠다.

☞ 〈법구경(法句經)〉

지혜 있는 사람은 형체(形體)가 나타나기에 앞서 이를 본다.
어리석은 자는 일이 없을 것이라 하여 태연히 근심하지 않다가 환난 을 당한 뒤에야 조바심하고, 애써 이를 구하고자 하나 존망과 성패에 도움이 되지 않는다.

☞ 이인로(李仁老) 〈파한집(破閑集)〉

친근감이 있으면 오래갈 수 있고, 공적이 있으면 커질 수 있다. 오래갈 수 있는 것은 현인(賢人)의 덕(德)이 있기 때문이요, 커질 수 있는 것은 현인의 업적이 있기 때문이다.　　　☞ 〈역경(易經)〉

지인(至人)이 무엇을 생각하고 또 무엇을 근심하리오. 어리석은 사람은 처음부터 모를 뿐 알려고 하지도 않는 사람이라, 지인(至人)과 우인(愚人)이라야 가히 더불어 학문을 논할 것이며, 또한 더불어 공업(功業)을 세울 수 있다.
다만 이 중간치 재자(才子)란 것은 사려(思慮)와 지식(知識)이 많으므로 억측과 시의(猜疑) 또한 많아, 함께 일하기가 어렵다.
　　　☞ 홍자성(洪自誠) 〈채근담(菜根譚)〉

바보는 언제나 자기 이외의 사람을 바보라고 믿고 있다.
　　　☞ 개천용문개(芥川龍文介) 〈하동(河童)〉

덕행(德行)을 이룬 현인(賢人)은 높은 산의 눈처럼 멀리서도 빛나지만, 악덕(惡德)을 일삼는 어리석은 자는 밤에 쏜 화살처럼 가까이에서도 보이지 않는다.　　　☞ 〈법구경(法句經)〉

미국(美國)에서 자본이 발달한 경로를 살펴보면, 첫째는 철도이며, 둘째는 공업이며, 셋째는 광산이었다.
　　　☞ 손문(孫文) 〈삼민주의(三民主義)〉

일을 할 때는 반드시 계획을 짜야 하고, 말을 할 때는 반드시 실천할 수 있는 것인지 생각해야 한다.　　　☞ 〈소학(小學)〉

그 마음이 총명한 사람을 향해 옛적의 좋은 말씀을 일러 주면 기뻐하여 덕(德)을 좇아 행하건만, 어쩔 수 없는 미련한 무리들은 나에게 도리어 거짓말한다 하는구나. 사람의 마음 다름이 이와 같도다.

☞ 〈시경(詩經)〉

어리석은 자는 현명한 사람과 평생이 다하도록 지내도 진리를 깨닫지 못한다. 마치 숟가락이 국 맛을 모르는 것처럼…….

☞ 〈법구경(法句經)〉

어리석은 사람은 당장 눈을 즐겁게 해 주거나 마음을 기쁘게 해 주는 것을 크게 이득을 본 것이라 여긴다.
그러나 도(道)를 터득한 사람은 그런 것을 물리친다.

☞ 회남자(淮南子)

인간의 불안(不安)은 과학의 발전에서 온다. 앞으로 나아가 멈출 줄을 모르는 과학은, 일찍이 우리에게 멈추는 것을 허용해 준 일이 없다.

☞ 하목수석(夏目漱石)

어부가 못으로 달려가고 나무꾼이 산으로 달려가는 것은 저마다 다급하게 얻고자 하는 바가 있기 때문이다.
그러나 아침 장에는 달려가되 저녁에 파하면 걸음이 느려지는 까닭은 얻고자 하는 바가 없어졌기 때문이다.

☞ 회남자(淮南子)

세상의 모든 일은 발전이 없으면 반드시 퇴보한다.

☞ 조광조(趙光祖) 〈정암집(靜庵集)〉

어떠한 문명도 그 최후의 가치는 그 문명이 어떤 남편을, 아내를 아버지를, 어머니를 만들어 내느냐에 있다. 이 극히 간단한 것을 생각하지 않고서는 모든 문명이 이룩한 공적, 즉 예술·철학·문학·물질적 생활은 아무런 의미도 없는 것이다.

☞ 임어당(林語堂) 〈생활(生活)의 발견(發見)〉

진실로 하루가 새로웠다면 날마다 새롭게 하고, 또 날로 새롭게 하라.

☞ 공자(孔子) 〈대학(大學)〉

어려서 배우지 않으면 늙어서 아는 것이 없고, 봄에 밭을 갈지 않으면 가을에 바랄 것이 없다.

☞ 〈명심보감(明心寶鑑)〉

한 아름이나 되는 큰 나무도 털끝 같은 작은 싹에서 시작되고, 구층이나 되는 높은 누대(樓臺)라도 쌓아 놓은 한 줌의 흙으로 시작된다.

☞ 노자(老子)

선한 것을 보거든 미치지[及] 못하는 것과 같이하고, 선하지 못한 것을 보거든 끓는 물을 만지는 것과 같이하라.

☞ 공자(孔子) 〈논어(論語)〉

소나무나 잣나무는 눈과 서리를 견뎌 내고, 현명하고 지혜로운 사람은 위태로운 난관을 건널 수 있다.

☞ 〈명심보감(明心寶鑑)〉

너 자신을 아는 것을 너의 일로 삼으라. 그것은 세상에서 가장 어려운 교훈이다.

☞ 세르반테스 〈돈키호테〉

군자는 작은 지식을 알지 못해도 큰일을 줄 수 있고, 소인은 큰일을 줄 수 없으나 작은 지식에는 밝을 수 있다.

☞ 공자(孔子) 〈논어(論語)〉

자신을 바로 아는 사람이야말로 진정한 현인이다.

☞ 초서 〈캔터베리 이야기 : 수도사 이야기〉

네가 네 자신을 알려거든, 다른 사람들이 어떻게 하나 보기만 하라. 네가 다른 사람들을 이해하려거든, 너 자신의 마음속을 들여다보라.

☞ 실러 〈시신년감〉

신(神)은 스스로 돕는 자를 돕는다.

☞ 아이소푸스 〈헤르클레스와 마부〉

스스로가 자신을 돕는다면 하늘도 그 사람을 도와줄 것이다.

☞ 라 퐁텐 〈우화집〉

다른 사람의 환경이 우리에게 좋아 보이듯이, 우리 환경은 다른 사람에게 좋아 보인다.

☞ 푸블리우스 시루스 〈금언집〉

타인에게는 온순하고, 자신에게는 엄격하라.

☞ S. 로저스 〈콜럼버스의 항해〉

일은 인간 생활의 피할 수 없는 조건이며, 인간 복지의 참된 근원이다.

☞ L. 톨스토이 〈나의 종교〉

일이 약일 때 인생은 즐겁다. 일이 의무일 때 인생은 노예이다.

☞ M. 고리키 〈빈민굴〉

속을 먹으려 하는 자는 껍질을 깨야 한다.   ☞ 플라우투스 〈바구미〉

환경은 인간이 지배할 수 없지만, 행동은 자신의 힘이 미치는 곳에 있다.

☞ B. 디즈레일리 〈콘타리니 플레밍〉

아름다운 몸매가 아름다운 얼굴보다 낫고, 아름다운 행실이 아름다운 몸매보다 낫다. 아름다운 행실이야말로 예술 중에서 가장 아름다운 것이다.

☞ 에머슨 〈수필집〉

우리는 사상을 씨 뿌려 행동을 거두고, 행동을 씨 뿌려 습관을 거두며, 습관을 씨 뿌려 성격을 거두고, 성격을 씨 뿌려 운명을 거둔다.

☞ C. A. 홀 '설교'

행동으로 옮겨지지 않는 생각은 대수로운 것이 아니고, 생각에서 비롯되지 않는 행동은 전혀 아무것도 아니다.

☞ G. 베르나노스 〈G. 베르나노스의 최후 수필집〉

아무리 고상하고 진정한 교리라도 실생활에 옮겨지지 않으면 인간을 행복하게 할 수 없다.   ☞ H. 밴 다이크 〈기쁨과 힘〉

행동으로 완결되지 못하는 말은 모두 헛되다.

☞ 미상 〈그리스 사화집〉

너의 말을 행동으로 증명하라.　　　☞ 세네카 〈루킬리우스에의 서한집〉

말은 행동의 그림자이다.　　　☞ 데모크리투스 〈유고집〉

행동에 부주의하지 말고, 말에 혼동되지 말며, 생각에 방황하지 마라.
　　　☞ 마르쿠스 아우렐리우스 〈명상록〉

입이 차갑고 발이 따뜻한 자는 오래 산다.　　☞ G. 허버트 〈명궁〉

행동이 없는 좋은 말은 잡초와 갈대다.　　☞ T. 풀러 〈잠언집〉

말만 하고 행동하지 않는 사람은 잡초로 가득 찬 정원과 같다.
　　　☞ J. 하우얼 〈격언집〉

잘못을 저지르는 것은 인간이지만, 용서하는 것은 신이다.
　　　☞ A. 포우프 〈비평론〉

별로 즐기지도 못하고 별로 고통도 느끼지 못하는 의기소침한 사람들
과 어깨를 나란히 하기보다는 실패로 뒤얽히더라도 큰일을 감행하고
영광스러운 승리를 얻는 것이 훨씬 낫다.
왜냐하면, 전자는 승리도 패배도 모르는 회색빛 황혼 속에서 살기
때문이다.　　　☞ 루즈벨트 '해밀턴 클럽에서의 연설'

우리들은 때때로 인간의 덕성에서보다 잘못에서 더 많은 것을 배운다.
　　　☞ 롱펠로우 〈하이페리언〉

훌륭한 사람도 발을 헛디디고, 조심스러운 사람도 넘어진다. 한 번도 잘못을 범한 일이 없는 사람은 인간 이상의 존재이다.

☞ J. 펌프레트 〈이성을 이기는 사람〉

흔히, 과오는 최선의 교사라고 한다.

☞ J. A 프루트 〈대명제에 관한 단언〉

겸손한 자만이 다스릴 것이요, 애써 일하는 자만이 가질 것이다.

☞ 에머슨 〈보스턴 찬가〉

위업을 시작하는 것은 천재지만, 그 일을 끝내는 것은 노력이다.

☞ 주베르 〈명상록〉

쓰고 단 것은 외부에서 생기고, 어려운 것은 자기 내부에서 생긴다.

☞ 아인슈타인 〈나의 최근 몇 해 이전〉

노력이 적으면 얻는 것이 적다. 인간의 재산은 그 노고에 달려 있다.

☞ R. 헤리크 〈헤스페루스의 여인〉

지성인이라고 과오를 저지르지 않는 것은 아니다. 그러나 그들은 저지른 과오를 좋게 만드는 방법을 재빨리 발견한다.

☞ B. 브레히트 〈이루어진 측정〉

신은 힘써 일하는 자에게 그의 노고의 소산인 영광을 돌려준다.

☞ 아에스킬루스 〈유고집〉

노력했는데도 해결되지 않을 만큼 어려운 일은 없다.

☞ 테렌티우스 〈안드로스의 여인〉

해 보지도 않고 의심하지 말고, 일단 시도하라. 연구했는데도 알 수 없을 정도로 까다로운 것은 없다.　☞ R. 헤리크 〈해스패루스의 딸들〉

너희들이 큰 재주를 가졌다면, 근면은 너희들의 재주를 더 낫게 해 줄 것이다.
그러나 보통 능력밖에 없다면, 근면은 너희들의 부족함을 보충해 줄 것이다.　☞ J. 레이놀즈 경 '왕립 아카데미 학생들에게 행한 강연'

태만은 가난의 어머니이다.　☞ 미상 〈부의 길〉

자신이 원하는 꿈의 방향으로 자신 있게 전진하면서 자기가 상상하는 생활을 하기 위해 노력하면, 언젠가는 성공을 이룰 것이다.
비록 공중에 누각을 지었을지라도 너의 노력은 헛되지 않을 것이니, 이제 그 밑에 기초를 쌓으라.　☞ H. D. 도로우 〈월든 숲속의 생활〉

로마는 하루아침에 이루어지지 않았다.

☞ P. A. 만졸리 〈기울어진 황도(黃道)〉

인간들은 서로 협조함으로써 자기들이 필요로 하는 것을 훨씬 더 쉽게 마련할 수 있으며, 단결된 힘에 의해 사방에서 그를 포위하고 있는 위험을 훨씬 더 쉽게 모면할 수 있다는 것을 깨닫게 될 것이다.

☞ 스피노자 〈윤리학〉

근면은 행운의 어머니이다. 반대로 게으름은, 인간을 그가 바라는 어떤 목표에도 결코 데려다 주지 않는다. ☞ 세르반테스 〈돈키호테〉

일찍 일어나는 새가 벌레를 많이 잡는다. ☞ W. 캠든 〈유고집〉

태만은 모든 악의 원천이요, 근본이다. ☞ F. 베이컨 〈초기 작품집〉

물이 흐르지 않으면 썩듯이, 태만은 둔한 몸을 쇠약하게 만든다.
☞ 오비디우스 〈폰토로부터의 서한집〉

근심 걱정은 태만에서 샘솟고, 쓰라린 노고는 불필요한 안일에서 생긴다. ☞ B. 프랭클린 〈가난한 리처드의 달력〉

게으름피우지 말고 나태하지 말며, 일을 미루지 마라.
오늘 할 수 있는 일을 내일로 미루지 마라.
☞ 체스터필드 경 〈서간집〉

늦게 일어난 사람은 종일 총총걸음을 걸어야 한다.
☞ B. 프랭클린 〈부자의 길〉

전적으로 자립하면서, 자신의 모든 요구를 자기 자신에게만 집중시키는 사람은 행복하다. ☞ 키케로 〈역설〉

독립을 향한 큰 계단은 거친 음식도 견딜 수 있는 위장, 즉 비위 좋은 위장이다. ☞ 세네카 〈서간집〉

하느님에게 겸손하고, 친구에게 상냥하며, 이웃과는 상부상조하라.
오늘 밤 이웃이 누리는 행복이 내일 그대에게 생길 수도 있다.

☞ W. 던버 〈기쁨 없는 보물은 없다〉

만일 그대가 높이 오르겠다면, 그대 자신의 다리를 사용하라! 그대
자신이 허공으로 끌려가지 않도록 하고, 다른 사람들의 등이나 머리
위에 앉지 마라.　　　　☞ 니체 〈차라투스트라는 이렇게 말했다〉

습관은 잔인성도 없고 마술도 없는, 우리가 가진 제1의 천성을 알
수 없도록 방해하는 제2의 천성이다.

☞ M. 프루스트 〈지난 일의 회상〉

습관은 성격을 형성하고, 성격은 운명을 만든다.　☞ J. 케인즈 '연설'

일단 몸에 붙은 악습은 깨어지기는 하지만 고쳐지지는 않는다.

☞ 쿠인틸리아누스 〈변론술 교정(教程)〉

이미 휘어진 노목(老木)은 똑바로 잡기 어렵다.　　☞ 프랑스 격언

시내가 강이 되고 강이 흘러 바다를 이루듯이, 나쁜 습관은 보이지
않는 사이에 착착 쌓여서 자신의 일부처럼 된다.

☞ 오비디우스 〈변형담〉

늘 마시는 자는 맛을 모르고, 늘 지껄이는 자는 결코 생각하는 법을
모른다.　　☞ M. 프라이어 〈스칼리게리아나 섬을 통과하며〉

절제는 덕성이라는 진주 목걸이를 꿰는 비단 끈이다.

☞ J. 홀 〈기독교의 절제〉

운동과 절제는 노경에 이를 때까지 젊은 시절의 힘을 어느 정도 보존해 준다. ☞ 키케로 〈노년〉

우리가 즐길 수 있는 것을 삼가는 것이 이성적 쾌락주의다.

☞ 루소

의무가 와서 당신의 문을 두드릴 때 그를 맞아들여라. 그를 기다리라고 하면 다시 오겠다고 하면서 갔다가, 일곱 가지 다른 의무를 가지고 당신 문 앞에 나타날 것이다. ☞ C. E. 마컴 〈의무〉

사치는 유혹적인 쾌락이요 비정상적인 환락이다. 그 입에는 꿀이, 그 마음에는 쓸개즙이, 그 꼬리에는 바늘가시가 있다.

☞ F. 퀼즈 〈표상〉

훌륭한 정신은 찌꺼기의 겉치레에 굽히지 않는다.

☞ 셰익스피어 〈베니스의 상인〉

비밀은 지키면 당신의 노예가 되지만, 지키지 않으면 당신의 주인이 된다. ☞ 아라비아 격언

두 사람 사이의 비밀은 신(神)의 비밀이요, 세 사람 사이의 비밀은 모든 사람의 비밀이다. ☞ 프랑스 격언

남이 당신의 비밀을 지켜 주기를 원하면, 우선 당신 자신이 비밀을 지켜라.　　　　　　　　　　　　☞ 세네카 〈힙폴리투스〉

좋은 소식은 하루의 어느 때에 전해 주어도 괜찮지만, 나쁜 소식은 오전에 전해 주는 것이 좋다.　　　　　　☞ G. 허버트 〈명궁〉

일자리가 있는 자는 누구나 기회가 있다.　　☞ E. 허버트 〈경구집〉

다닐 직장이 없는 사람은 — 그가 누구이든 간에 — 상상도 할 수 없을 만큼 귀찮게 여겨지기 마련이다.

　　　　　　　　　　　　　　☞ 버나드 쇼 〈풀 수 없는 매듭〉

세상에 대한 유일한 방벽은 세상에 대한 철저한 지식 습득이다.

　　　　　　　　　　　　　　　　☞ J. 로크 〈교육론〉

세상에 대한 지식은 세상에서 얻는 것이지 다락방에서 얻는 것이 아니다.　　　　　　　　　　　☞ 체스터필드 경 〈서간집〉

사회가 그 구성원을 위해 존재하는 것이지, 그 구성원들이 사회의 이익을 위해 존재하는 것은 아니다.　　☞ H. 스펜서 〈논리학 원리〉

상해를 당하고 용서하는 것보다, 상해를 가하고 용서를 구하는 것이 훨씬 더 유쾌하다. 후자는 자신의 힘을 과시하는 것이지만, 전자는 친절한 성품을 나타내기 때문이다.

　　　　　　　　　　☞ 니체 〈인간적인 너무나 인간적인〉

고립된 개인은 존재하지 않는다. 슬픈 사람은 타인을 슬프게 한다.
☞ 생텍쥐페리 〈아리스로의 비행〉

사람들이 당신 등 뒤에서 하는 말이 그 사회에서의 당신의 명망이다.
☞ E. W. 하우 〈시골 속담집〉

사회에서 살 수 없거나 혹은 혼자 힘으로 충분하기 때문에 사회에서
살 필요가 없는 사람은, 짐승이거나 아니면 신(神)임에 틀림없다.
☞ 아리스토텔레스 〈정치학〉

모든 사람은 자기 운명의 건축가이다. 그러나 이웃 사람이 그 건축을
감독한다.
☞ G. 에이드 〈수제 우화집〉

유행은 어리석은 자들을 위해 있다.
☞ R. 도즐리 〈구애 중인 존 코클 경〉

지성이 없는 전통은 가지고 있을 가치가 없다.
☞ T. S. 엘리어트 〈이신(異神)을 좇아〉

관습은 불문율이지만, 국민은 그것으로 국왕까지 두렵게 한다.
☞ C. 대버넌트 〈키르케〉

한 사람을 죽인 자는 살인자요, 수백만 명을 죽인 자는 정복자다. 그러
나 모든 사람을 죽일 수 있는 자, 그는 신(神)이다.
☞ J. 로스탕 〈자전적 명상록〉

관습은 모든 법률에 앞서며, 자연은 예술에 앞선다.

☞ S. 데니얼 〈압운의 변명〉

우리는 성품에 따라 생각하고, 법규에 따라 말하고, 관습에 따라 행동한다.

☞ F. 베이컨 〈학문의 진보〉

도둑질한 물이 달고, 몰래 먹는 떡이 맛이 있다고들 한다.

☞ 〈구약성경 : 잠언 9, 17〉

자기기만보다 더 쉬운 것은 없다. 사람은 자기가 소원하는 것을 사실인 것으로 믿기 때문이다.

☞ 데모스테네스 〈제3의 울린티아론〉

개개인은 서로 속이고 속을 수도 있을 것이다. 그러나 모든 사람을 속인 사람은 아무도 없었고, 어느 한 사람을 모든 사람이 속인 적도 없다.

☞ C. 플리니우스 〈송시집〉

눈썹과 눈 그리고 안색은 우리를 자주 속인다. 그러나 가장 우리를 잘 속이는 것은 말이다.

☞ 키케로 〈쿠인투스 프라트레아에의 서한집〉

자신을 기만하는 자가 가장 많이 기만당한다.

☞ 덴마크 격언

일단 비열한 협잡꾼으로 이름난 사람은, 그가 비록 진리를 말한다 해도 아무도 믿지 않는다.

☞ 파에드루스 〈우화집〉

결행하지 않는 복수보다 더 명예로운 복수는 없다. ☞ 스페인 격언

피는 피를 취할 것이요, 복수는 복수를 낳을 것이다.
악은 반드시 악을 부른다.　　　　　☞ R. 사우디 〈웨일즈의 매도크〉

기아(飢餓)와 맞싸울 수 있는 공포는 없다. 기아를 참아 낼 수 있는 인내도 없다. 무얼 바라는 간절함도 기아가 있는 곳에서는 존재하지 못한다. 그 속에서는 미신, 신앙 그리고 원리라고 부를 수 있는 모든 것이 바람에 날리는 쓰레기에 지나지 않기 때문이다.
　　　　　　　　　　　　　　　☞ J. 콘래드 〈암흑의 마음〉

불을 피우는 것은 바람이고, 꺼뜨리는 것도 바람이다.
산들 바람은 불길을 부채질하고, 강한 바람은 불길을 죽여버린다.
　　　　　　　　　　　　　　　　☞ 오비디우스 〈사랑의 치료〉

비폭력은 우리 시대가 당면해 있는 모든 정치적·도덕적 문제의 해답입니다. 즉 인간은 억압과 폭력에 호소하지 않고, 억압과 폭력을 극복해야 할 필요가 있습니다.
인간은 모든 인간의 갈등을 해결하기 위해 보복과 침략과 복수를 거부하는 방법을 발전시켜야 합니다. 이러한 방법의 시작은 바로 사랑입니다.　　　　　　　　☞ M. C. 킹 2세 '노벨 평화상 수상 연설'

못이 부족하면 말굽을 잃고, 말굽이 부족하면 말을 잃고, 말이 부족하면 기수를 잃는다.　　　　　　　　　　　☞ G. 허버트 〈명궁〉

진실하고 강하며 건전한 마음은, 큰 것이나 작은 것이나 똑같이 포용할 수 있는 마음이다.　　　　　　　　　　　☞ 보즈웰 〈존슨 전〉

독수리는 홀로 날아다닌다. 언제나 떼 지어 다니는 것은 양뿐이다.
☞ 미상 〈예절집〉

약한 것에는 두 가지 종류가 있다. 하나는 부러지는 것이고, 하나는
휘어지는 것이다. ☞ J. R. 로우얼 〈서재에서〉

모든 이유는 원인을 갖는다. ☞ 셰익스피어 〈헛소동〉

손가락에 낀 반지는 닳아서 가늘어지지만, 떨어지는 물방울은 바위에
구멍을 뚫는다. ☞ 루크레티우스 〈사물의 본성〉

무엇이나 이유 없이 이루어지는 것은 없다. ☞ 세네카 〈은혜론〉

원인과 결과, 수단과 목적, 씨앗과 열매는 분리될 수 없다.
결과는 원인 속에서 이미 꽃을 피운다. 목적은 수단 속에, 열매는 씨앗
속에 존재하기 때문이다. ☞ 에머슨 〈수필집, 제1집 : 보상〉

메마른 땅에 뿌릴지라도, 씨앗만 좋으면 스스로의 바탕으로 훌륭한
열매를 맺을 수 있다. ☞ L. 악키우스 〈연대기〉

훌륭한 감각과 좋은 맛 사이에는 원인과 결과 사이의 차이가 있다.
☞ 라 브뤼에르 〈인간 백태〉

하늘에 대고 침을 뱉으면 그 침은 자기 얼굴에 떨어진다.
☞ G. 허버트 〈명궁〉

꼭 같은 한 가지가 동시에 좋을 수도 있고 나쁠 수도 있으며, 무해
무익할 수도 있다. 예를 들어, 흥겨운 음악은 우울한 사람들에게는
좋지만 슬퍼하는 사람들에게는 나쁘며, 귀머거리에게는 좋지도 나쁘
지도 않다.　　　　　　　　　　　　　　　　☞ 스피노자 〈윤리학〉

완전무결한 도의(道義)란, 남에게 고통을 주지 않도록 방법을 강구하
는 행위의 조절이다.　　　　　　　　　　　☞ H. 스펜서 〈수필집〉

진실로 거룩한 말이 인간을 성스럽고 공정하게 만드는 것이 아니라,
도덕적인 생활이 그를 하느님의 사랑을 받도록 만든다.
　　　　　　　　　　　☞ 토마스 아 캠피스 〈그리스도를 본받아〉

도덕적 기초는 다른 모든 기초와 같아, 그 주변을 너무 많이 파헤치면
위에 세운 건물이 굴러 떨어질 것이다.　　　☞ S. 버틀러 〈비망가〉

자기가 살고 있는 나라에 아무것도 빚지지 않은 사람이 어디 있는가.
그 나라가 어떤 나라이든 간에 인간이 소유하고 있는 가장 귀한 것,
즉 자기 행동의 도덕과 덕성의 사랑을 그는 나라에 빚지고 있는 것이다.
　　　　　　　　　　　　　　　　　　　☞ 루소 〈에밀〉

오늘날 도덕은 부(富)를 숭배함으로써 부패되었다.
　　　　　　　　　　　　　　　　　☞ 키케로 〈의무론〉

바라지 않던 일이 바라던 일보다 훨씬 자주 생긴다.
　　　　　　　　　　　　　　　　☞ 플라우투스 〈유령〉

인생은 무한한 모순으로 가득하다. 그러나 이상하게도 그 모순들은 진실이므로, 그럴싸하게 보여야 할 필요까지는 없다.
☞ L. 피란델로 〈작가를 찾는 6인의 등장인물〉

사람이 호랑이를 죽이는 것은 스포츠라 부르면서, 호랑이가 사람을 죽이는 것은 잔인성이라 부른다. 그것이 사람이다.
☞ 버나드쇼 〈혁명가를 위한 금언〉

가장 가까이 있는 것이 우리를 가장 감동시킨다. 그렇기에, 나라의 비극보다 가정의 비극이 더 뼈에 사무치는 것이다.
☞ S. 존슨 '트레이시 부인에의 편지'

작은 구멍이 배를 침몰시키고, 한 가지의 죄가 죄인을 파멸시킨다.
☞ J. 버넌 〈천로역정〉

소년은 장난삼아 개구리에게 돌을 던지지만, 개구리는 장난이 아닌 실제로 다치거나 죽는다.   ☞ 비온, 플루타르쿠스 〈양수동물〉

한 번에 한 가지 일만 하면 하루 동안에 여러 일을 할 수 있는 충분한 시간이 있다. 그러나 같은 시간에 두 가지 일을 하려고 하면 일 년이라도 시간이 넉넉지 않다.   ☞ 체스터필드 경 〈서간집〉

서둘러라. 돌아오는 시간을 기다리지 마라.
오늘 준비가 되지 못한 자는 내일은 더욱 그러할 것이다.
☞ 오비디우스 〈사랑의 치료〉

쉬운 일은 어려운 것처럼 시도하고, 어려운 것은 쉬운 것처럼 하라.

☞ B. 그라시안 〈세속적 지혜의 기술〉

희망을 가지고, 보다 나은 때를 위해 힘을 길러 두라.

☞ 베르질리우스 〈아에네이스〉

인간은 머리를 하늘로 두는 동물이지만, 머리 위에 있는 천장의 거미줄은 보지 못한다.

☞ J. 르나르 〈일기〉

다음 발걸음을 딛기 전에는 결코 시험 삼아 땅을 보지 마라. 먼 지평선에 눈을 고정시키는 자만이 그의 올바른 길을 찾을 것이다.

☞ D. 함마슐드 〈목표 설정〉

현재의 운명에 너 자신을 맞추고, 옷감에 맞게 너의 옷을 지어라.

☞ R. 버튼 〈우울의 해부〉

의(義)를 행하는 한 시간은 기도하는 1백 시간의 가치가 있다.

☞ 마호메트교 금언

너그럽기에 앞서 올바르게 행동하라.   ☞ R. B 셰리든 〈욕설 학교〉

법 위에 사람 없고, 법 아래 사람 없다.
우리가 사람을 법 앞에 복종하기를 요구할 때, 우리는 그의 허가도 청하지 않는다. 법에 대한 복종은 권리로서 요구되는 것이지, 특혜로서 부탁되는 것이 아니기 때문이다.   ☞ T. 루즈벨트 '3차 취임서'

자유란 무엇인가? 옳게 이해하며 선하게 되라는 세계적인 면허장이다.
☞ D. H. 콜리지 〈자유〉

자유는 책임을 뜻한다. 이것이 대부분의 사람들이 자유를 두려워하는
이유이다.　　　　　　　　　　　　　☞ 버나드 쇼 〈인간과 초인간〉

진정한 개인의 자유는 경제적 보장과 독립 없이 존재하지 않는다.
굶주리고 직업이 없는 국민은 독재의 재료가 될 수 있다.
☞ F. D. 루즈벨트 '의회에 보낸 메시지'

자유는 획득하는 것보다 간직하는 것이 더 어렵다.
☞ J. C. 칼훈 '미국 상원에서의 연설'

자유에의 길은 명령하기를 원하는 사람들보다 복종하기를 희망하는
사람들에 의해 더 심하게 가로막혀 있다.
☞ M. D. 피터 잉 〈기지와 슬기〉

자유는 결코 정부로부터 나오지 않는다. 자유는 항상 통치의 대상에서
나왔다.
자유의 역사는 저항의 역사이다.
자유의 역사는 통치 권력의 제한의 역사이지, 그 증가의 역사가 아니다.
☞ W. 윌슨 '뉴욕 신문 클럽에서의 연설'

주인은 때로 장님이어야 하고, 때로 귀머거리여야 한다.
☞ T. 풀러 〈금언집〉

다른 사람의 자유를 부정하는 사람들에게는 이 지구 위에서나 혹은
어떤 별나라에서도 결코 자유가 주어지지 않는다.
　　　　　　　　　　　☞ E. 허버드 〈1001 경구집〉

내가 뜻하는 자유란, 질서와 결부된 자유로서 즉 질서 및 도덕과 더불
어 존재한다. 또한 그것은 질서나 도덕이 없이는 전혀 존재할 수 없는
자유다.　　　　　　　　　☞ E. 버크 '보리스톨에서의 연설'

주인의 눈 하나가 하인의 눈 열 개보다 더 많이 본다.
　　　　　　　　　　　　☞ G. 허버트 〈명궁〉

주인의 눈은 그의 양손보다 더 많이 일한다.
　　　　　　　☞ B. 프랭클린 〈가난한 리처드의 달력〉

만인은 평등하게 창조되었고, 하느님으로부터 타고난 양도할 수 없는
권리를 받았다. 그러기에 생명과 자유와 행복의 추구를 자명한 진리
라고 확신한다.　　　　　☞ T. 제퍼슨 '독립선언서 초안'

한 곳이 있다. — 묘 잔디 밑, 그곳에서는 만인이 시체로서 평등해진다.
또 다른 곳이 있다. — 신의 성전, 그곳에서는 살아 숨쉬는 사람 모두가
평등하다.　　　　　　☞ T. 후드 〈레이 윌슨에게 바친 송시〉

나는 모든 권리에는 의무가, 모든 기회에는 부담이, 모든 소유에는
책무가 따른다고 믿는다.
　　　　☞ J. O. 록펠러 2세 '봉사 연합회 대표로서의 강연'

인생은 언제 어디서나, 공적이든 사적이든 의무를 면할 수 없다.
☞ 키케로 〈의무론〉

훌륭하게 이행된 의무로부터 나오지 아니한 권리는 가질 가치가 없다.
☞ M. K. 간디 〈평화 시와 전시의 비폭력〉

우리의 언어 중에서 가장 신성한 낱말은 '의무'이다.
모든 일에 너의 의무를 다하라. 그것은 그 이상 더 할 수도 없거니와
그보다 덜 하기를 원해서도 안 된다.
☞ R. E. 리 '전시자관의 그의 흉상 아래 새겨진 글'

해야 할 일을 하는 것은 칭찬 받을 이유가 없다. 그것은 우리의 의무이
기 때문이다. ☞ 성 아우구스티누스 〈고백록〉

무엇을 할 수도 있다고 생각하지 말고, 무엇을 해야 할 것인가를 생각
하라. 그리고 의무에 대한 염려가 마음을 지배하도록 하라.
☞ 클라우디아누스

모든 사람은 오직 자기의 앞만을 본다. 그러나 나는 나의 내부를 본다.
나와 대적할 사람은 오직 나뿐이기 때문이다.
나는 항상 나 자신을 고찰하고, 검사하고 그리고 음미한다.
☞ 몽테뉴 〈명상록〉

세상에서 가장 중요한 일은, 어떻게 하면 자기가 완전히 자기 자신의
주인이 될 수 있는지를 아는 것이다. ☞ 몽테뉴 〈명상록〉

모든 사명은 의무의 서약으로 구성된다.

모든 사람들은 사명의 완수를 위해 자기의 모든 재능을 바치도록 되어 있다.

모든 행동의 규범은 의무감의 확신으로부터 비롯되어야 한다.

☞ G. 맛찌니 〈생애와 작품〉

자기보다 어리석은 사람을 만났을 때 그들을 경멸해서는 안 된다. 유전된 재능도 유산보다 더 자랑할 만한 것은 아니다. 두 가지를 다 잘 사용해야만 영예스러운 것이다.

온힘을 다해 자기 자신을 충실히 하는 데 힘쓰라! 우리는 다른 사람의 마음과 성격을 바꾸게 할 수는 없지만, 자기 자신을 고칠 수는 있다. 진실로 자기 의사에 복종시킬 수 있는 것은 자기 자신뿐이다. 그런데 어찌하여 다른 사람이 내 비위를 맞춰 주지 않는 것은 탓하면서, 자신의 마음과 몸을 자기 뜻대로 복종시키려고는 하지 않는가?

☞ A. 아우구스티누스

우리에게 책임이 있는 일의 잘못은 책망을 받지만, 우리에게 책임이 없는 일의 잘못은 책망 받지 아니한다.

☞ 아리스토텔레스 〈니코마크 논리학〉

스스로 사색하고, 스스로 탐구하고, 제 발로 서라.　　☞ I. 칸트

자기가 그만한 능력이 없으면서 커다란 존재라고 생각하는 것은 불손이다. 반면, 자기의 가치를 실제보다 적게 생각하는 것은 비굴이다.

☞ 아리스토텔레스

자기에 대해서 많이 말하는 것은 자기를 숨기는 하나의 수단이기도
하다.　　　　　　　　　　　　　　　　　　☞ 니체 〈선악의 피안〉

자애(自愛), 자식(自識), 자제(自制). 이 세 가지만이 인생을 옳은 길로
인도하고 귀한 힘에 이르게 한다.　　　　☞ A. 테니슨 〈에노오네〉

당신은 지금 자기 가치를 스스로 낮추고 있지만, 사실은 지금의 몇
배 혹은 몇 십 배쯤 훌륭히 될 수 있는 사람인지도 모른다.
분발하라! 분발하지 않고는 아무도 높이 될 수 없다.　　☞ 알랑

자기를 존중하는 마음이 없으면 우정은 큰 가치를 갖지 못한다.
　　　　　　　　　　　　　　　　　　☞ M. I. 글린카

아무리 뛰어난 천재의 능력이라도 기회가 없으면 아무 소용이 없다.
　　　　　　　　　　　　　　　　☞ B. 나폴레옹 〈어록〉

타인을 위해 얼마큼 애쓰느냐로 자기 능력을 잴 수 있다.
　　　　　　　　　　　　　　　　　　　　☞ H. 입센

항상 오늘을 위해서만 일하는 습관을 만드는 것이 좋다.
내일은 저 혼자 찾아오고 그와 더불어 새로운 힘도 다시 찾아온다.
　　　　　　　　　　　　　　　☞ K. 힐티 〈일을 하는 기술〉

가장 유쾌하고 가장 보수가 많으며, 게다가 가장 값싼 최상의 시간
소비법은 언제나 일이다.　　　　　　　　　　☞ K. 힐티

체면을 손상시키는 일이 따로 있는 것이 아니다. 다만 면목이 없는
것은 게으른 탓이다.　　　　　　　　　☞ 헤시도오스 〈일과 나날〉

노고 없이 사들일 수 있는 것 중 귀중한 것은 하나도 없다.

　　　　　　　　　　　　　　　　　☞ J. 아디슨

그대들의 일을 사랑하라. 그러나 그대들의 업적을 사랑하진 마라.

　　　　　　　　　　　　　　　　　☞ 마르코프스키

내가 청년 여러분에게 충고하고 싶은 말은 다음 세 마디다.
일하라. 더욱 일하라. 끝까지 일하라.　　　☞ O. E. 비스마르크

만약 당신이 일을 하지 않았는데도 보수를 얻었다면, 일을 하고도
보수를 얻지 못한 사람이 어디엔가 있을 것이다.
무엇보다도 일이 그대에게 가장 중요한 것이 되고 보답이 제2의 의로
움이 될 때, 창조주인 신이 그대의 주인이 될 것이다.
그러나 반대로 일이 제2의 의로움이 되고 보답이 중요하게 되면, 그대
는 보답의 노예가 될 것이다. 그리하면 그대의 삶은 가장 저열하고
추악한 악마의 소굴이 될 것이다.　　　　　　☞ J. 러스킨

자신이 가진 능력과 재질을 힘껏 발휘함으로써 자기 자신을 스스로
보호해야 한다.
더불어서, 변화무쌍한 이 불안정한 세계에서 가장 튼튼한 발 디딤은
오로지 자기 스스로에 대한 믿음뿐임을 깨달아야 한다.

　　　　　　　　　　　　　　　　　☞ D. H. 로렌스

자기 일을 찾아낸 사람은 행복하다. 그로 하여금 다른 행복을 찾게 하지 마라. 그에게는 일이 있으며, 인생의 목적이 있는 것이다.
☞ T. 칼라일

일이 즐거움이면, 인생은 낙원이다. 일이 의무이면, 인생은 지옥이다!
☞ M. 고리키 〈밑바닥〉

일을 하면 할수록 할 일이 더 많게 된다. 또한 바쁘면 바쁠수록 그만큼 할 일이 더 많이 생기는 법이다. ☞ W. 해즐릿

절대로 절망하지 마라. 그러나 만약 견디다 못해 절망하게 되면, 일을 계속하라. ☞ E. 버크

일을 즐겁게 하는 자는 세상이 천국이요, 일을 의무로 하는 자는 세상이 지옥이다. ☞ 레오나르도 다빈치

일하는 것이 노는 것보다 피로하지 않은 것이라고 생각한다. 종일 일을 한 사람은 저녁이 되면 자유롭다는 신선한 느낌을 갖는다. 그러나 종일 놀기만 한 사람은 도리어 지독한 피로를 느낀다.
일주일간의 놀이에서 완전히 회복되려면, 일주일간 열심히 일하지 않으면 안 된다. ☞ R. 린드

7

개인과 사회

사람들이 알아주지 않을 것을 근심 말고, 자기의 능력이 모자람을 걱정하라.

☞ 공자(孔子) 〈논어(論語)〉

자신의 덕(德)을 닦는 법을 알면 남 다스리는 법을 알게 되고, 남 다스리는 법을 알게 되면 천하와 국가와 가정을 다스리는 법을 알게 되느니라.

☞ 자사(子思) 〈중용(中庸)〉

천하고금(天下古今)에 해서는 안 될 것을 억지로 하는 것이 있다. 그것은 일시의 사리사욕(私利私慾)으로, 이것을 하면 쉽게 무너진다. 또 해야 할 자연스러운 것이 있다. 그것은 길이 변함없는 정의(正義)로, 이를 능히 행하지 못함은 사리사욕이 방해하기 때문이다.

☞ 김시습(金時習) 〈매월당집(梅月堂集)〉

사람은 반드시 자신을 위하는 마음이 있어야만 비로소 자기 자신을 이겨낼 수 있고, 자신을 이겨내야만 비로소 자기를 완성할 수 있다.

☞ 왕양명(王陽明)

다른 사람을 헤아리려거든 먼저 스스로를 헤아려 보라. 남을 해치는 말은 도리어 스스로를 해침이니, 피를 머금어 남에게 뿜자면 먼저 제 입이 더러워지는 법이다. ☞ 강태공(姜太公)

스스로를 보지 못하고 남을 보며, 자기 것을 못 가지고 남의 것을 가짐은, 사람의 즐거움을 즐거워할 뿐 자기 즐거움을 즐거워하지 않는 것이다. ☞ 장자(莊子)

제 집 두레박줄이 짧은 것은 탓하지 않고, 남의 집 우물 깊은 것만 탓하는구나. ☞ 〈명심보감(明心寶鑑)〉

제 자신을 바쳐 일하기로 했거든 다신 그 일에 의심을 두지 마라. 의심에 거리끼면 이미 버린 이기(利己)의 마음에 부끄러움이 많아진다. 무엇을 베풀었거든 그 갚음을 재촉하지 마라. 그 갚음을 재촉하면 앞에 베푼 바 그 마음도 아울러 잘못이 된다.
☞ 홍자성(洪自誠)〈채근담(菜根譚)〉

남을 해치고 저만을 이롭게 하면 마침내 출세하는 자손이 없을 것이요, 뭇사람을 해쳐서 성가(成家)한다면 어찌 그 부귀가 장구하겠는가.
☞ 진종(眞宗)

누구를 섬김이 가장 중요한가? 부모를 섬김이 가장 중요하다. 누구를 지킴이 가장 중요한가? 자신을 지킴이 가장 중요하다.
자신을 잃지 않고 부모를 섬겼다는 말은 들었어도, 자신을 망치고서 부모를 잘 섬겼다는 말은 아직 듣지 못했노라. ☞ 맹자(孟子)

봄비가 기름 같지만 길 가는 사람은 그 질척함을 싫어하고, 가을 달이 휘영청 밝지만 도둑질하는 자는 그 환히 비춤을 싫어한다.

☞ 허경종(許敬宗)

일을 한다는 것은 마치 우물을 파는 것과 같다. 비록 아홉 길을 팠다 할지라도 샘물이 나오는 데까지 미치지 못한다면, 우물을 포기함과 같으니라.

☞ 맹자(孟子)

강물을 보고 고기를 탐내지 말고, 집에 돌아가 그물을 엮어라.

☞ 회남자(淮南子)

뜻이 집착(執着)된 곳이 있으면 길을 걷다가 발이 그루터기나 구덩이에 걸려 넘어지고, 서 있는 나무를 머리로 들이받더라도 자신은 알지 못하는 법이다.

☞ 열자(列子)

배불리 먹고서 종일 마음 쓰는 일이 없다면 곤란한 일이다. 바둑과 장기가 있지 않느냐. 그것이라도 하는 것이 그래도 나으니라.

☞ 공자(孔子) 〈논어(論語)〉

귀로 듣는 것은 눈으로 보는 것만 못하고, 눈으로 보는 것은 몸으로 행하는 것만 못하다.

☞ 정황(丁熿) 〈유헌집(遊軒集)〉

언어(言語)는 풍파(風波)와 같고, 행동(行動)은 마음을 떠나기 쉽다. 풍파와 같은 말은 움직이기 쉽고, 마음을 떠난 행동은 몸을 위태롭게 하기 쉽다.

☞ 공자(孔子)

알기는 어렵지 않으나, 실천하는 것은 쉽지 않다.

☞ 사마양저(司馬穰苴) 〈사마법(司馬法)〉

성인(聖人)의 말은 당장은 틀리는 것 같으나 결국은 옳게 맞아들고, 일반 사람의 말은 당장은 옳은 것 같으나 종국에 가서는 맞지 않는다.

☞ 회남자(淮南子)

한가한 때에 헛되이 세월을 보내지 않으면 다음 날 바쁜 일에 그 덕(德)을 받아 누릴 수 있고, 고요할 때 쓸쓸함에 떨어지지 않으면 활동(活動)할 때 그 덕(德)을 받아 누릴 수 있으며, 어두운 가운데 속이고 숨기는 일이 없으면 밝은 곳에서 그 덕(德)을 받아 누릴 수 있을 것이다.

☞ 홍자성(洪自誠) 〈채근담(菜根譚)〉

아름다운 이성(異性)을 보는 것은 즐거운 일이다.
만일 그 얼굴을 보고 싶거든 정면(正面)으로 당당하게 보라. 곁으로 엿보지 마라. 그리고 보고 싶다는 생각을 마음에 담아두지 마라.

☞ 안창호(安昌浩) 〈안도산 전서(安島山 全書)〉 '주요한' 편

남이 보는 데서 악(惡)을 행하면 사람들이 벌을 내리고, 남이 모르는 데서 악을 행하면 신명(神明)이 벌을 내린다.
그러므로 사람에 대해서나 신명에 대해서나 부끄러울 것 없는 사람만이 떳떳이 살아갈 수 있는 것이다.

☞ 장자(莊子)

빛깔은 아름다우나 향기 없는 꽃처럼, 말이 아무리 훌륭해도 실천이 없으면 결실도 없는 법이다.

☞ 〈법구경(法句經)〉

인생은 꿈이 아니고, 연극도 아니다. 다만 하나의 엄중한 사실일 뿐이다.
당신이 곡식의 씨를 뿌리면 누군가가 배를 채울 것이다.
젊은 친구들이여! 그대는 무엇을 심기를 좋아하는가? 그대는 무엇을
심을 수 있는가?
　　　　　　　　　　　　　　　　　　　　☞ 호적(胡適)

말하고자 하는 바를 먼저 실행하라. 그리고 나서 말하라.
　　　　　　　　　　　　　　　☞ 공자(孔子) 〈논어(論語)〉

과녁을 펼쳐 놓으면 화살이 날아오고, 나무숲이 무성하면 도끼가 쓰
인다. 나무가 그늘을 이루면 새들이 쉬게 되고, 식초가 시어지면 바구
미가 모여든다.
말을 하면 화를 부르는 수가 있고, 행동을 하면 욕됨을 자초(自招)하는
일이 있으므로, 군자는 그러한 입장에 대해 신중한 것이다.
　　　　　　　　　　　　　　　　　　　　☞ 순자(荀子)

자기의 말을 부끄러워할 줄 모르면, 그 말을 실행하는 것도 어렵다.
　　　　　　　　　　　　　　　☞ 공자(孔子) 〈논어(論語)〉

군자(君子)는 입이 무겁고, 실천에는 민첩하려 애쓴다.
　　　　　　　　　　　　　　　☞ 공자(孔子) 〈논어(論語)〉

일에 실패하면 화(禍)를 당하는 인도(人道)의 근심이 생기고, 일에 성
공하면 이해(利害)를 따지는 음양(陰陽)의 근심이 생긴다.
성공하거나 실패하거나 간에 오직 덕(德) 있는 사람만이 후환(後患)이
없는 법이다.
　　　　　　　　　　　　　　　　　　　　☞ 공자(孔子)

옛날 어진 이들이 말을 경솔하게 꺼내지 않았음은 실행이 말을 따르지 못함을 부끄럽게 생각했기 때문이다.　☞ 공자(孔子)〈논어(論語)〉

하루 동안에 일어나는 일이 천만(千萬) 가지에 이르는데, 혹 한 가지 일만 실수해도 화란(禍亂)이 생긴다.

☞ 정도전(鄭道傳)〈삼봉집(三峰集)〉

뜻을 세워 공부하는 것은 마치 나무를 심는 일과 같다. 뿌리와 싹이 날 때에는 아직 줄기가 없고, 줄기가 생길 때에는 아직 가지가 없다. 가지가 자란 다음에야 잎이 달리고, 잎이 달린 다음에야 꽃과 열매가 달린다.
오직 북돋아 기르는 노력만을 잊지 않는다면, 어찌 가지와 잎과 꽃과 열매가 자라나지 않을까를 걱정하겠는가.　☞ 왕양명(王陽明)

이 세상에서 말을 타거나 소를 부리거나 할 때는 짐이나 일에 한도가 있으므로 짐의 경중에 따라 행정(行程)이 정해지고, 행로(行路)의 원근(遠近)도 숫자로 나타난다.
짐이 무겁다고 나중에 짐을 던다면 이는 애초에 부담 능력을 모르는 소행이고, 짐이 가볍다고 나중에 다시 더한다면 이것은 애초에 그릇의 크기를 몰랐던 탓이다.　☞ 관자(管子)

입신(立身)함에 의(義)가 있으니 효도가 근본이요, 상제(喪祭)에 예(禮)가 있으니 슬퍼함이 근본이다. 전진(戰陣)에 질서가 있으니 용기가 근본이요, 왕위(王位)에 도(道)가 있으니 계승이 근본이다. 재물을 생산함에도 시기가 있으니 노력이 그 근본이 된다.　☞ 공자(孔子)

모기는 산을 짊어질 수 없고, 작대기는 큰 집을 버틸 수 없다.

☞ 이황(李滉) 〈퇴계집(退溪集)〉

구하려고 애써도 얻지 못한다면 이는 진실로 천명(天命)이니, 내 다시 무슨 말을 하랴.

☞ 이곡(李穀) 〈가형집(稼亨集)〉

조석반(朝夕飯)의 이르고 늦음을 보아, 그 집의 흥하고 쇠함을 점칠 수 있다.

☞ 〈명심보감(明心寶鑑)〉

수레를 뒤집는 사나운 말도 길들이면 능히 부릴 수 있고, 다루기 힘든 금(金)도 잘 다루면 마침내 좋은 기물(器物)을 만들 수 있다. 사람이 하는 일 없이 놀기만 하고 분발함이 없으면, 평생에 아무런 진보도 없으리라.

☞ 홍자성(洪自誠) 〈채근담(菜根譚)〉

개인이나 민족의 생활에는 두 가지의 자세가 있다. 하나는 살려고 하는 개인이나 민족이요, 다른 하나는 살아 있으니까 그냥 살아가는 개인이나 민족이다.
첫째의 살려는 생활태도는 이상(理想)을 위해 계획을 세우고 분투노력하는 것이요, 살아 있으니까 그냥 사는 태도는 부모가 낳아 주었고 숨을 쉬니까 그냥 사는 대로 있다가 죽는다는 것이다.
전자(前者)는 서양인의 인생관이요, 후자(後者)는 동양 — 그중에서도 특히 우리 한민족의 생활관이었다.

☞ 최남선(崔南善) 〈진실정신(眞實精神)〉

사람이 성(城)을 의지하면, 성이 사람을 버린다. ☞ 식전신장(識田信長)

세상 사람들은 돼지처럼 먹고, 하루 종일 빈둥거린다.
모두가 학문에 힘을 쓰고, 덕(德)의 향상에 노력할 수는 없다.
다만 흐리멍덩하게 빈둥거리며 세월을 보내면서, 눈빛을 반짝거리며
명예와 이익을 찾고 있다.　　　　　　　　　　☞ 포박자(抱朴子)

우리의 큰 원수는 방황과 주저이다. 할까 말까 하여, '말까'에 머무는
것이 방황이요 주저이다.
　　　　　　　　☞ 안창호(安昌浩)〈용단력(勇斷力)과 인내력(忍耐力)〉

부지런함에도 의(義)와 이(利)의 구분이 있다.
닭이 울 때부터 부지런하기로는 순(舜)임금이나 도적(盜賊)이나 한
가지이기 때문이다.　　　　　　　☞ 이곡(李穀)〈가형집(稼亨集)〉

큰 부자는 하늘에 달려 있고, 작은 부자는 부지런함에 달려 있다.
　　　　　　　　　　　　　　　　☞〈명심보감(明心寶鑑)〉

세상의 일이 부지런하면 다스려지고, 부지런하지 못하면 버려지는
것은 필연의 이치이다.　　　☞ 정도전(鄭道傳)〈삼봉집(三峰集)〉

사람은 부지런하면 생각하고, 생각하면 착한 마음이 일어난다. 놀면
음탕하고, 음탕하면 착함을 잊으며, 착함을 잊으면 악한 마음이 생긴다.
　　　　　　　　　　　　　　　　　　　　☞〈소학(小學)〉

게으르게 사는 이의 백 년은, 노력하면서 사는 이의 하루만도 못하다.
　　　　　　　　　　　　　　　　　　☞〈법구경(法句經)〉

한갓 임금이 부지런할 줄만 알고 부지런해야 할 바를 알지 못하면, 그 부지런함은 번거롭고 자질구레한 것을 심하게 살피는 데로 흘러서 보잘것없게 된다. ☞ 정도전(鄭道傳)〈삼봉집(三峰集)〉

고기가 썩으면 구더기가 생기고, 생선이 마르면 좀벌레가 생긴다. 태만함으로써 자신을 잊는다면, 재앙이 곧 닥칠 것이다.
☞ 순자(荀子)

의지하는 데가 있는 자는 의지하는 것 때문에 망한다.
☞ 식전신장(識田信長)

사람의 타고난 본성은 서로 가까우나, 습관으로 인해 성품이 서로 멀어진다. ☞ 공자(孔子)〈논어(論語)〉

덕을 좋아하고, 방탕을 피하며, 항상 스스로 마음을 보호하라. 이것이 코끼리가 진창에서 벗어나는 것처럼 괴로움에서 벗어나는 길이다.
☞〈법구경(法句經)〉

바탕이 성실한 사람은 항상 편안하고 이익을 얻지만, 바탕이 방탕하고 사나운 자는 언제나 위태롭고 해를 입는다. ☞ 순자(荀子)

이웃을 가려 어울리고, 벗을 가려 사귀어라. ☞ 신종(神宗)

멀리 있는 물은 가까운 불을 끄지 못하고, 멀리 있는 친척은 가까운 이웃만 못하다. ☞〈명심보감(明心寶鑑)〉

방탕한 놀이와 맑고 향기로운 술은 천성을 어지럽히고, 고운 얼굴과 애교 있는 태도와 분 치장한 흰 살갗은 목숨을 치는 도끼다.

☞ 포박자(抱朴子)

세상 사람들의 마음을 돌아보건대, 검소로부터 사치해지기는 쉬워도, 사치로부터 검소해지기는 어렵다.　　　☞ 장지백(張知白)

보라, 저 왕(王)이 탄 오색찬란한 수레를!
어리석은 자는 그 황홀감에 빠지고, 현명한 이는 외면하여 이를 멀리한다.　　　☞〈법구경(法句經)〉

사람들은 언제나 자기 마음속의 비밀을 이야기하고자 한다. 이야기하고 싶어서 이야기하는 사람이 있는가 하면, 이야기하고 싶지 않은데도 이야기하는 사람이 있다.
유심(有心)과 무심(無心)의 차이는 있으나, 마음속의 비밀은 오래 숨겨둘 수 없는 법이다.　　　☞ 양계초(梁啓超)

사람의 삶에 사농공상(士農工商)으로 각각 살아가는 길이 있으나, 만일 그 직업에 게으르면 살아가는 복리(福利)가 끊겨서 도둑이 될 뿐이다.
☞ 양성지(梁誠之)〈눌재집(訥齋集)〉

굶주린 자는 달게 먹고, 목마른 자는 달게 마신다. 이것은 음식의 정당한 맛을 안 것이 아니라, 굶주림과 목마름이 그를 해친 것이다. 그러나 어찌 입이나 배에만 굶주림과 목마름의 해가 있으랴. 사람의 마음에도 그러한 해(害)는 있느니라.　　　☞ 맹자(孟子)

소위 전통이 오랜 나라란, 사직단(社稷壇)에 높이 솟은 나무가 있음을 가리킴이 아니라, 대(代)를 이어온 훌륭한 신하가 있음을 이름이니라.

☞ 맹자(孟子)

음식을 먹는 자는 그 그릇을 다치지 말고, 열매를 먹는 자는 나뭇가지를 꺾지 말아야 한다.

☞ 회남자(淮南子)

길한 일에서는 왼쪽을 귀하게 여기고, 흉한 일에서는 오른쪽을 귀하게 여긴다.
군대에서는 편장군(偏將軍)이 왼쪽에, 상장군(上將軍)이 오른쪽에 있다. 이는 상례(喪禮)에 따라 좌석 정함을 말하는데, 사람을 많이 죽이게 되므로 슬퍼하여 우는 것이 전쟁이기 때문이다. 이런 까닭에 싸움에 이긴다 해도 상례(喪禮)에 따라 좌석이 정해지는 것이다.

☞ 노자(老子)

의식(儀式)은 사치스럽기보다는 검소해야 하고, 장례(葬禮)는 절차보다는 슬퍼하는 마음이 있어야 한다.　　☞ 공자(孔子)〈논어(論語)〉

은덕(恩德)을 후하게 베푼 자는 선(善)한 보답을 받고, 남에게 원한(怨恨)을 주면 깊은 재화(災禍)를 받는다. 박하게 주고 후하게 받거나, 원한을 남에게 거듭하고도 환난을 당하지 않는 자는 자고로 없었다.

☞ 회남자(淮南子)

작은 나라는 큰 나라 틈바구니에서 싸우지 않고, 두 마리의 사슴은 들소 곁에서 싸우지 않는다.　　☞ 회남자(淮南子)

인(仁)을 베풀고 덕(德)을 폄은 곧 대대의 영광을 가져옴이요, 질투하
는 마음을 품고 원한을 보복함은 자손에까지 환난을 끼쳐줌이다.
☞ 진종(眞宗)

푯대가 바르면 그림자가 곧고, 물의 근원(根源)이 탁하면 흐름이 더럽다.
☞ 이언적(李彦迪) 〈회재집(晦齋集)〉

부드러움과 굳음을 때에 따라 적당히 쓸 때 그 나라는 점차 빛나고,
약함과 강함을 때에 따라 적당히 쓸 때 그 나라는 더욱 이름을 떨친다.
오로지 부드러움과 약함에 치우칠 때 그 나라는 반드시 쇠하여 국토를
깎이고, 오로지 굳음과 강함에 치우칠 때 그 나라는 반드시 멸망한다.
☞ 〈삼략(三略)〉

배우가 분 바르고 연지 찍어 곱고 미운 것을 붓 끝으로 흉내 낼지라도,
문득 노래가 끝나고 막이 내리면 곱고 미운 것이 어디 있는가.
바둑 두는 이가 앞을 다투고 뒤를 겨루어 세고 약한 것을 겨루지만,
문득 판이 끝나 바둑돌을 쓸어 넣으면 세고 약한 것이 어디 있는가.
☞ 홍자성(洪自誠) 〈채근담(菜根譚)〉

아무리 신묘한 약일지라도 원한의 병은 고치지 못하고, 뜻밖에 생기
는 재물도 운수 궁한 사람을 부자가 되게 못한다.
일이 생겨나게 하여 일이 생기는 것을 그대는 원망하지 말고, 남을
해치고서 남이 해치는 것을 그대는 분해하지 마라.
천지간 모든 일에는 자연히 다 과보(果報)가 있는 법. 멀게는 자손에게
있고, 가까이는 제 몸에 있으리. ☞ 〈명심보감(明心寶鑑)〉

세상에서 물보다 유약(柔弱)한 것은 없으나 굳고 강한 것을 공격하는 데 있어서 이보다 나은 것이 없는 것은, 물의 유약(柔弱)함을 대신할 것이 없는 까닭이다.

부드러움이 강함을 이기고 약한 것이 강한 것을 이긴다는 사실을 모르는 사람이 세상에 없지만, 실행하는 사람이 없을 뿐이다.

☞ 노자(老子)

이익(利益)을 내주는 사람은 실익(實益)이 돌아오고, 원망을 내보내는 사람은 피해(被害)가 돌아온다.

여기서 내보냄에 따라 밖에서 호응(呼應)하는 것은, 마치 부르면 대답하는 것과 같다. 그러므로 현명한 사람은 내보내는 것을 삼가서 한다.

☞ 양주(楊朱) 〈열자(列子)〉

내 행위의 과보(果報)는 내 스스로 받는다. 악(惡)을 행하면 몸을 망친다. 금강석(金剛石)이 구슬을 부수듯이……. ☞ 〈법구경(法句經)〉

다섯 가지 가르침의 조목은, 아버지와 자식 사이엔 친애(親愛)가 있어야 하고, 임금과 신하 사이에는 의리(義理)가 있어야 하며, 남편과 아내 사이엔 분별(分別)이 있어야 하고, 나이 많은 이와 적은 이 사이엔 차례가 있어야 하며, 벗과 벗 사이에는 신의(信義)가 있어야 하는 것이다.

☞ 〈성리서(性理書)〉, 〈명심보감(明心寶鑑)〉

도덕(道德)의 창고를 열어 놓으면 아무리 가난해지려고 해도 부자가 되지 않을 수 없고, 도덕의 창고를 닫아 놓으면 아무리 부자가 되려고 해도 가난해지지 않을 수 없다. ☞ 이지함(李之菡) 〈토정집(土亭集)〉

나라에 도의(道義)가 서 있을 때는 당당히 말하고 당당히 행동하지만,
나라에 도의가 문란할 때는 당당히 행동하되 말은 조심해야 한다.
☞ 공자(孔子) 〈논어(論語)〉

덕(德)은 근본이요, 재물(財物)은 말단이다. 그런데 근본과 말단은 그
어느 한쪽을 폐하면 안 된다.
근본으로써 말단을 통제하고, 말단으로써 근본을 통제한 다음에야
인도(人道)가 궁하지 않기 때문이다.
☞ 이지함(李之菡) 〈토정집(土亭集)〉

성인(聖人)은 당한 운명에 역행(逆行)하지 않고, 가버리는 운명에 집착
하지 않는다.
만물과 조화하여 이에 순응하는 것이 덕(德)이요, 당한 운명에 순응하
는 것이 도(道)이다.
☞ 장자(莊子)

물과 불은 상극이다. 그러나 중간에 냄비를 놓고 반찬을 만들면 물과
불의 조화로 맛있는 반찬이 만들어진다.
골육(骨肉)지간은 더없이 친애(親愛)하기 마련이다. 그러나 참언(讒言)
이나 악의(惡意)로써 서로 사이가 멀어지게 되면 부자(父子)지간이라
도 서로 위험시하게 된다.
☞ 회남자(淮南子)

대저 도리(道理)란 근본과 원칙으로 돌아감이며, 정의(正義)란 마땅히
해야 할 일을 행하여 공(功)을 세움이고, 예의란 해로움을 피하고 이로
움을 얻기 위한 것이며, 인(仁)이란 조상의 업적을 보존하고 그 성과
(成果)를 지키기 위한 것이다.
☞ 오자(吳子)

발을 잊는 것은 신발이 맞기 때문이요, 허리를 잊는 것은 허리띠가 맞기 때문이며, 지혜가 세속의 시비(是非)를 잊는 것은 마음이 맞기 때문이다.　　　　　　　　　　　　　　　　　　　☞ 장자(莊子)

군주(君主)는 어느 편이 정치를 잘하는가, 장수는 어느 편이 더 유능한가, 천지(天地)와 지리(地利)는 어느 편이 얻고 있는가, 법령(法令)은 어느 편이 더 강한가, 병사(兵士)는 어느 편이 더 훈련이 잘되었는가, 상과 벌은 어느 편이 더 명확한가? 나는 이것으로써 이기고 지는 것을 미리 안다.　　　　　　　　　　　☞ 손자(孫子)〈손자병법(孫子兵法)〉

신하의 의향이 임금과 맞으면 신하가 올리는 말이 더욱 충성스럽게 여겨져서 더욱 친애(親愛)를 받지만, 임금이 꺼리는 신하의 말이면 계책(計策)에 맞는다 해도 도리어 의심을 받게 된다.
친어머니가 자식의 머리통 부스럼을 치료하다가 귀 언저리까지 피가 흘러내리면, 남들이 보고 자식을 무척 사랑해서 생긴 일이라고 생각한다. 그러나 만약 계모가 이런 일을 했다고 하면, 지나가던 사람이 보고 자식을 미워하는 소행이라고 여기며 비난한다.
같은 일을 하지만 관점에 따라 이처럼 다르게 여기는 것이 세상인심이다.　　　　　　　　　　　　　　　　　　　☞ 회남자(淮南子)

말하는 이의 마음은 한결같건만, 듣는 이의 귀들은 서로 다르다.
　　　　　　　　　　　☞ 지눌(知訥)〈진각국사어록(眞覺國師語錄)〉

불상사(不祥事)는 자기의 잘못을 충고하는 소리에 귀를 기울이지 않는 데서 비롯된다.　　　　　　　　　　　　　　☞ 위조자(尉繰子)

무릇 명경(明鏡)은 모습을 비추어 보기에는 편리하지만 밥을 담기에
는 도시락만 못하고, 한털 한색의 순수한 소는 묘당에 제물(祭物)로
올리기에는 좋으나 기우제에서 비를 내리게 하는 데는 검은 뱀만 못
하다. 이렇게 볼 때 모든 물건에는 귀천의 차이가 있을 수 없다.
무엇이건 귀한 점을 따라 귀하게 여기면 귀하지 않은 것이 없으며,
천한 점을 따서 천하게 여기면 천하지 않은 것이 없다.

☞ 회남자(淮南子)

어떤 사람이 도끼를 잃어버리고는 이웃집 아들을 의심했다. 그의 걸
음걸이를 보아도 도끼를 훔친 것 같고, 안색을 보아도 도끼를 훔친
것 같고, 말씨를 들어도 도끼를 훔친 것 같았다. 어디를 보나 훔친
것 같지 않은 데가 없었다.
얼마 후에 골짜기에서 잃었던 도끼를 찾았다. 다음 날 다시 그 이웃집
아들을 보니 동작과 태도가 도끼를 훔친 것 같지 않았다.

☞ 열자(列子)

높은 벼랑에 가 보지 않으면 어찌 굴러 떨어지는 환난을 알겠는가.
깊은 못에 임하지 않으면 어찌 빠져 죽는 환난을 알겠는가. 큰 바다에
가 보지 않으면 어찌 풍파의 환난을 알겠는가.

☞ 〈명심보감(明心寶鑑)〉

평상시에 미리 조처하지 못하고 졸지에 경변(警變)을 당하고서야 당
황하여 청원(請援)의 손을 벌리니, 이는 미봉책이라고 하기보다는 백
성과 국토의 할양(割讓)만 증대(增大)할 따름이다.

☞ 강유위(康有爲)

천한 사람이 미(美)를 미(美)라 의식하는 것은 추(醜)가 있는 까닭이며, 누구나 선(善)을 선(善)이라 의식하는 것은 선하지 않은 것이 있는 까닭이다.

유(有)와 무(無)도 상대가 있어야 생기며, 어려움과 쉬움도 상대가 있어야 성립되고, 길고 짧다는 개념도 서로 비교할 때 이루어지며, 높고 낮음도 서로 상대를 예상하는 것이고, 악기의 음(音)과 성(聲)은 서로가 있어야 조화를 이루며, 앞과 뒤도 서로 따르기 마련이다.

그러기에 성인(聖人)은 작위(作爲)함이 없이 일을 처리하거나, 말하지 않고 가르침을 행하는 것이다. ☞ 열자(列子)

사람이 산(山)에 발이 걸려 넘어지는 일은 없을지라도, 개미 둑같이 작은 것에 발이 걸려 넘어지는 것은 부지기수(不知其數)로 일어난다. 그러므로 누구나 피해가 작을 것이라고 가볍게 여기거나, 대단치 않은 일이라고 업신여겼다가는 크게 후회하게 될 것이다.

환난을 당한 후에 걱정하는 것은, 마치 병자를 죽게 해 놓고 좋은 의사를 찾는 격이라 하겠다. ☞ 회남자(淮南子)

환난이 있을 것을 미리 짐작하고 이를 예방하는 것은, 재앙을 만난 뒤에 은혜를 베푸는 것보다 훨씬 나은 것이다.

☞ 정약용(丁若鏞) 〈목민심서(牧民心書)〉

꽃이 화분 속에 있으면 생기가 없고, 새가 새장 속에 있으면 천연(天然)의 묘취(妙趣)가 없다. 산 속의 꽃과 새는 여러 가지로 어울려 아름다운 문채(紋彩)를 짜내고 마음대로 날아다니므로 한없는 묘미(妙味)를 깨닫는다. ☞ 홍자성(洪自誠) 〈채근담(菜根譚)〉

사물에는 근본(根本)과 말단(末端)이 있고, 일에는 끝과 처음이 있다. 선후(先後)를 가려 행할 줄 알면, 도(道)에 가까워지느니라.

☞ 공자(孔子) 〈대학(大學)〉

곤경에 빠지지 않으려면, 평소에 충분한 대비를 해야 한다.

☞ 위조자(尉繚子)

갑자기 급한 일이라도 일어나면 비록 백 배의 힘을 소비할지라도 그 일에 이익이 없을 것이니, 이것은 미리 준비하지 않은 과실이다.

☞ 박제가(朴齊家) 〈북학의(北學議)〉

일 년을 위한 대비책으로는 곡식을 심는 것보다 더 좋은 것이 없고, 십 년을 위한 대비책으로는 나무를 심는 것보다 좋은 것이 없으며, 평생을 위한 대비책으로는 인간을 심는 것보다 더 좋은 것이 없다.

☞ 관자(管子)

군주(君主)가 능히 현자(賢者)를 가려 높은 지위에 앉히고 불소(不肖)한 자를 그 밑에서 일하게 하면 진(陣)은 이미 안정(安定)된 것이다. 백성들이 생업(生業)에 안주(安住)하여 위정자(爲政者)와 친근해지면 수비(守備)는 이미 견고한 것이며, 백성들이 모두 내 군주(君主)가 옳고 적국(敵國)이 그르다고 하면 싸움은 이미 승리한 것이다.   ☞ 오자(吳子)

정의(正義)에 따라 군사를 일으키면 사기(士氣)가 오르고, 좋은 기회를 타서 싸움을 시작하면 승리하며, 부하를 은혜로써 다스리면 잘 복종한다.   ☞ 사마양저(司馬穰苴) 〈사마법(司馬法)〉

나간다 나간다 하기를 십 년을 하지 아니하였느냐. 그러하건마는 십 년 후의 오늘날까지도 나갈 힘이 없지 아니하냐. 나갈 준비하기를 십 년을 하였던들 지금은 나갈 힘이 생겼으리라. 지금부터 나갈 준비를 아니 하고 여전히 나간다 하기만 하면, 금후(今後) 십 년 후에도 여전히 나갈 힘이 없으리라! 그러므로 지금은 나갈 때가 아니요, 나갈 준비를 할 때다.

☞ 안창호(安昌浩) '좌상해 시국 대강연(佐上海 時局 大講演)'

욕심을 버리고 무위(無爲)의 심경이 되면 마음이 태연하고 여유가 생기며, 남과 경쟁하지 않는 처지에 서면 부귀도 빈천도 모두 같아진다. 순수함을 지니고 소박함을 지키면, 욕심도 없고 시름도 없다.

☞ 포박자(抱朴子)

천지가 만물을 양육(養育)함은 평등하다. 높은 자리에 있다고 해서 잘난 체해도 안 되며, 남보다 낮은 데 있다고 해서 못난 체해도 안 된다.

☞ 장자(莊子)

하늘은 사람 위에 사람을 만들지 않았고, 사람 밑에 사람을 만들지 않았다.

☞ 복택논길(福澤諭吉) 〈학문의 장려〉

자신을 굽히고 잘못하는 사람은 남을 곧게 바로잡아 줄 수 없다.

☞ 맹자(孟子)

다른 사람을 헤아려 비평하려거든 먼저 모름지기 자신부터 헤아려 비평하라.

☞ 〈명심보감(明心寶鑑)〉

남의 작은 허물을 책망(責望)하지 말며, 남의 사적인 비밀을 발설하지
말며, 남의 지난 잘못을 생각하지 마라.

☞ 홍자성(洪自誠)〈채근담(菜根譚)〉

감옥에 갇혀 있는 죄수에게는 하루가 길게 여겨지지만, 거리로 끌려
가 처형당할 사형수에게는 하루가 무척 짧게 느껴질 것이다.
원래 하루의 시간적 길이는 일정하다. 그렇거늘 경우에 따라 짧게도
또는 길게도 느껴지는 것은, 하루의 시간을 대하는 사람의 마음속이
평정을 잃고 있기 때문이다.
그러므로 공평하지 못한 마음으로 공평하다고 주장해 보았자, 그 공
평은 진짜로 공평한 것이 아니다.   ☞ 회남자(淮南子)

자유(自由)와 제재(制裁), 이 두 가지는 서로 엇갈리는 것이 아닐 뿐더
러 사실은 서로 필요로 하고 서로 도와 완성되는 것이다. 따라서 잠시
도 따로 떨어질 수 없는 것이다.

☞ 양계초(梁啓超)〈자유(自由)와 제재(制裁)〉

선한 사람은 선하지 않은 사람의 스승이고, 선하지 않은 사람은 선한
사람의 자본이다.   ☞ 노자(老子)

세력으로 사귄 사람은 세력이 기울면 끊어지고, 이익으로 사귄 사람
은 이익이 다하면 흩어진다.   ☞ 문중자(文中子)

나를 귀하게 여김으로 인해서 남을 천하게 여기지 말고, 자기가 크다
고 하여 남이 작다고 업신여기지 마라.   ☞〈명심보감(明心寶鑑)〉

소인(小人)을 대함에 있어 엄하기는 어렵지 않으나 미워하지 않기는 어려우며, 군자(君子)를 대함에 있어 공손하기는 어렵지 않으나 예(禮)를 지니기는 어려운 것이다.　☞ 홍자성(洪自誠) 〈채근담(菜根譚)〉

눈 덮인 들판을 밟고 지날 때는 함부로 어지러이 걷지 마라. 오늘 내가 남긴 발자국이 뒷사람의 길이 되리니…….
☞ 서산대사(西山大師) 휴정(休靜)

모든 사람에게 예절 바르고, 많은 사람에게 붙임성 있고, 몇 사람에게 친밀하고, 한 사람에게 벗이 되라. 그리고 아무에게도 적이 되지 마라.
☞ B. 프랭클린 〈가난한 리처드의 달력〉

창녀의 집에는 발을 들여놓지 말고, 여자의 치마 속에는 손을 넣지 말고, 고리대금업자의 장부에는 펜을 대지 마라. 그리고 비열한 악마는 쫓아버려라.　☞ 셰익스피어 〈리어 왕〉

극단(極端)을 피하라. 그리고 너무 즐거워하지 않거나 지나치게 즐거워하는 자들이 가진 결점을 피하라.　☞ A. 포우프 〈비평론〉

짖지 않는 개가 더 아프게 문다.　☞ 미상 〈진리의 서(書)〉

갑에게는 약이 되는 것이 을에게는 독이 될 수 있다.
☞ J. 테일러 〈전집〉

얼음은 쇠와 용접될 수 없다.　☞ R. L 스티븐슨 〈허미스튼 강독〉

자기의 능력과 용기에 대한 너무나 큰 자신감이 그의 불행의 주요 원인이 되었다고 우리는 생각한다. ☞ C. 네포스 〈전기〉

용기 없는 자가 자기의 영광스런 업적을 자랑하면 낯선 사람은 속일 수 있을지 몰라도, 그를 아는 사람들에게는 비웃음거리가 된다.
☞ 파에드루스 〈우화집〉

은혜를 베풀 때는 그것을 결코 기억하지 말고, 은혜를 입었을 때는 그것을 결코 잊지 마라. ☞ 킬론, 아우소니우스 〈칠현인의 금언집〉

은혜는 갚을 수 있는 범위 내에서 받아들여야 한다. 그 한계를 넘어서면 고마운 마음 대신 증오심을 불러일으킬 수 있다.
☞ 타키투스 〈연대기〉

경험은 가장 훌륭한 스승이다. 다만 학비가 비쌀 따름이다.
☞ T. 칼라일 〈잡문집〉

경험 없는 기백은 위험하고, 기백 없는 경험은 불완전하다.
☞ 체스터필드 경 〈서간집〉

파선의 고통을 당해 본 사람은 비록 잔잔한 바람일지라도 바다 위의 항해를 두려워한다. ☞ R. 헤리크 〈파선〉

강을 거슬러 헤엄치는 자가 강물의 세기를 안다.
☞ W. '연설 : 새로운 자유'

상호 신뢰와 상호 협조로써 위대한 업적이 이루어지며, 위대한 발견도 생긴다. ☞ 호메로스 〈일리아드〉

소찬을 가지고도 호의가 넘쳐흐르면 즐거운 향연이 된다. ☞ 셰익스피어 〈헛소동〉

말은 인간적이고, 야수적이며, 죽은 것이다. 그러나 침묵은 신성이다. 그러기에 우리는 양쪽 기술을 다 배워야 한다. ☞ T. 칼라일 〈일기〉

말은 짧아야 좋고, 그중에서도 오래된 말이 짧을 때 가장 좋다. ☞ 처칠 '어록'에서

우리가 말한 것보다 갑절로 남의 말을 들으라고, 자연은 우리에게 혀는 하나지만 귀는 둘을 주었다. ☞ 에필테투스 〈유고집〉

말을 많이 한다는 것과 잘한다는 것은 별개의 문제이다. ☞ 소포클레스 〈오이디푸스 콜로네우스〉

누구라도 뜻이 있는 말만 하지는 않는다.
또한 자기가 뜻하는 바를 모두 말하는 사람도 거의 없다. 말은 매끄럽고, 생각은 끈적끈적하기 때문이다. ☞ H. B. 에덤즈 〈헨리 에덤즈의 교육〉

말은 생각보다 앞서지 않도록 하라. ☞ 디오게네스 라에르티우스 〈킬론〉

한 발을 한번 헛디디면 금방 일어설 수 있지만, 한번 헛 나온 말은 결코 되찾을 수 없다.　　　　　　　　　　☞ T. 풀러 〈금언집〉

네가 어떤 사람에게 말을 할 때는 그의 눈을 보고, 그가 너에게 말을 할 때는 그의 입을 보라.　　　　☞ B. 프랭클린 〈가난한 리처드의 달력〉

진절머리 나는 사람이 되는 비결은 말하고 싶은 모든 것을 말하는 것이다.　　　　　　　　　　☞ 볼테르 〈벌레들의 인간론〉

말하는 자가 씨를 뿌리면, 침묵을 지키는 자들이 거둬들인다.
　　　　　　　　　　　　　☞ J. 레이 〈영국 격언집〉

모든 말소리는 침묵 속에 사라지지만, 침묵은 결코 사라지지 않는다.
　　　　　　　　　　　　☞ S. M. 해즈먼 〈침묵〉

덕망 있고, 판단력 있고, 분별 있는 사람은 침묵이 있을 때까지는 말하지 않는다.　　　　　　　　　　☞ 사디 〈장미 정원〉

침묵이 절정에 이르렀을 때 당신은 말해야 한다.
　　　　　　　　　　　　　☞ E. 보우언 〈파리의 집〉

스위스의 어떤 비명(碑銘)에 이렇게 새겨져 있다.
"웅변은 은이고, 침묵은 금이다."
나는 오히려 그것을 '웅변은 시간적이고, 침묵은 영원하다.'고 표현하고 싶다.　　　　　　　　　　☞ T. 칼라일 〈의복 철학〉

솔론은 백성을 바다에, 웅변가를 바람에 비유했다. 바람이 바다를 성가시게 굴지 않으면, 바다는 고요하고 조용할 것이기 때문이다.

☞ F. 베이컨 〈금언집〉

웅변 자체의 목적은 진실을 말하는 것이 아니라, 설득을 하는 것이다.

☞ 머콜리 〈수필집〉

침묵을 지킴으로써 수치를 당하기보다는, 잘 말하는 것이 편하다.

☞ 라 로시푸코 〈사후 출판 잠언집〉

현명하고 세련되고 온화한 대화는 문화인의 최고의 꽃이다.
대화는 우리가 우리 자신을 나타내는 것이다.

☞ 에머슨 〈잡문집 : 여자〉

잡담자는 너에게 다른 사람에 관한 이야기를 하는 자이며, 지루하게 하는 자는 너에게 자기 이야기를 하는 자이다.
훌륭한 대화자는 너에게 너에 관한 이야기를 하는 자이다.

☞ C. 커크 〈뉴욕 저널 아메리칸〉지(誌)에서

농담에는 반드시 절제가 있어야 한다.　　　☞ 키케로 〈수사학〉

다른 사람에게 자기의 이야기를 하지 마라. 그 대신에 그들로 하여금 그들 자신에 관해 이야기하게 하라. 거기에 기뻐하게 하는 모든 기술이 있다. 그러나 사람들은 저마다 이것을 알고 있으면서도 잊는 경우가 많다.

☞ 콩쿠르 형제 〈관념과 감각〉

비통한 자를 괴롭히는 온갖 슬픔 중에서 가장 뼈아픈 것은 모욕적인 농담이다. ☞ S. 존슨 〈런던〉

어떤 사람과 대화를 하게 되었을 때 가장 먼저 생각해야 될 것은, 그가 당신의 말을 몹시 듣고 싶어 하는가 아니면 당신이 그의 말을 들어야만 하는가 하는 것이다. ☞ R. 스덜 경 〈스펙테이터〉지(誌)에서

아무도 그 자리에 없는 사람을 욕하려고 마음먹지 못하도록 하라. ☞ 프로페르티우스 〈만가집〉

사람이 명예로운 목적을 향해서 전진할 때는, 조소 그 자체를 멸시해야 한다. ☞ 세네카 〈루킬리우스에의 서한집〉

늙은 소가 가장 곧은 고랑을 만든다. ☞ J. 하우얼 〈금언집〉

때때로 남을 위한 변명은 해도 좋지만, 결코 자신을 위한 변명은 하지 마라. ☞ 푸블리우스 시루스 〈금언집〉

한 온스의 조심성은 한 파운드의 금의 가치에 해당된다. ☞ T. G. 스몰레트 〈로더리크 랜덤〉

부단한 주의는 적극적인 정신을 쇠약하게 하고, 우리의 능력을 해치며, 공백을 남긴다. ☞ 처칠 '호거든에게 보낸 편지'

약속을 잘하는 사람은 잊어버리기도 잘한다. ☞ T. 풀러 〈잠언집〉

누구의 말에나 귀를 기울이되, 자신의 의견은 삼가라.
즉 남의 의견은 들어 주되, 시비의 판단은 삼가라는 말이다.

☞ 셰익스피어 〈햄릿〉

원숭이는 최선을 다해도 결코 인간이 되지 않는다.

☞ G. 위더 〈최초의 운수〉

약속을 지키는 최선의 방법은 약속을 하지 않는 것이다.

☞ 나폴레옹 〈어록〉

사람은 자기를 기다리게 하는 사람의 결점을 계산한다.

☞ 프랑스 격언

자찬하는 사람은 이내 자기를 비웃는 사람을 발견하게 될 것이다.

☞ 푸블리우스 시루스 〈금언집〉

많은 사람이 충고를 받지만, 오직 현명한 사람만이 충고의 덕을 본다.

☞ 푸블리우스 시루스 〈금언집〉

충고를 청하는 것은, 열이면 아홉은 아첨해 달라고 권하는 것이다.

☞ C. 콜린즈 〈금언집〉

정직한 사람이 이 세상에서 가장 존경하고 가치 있게 보는 것은 진정
한 친구다. 이런 친구는 정직한 사람의 분신이다.

☞ 필페이 〈벗의 선택〉

충실한 친구의 충고를 취하고, 자신의 가벼움을 그 친구의 비판에
굴복시켜라.　　　　　　　　　　　　　　　☞ T. 풀러 〈성지〉

가장 훌륭한 벗은 가장 좋은 책이다.
　　　　　　　　☞ 체스터필드 경 '헌팅튼 경에게 보낸 편지'

부모는 보물이요, 형제는 위안이며, 친구는 보물도 되고 위안도 된다.
　　　　　　　　　☞ B. 프랭클린 〈가난한 리처드의 달력〉

너 자신의 친구가 되라. 그러면 다른 사람도 또한 그러하리라.
　　　　　　　　　　　　　　　　　☞ T. 풀러 〈잠언집〉

궁핍할 때 돕는 친구야말로 진정한 친구다.
　　　　　　　　　　　　☞ R. 그레이브즈 〈정신적 키호테〉

불행은 진정한 친구인지 아닌지를 가려 준다.
　　　　　　　　　　☞ 아리스토텔레스 〈에우테미 윤리학〉

모든 것이 순조롭고 좋은 상황일 때는 친구가 우리를 알고, 어려운
상황에 놓였을 때는 우리가 친구를 안다.　　☞ C. 콜린즈 〈경구집〉

진실로 그대의 친구라면, 그대가 곤궁할 때 도와주고, 그대가 서러울
때 울어줄 것이며, 그대가 깨어 있을 때 잠들지 못한 채 마음속의
온갖 슬픔을 그대와 함께 나누리라. 이러한 것들이 적과 충실한 친구
를 구별해 주는 확실한 표적이다.　　　☞ R. 반필드 〈정열의 순례자〉

먹고 마시기를 청할 때는 주변에 많은 사람이 있지만, 위급한 상황일 때 관심 갖는 사람은 극히 드물다.　　　　　　☞ 테오그니스 〈애가〉

착한 사람들과 벗하라. 그러면 너도 그들 중 한 사람이 될 것이다.
　　　　　　　　　　　　　　　　☞ 세르반테스 〈돈키호테〉

바르고 공정한 사람을 친구로 가진 것은 값진 재산을 가진 것보다 낫다.　　　　　　　　　　　　☞ 에우리피데스 〈아에게우스〉

그대가 불운을 당하면, 그대에게 아첨하는 사람들은 멀어지기 십상이다. 말이란 바람처럼 쉬운 것이지만 충실한 친구는 그만큼 얻기 어렵다는 말이다.
그대에게 쓸 돈이 있을 때는 많은 사람들이 그대의 친구가 될 것이지만, 금고가 말라버렸을 때 그대의 곤궁을 채워 주려 하는 사람은 거의 없을 것이다.　　　　　　　　　☞ R. 반필드 〈다양한 기질〉

친구를 잃지 않는 최상의 길은, 친구에게 아무 빚도 지지 않고 아무것도 빌려 주지 않는 것이다.
　　　　　　　☞ P. D. 코크 〈트르와 쿨로트에 가까운 남자〉

친구의 잔치에는 천천히 가되, 불행에는 황급히 가라.
　　　　　　　　　　　　　☞ 킬론 스토바에우스 〈적화〉

친구는 은밀히 책망하고, 공개적으로 칭찬하라.
　　　　　　　　　　　　☞ 푸블리우스 시루스 〈금언집〉

우리가 살아가는 동안 새로운 교우 관계를 맺지 않으면, 얼마 안 가서 외톨이가 되어 있음을 발견할 것이다.

때문에 사람은 교우 관계를 개선하기 위해 항상 노력해야 한다.

☞ 보즈웰 〈존슨 전〉

취미는 바꾸더라도 친구는 바꾸지 마라.　　　☞ 볼테르 〈보관인〉

흰 말과 예쁜 아내를 가지고 있는 자는 두려움과 근심과 질투로 잠을 이루기 어렵다.　　　☞ J. 플로리오 〈두 번째 열매〉

우정은 이성의 결속이다.　　　☞ R. B. 셰리던 〈가정교사〉

병은 자각되나, 건강은 전혀 자각되지 않는다.

☞ T. 풀러 〈잠언집〉

친구들에게 일체 자신의 비밀을 말하지 않는다면, 그 친구가 적이 되더라도 결코 그를 두려워하지 않을 것이다.

☞ 메난드로스 〈유고집〉

건강한 자는 건강을 모르고, 병자만이 건강을 안다는 것이 의사의 격언이다.　　　☞ T. 칼라일 〈성격론〉

음식을 먹고 마시는 것은 건강한 사람에게 크나큰 즐거움이다. 먹는 것을 즐기지 못하는 사람은 어떤 종류의 향락이나 유용함도 받아들일 수 없는 사람이다.　　　☞ C. W. 엘리어트 〈행복한 인생〉

아침에는 생각하고, 낮에는 일하라. 저녁에는 먹고, 밤에는 자라.
☞ W. 블레이크 〈지옥의 격언집〉

내가 잠들고 있는 한, 나에겐 공포도 희망도 근심도 영광도 없다.
☞ 세르반테스 〈돈키호테〉

잘 마시는 자는 잘 자고, 잘 자는 사람은 잘 생각한다.
잘 생각하는 자는 일을 잘하고, 일을 잘하는 자는 잘 마셔야 한다.
☞ 미상 〈충성스런 화환〉

바보는 방황하고, 행복한 사람은 여행한다.　　☞ T. 풀러 〈잠언집〉

적당하게 마셔라. 술에 취하면 비밀을 유지하지도, 약속을 지키지도
못하기 때문이다.　　☞ 세르반테스 〈돈키호테〉

우리는 서로의 건강을 위해 축배를 들지만, 그로 인해 자신들의 건강
을 해친다.　　☞ J. K. 제롬 〈게으른 친구의 게으른 생각〉

세상을 살면서 세 가지 금언을 익혔다.
남을 해치는 소리는 결코 하지 마라. 불평하지 마라. 설명하지 마라.
☞ R. F. 스콧

사람을 사귐에 있어서, 우리들의 뛰어난 특성에 의해서보다 우리들의
결점에 의해서 남의 눈에 드는 경우가 도리어 많다.
☞ F. D. 라로슈푸코오 〈도덕적 반성〉

새로운 은혜를 베풀어서, 그것으로써 옛날의 원한을 잊어버리게 할
수 있다는 생각은 큰 착오이다.　　　　☞ N. B. 마키아벨리 〈군주론〉

어려운 일을 당했을 때는 남의 충고를 믿지 마라.　　☞ 이솝 우화

충고해 달라고 하기 전에는 충고하지 마라.
　　　　　　　　　　　　　　　　☞ D. 에과스무스 〈아다지아〉

친구의 충고는, 자기 자신의 아첨에 대한 최선의 처방이다.
　　　　　　　　　　　　　　　　　　　　　☞ F. 베이컨

충고는 눈과 같아서, 조용히 내리면 내릴수록 마음에 오래 남고 마음
에 먹혀 들어가는 것도 깊어진다.　　　　☞ K. 힐더 '서간문'

충고는 좀처럼 환영받지 못한다. 더욱이 충고를 가장 필요로 하는
사람은 항상 그것을 경원(敬遠)시한다.　　☞ 체스터필드 경 〈서간집〉

사람이 여행을 하는 것은 도착하기 위해서가 아니라 돌아오기 위해서다.
　　　　　　　　　　　　　　　　☞ 괴테 〈격언과 반성〉

나에게 있어서 여행은 정신을 다시 젊어지게 하는 샘이다.
　　　　　　　　　　　　　　　　　　☞ 안데르센 〈자서전〉

최선인 것을 택하라. 그러면 그것이 자연스럽게 습관이 되어 그것이
좋아지고 편리해진다.　　　　　　☞ F. 베이컨 〈부모와 자련〉

자기와 다른 사람들을 개선하려고 나라를 떠나는 자는 철학자이지만, 호기심이란 맹목적인 충격에 의해 이 나라에서 저 나라로 옮겨 다니는 자는 방랑자에 지나지 않는다.　☞ G. 스미드 〈세계 시민〉

여행은 인간을 겸허하게 합니다. 세상에서 인간이 차지하고 있는 부분이 얼마나 하찮은가를 두고두고 깨닫게 하기 때문입니다.　☞ G. 플로베르 〈서간집〉

최선으로 출발한 것은 최악으로 끝날 수 없다.　☞ R. 브라우닝 〈극적 인물〉

가장 많이 생각하고, 가장 고상한 것을 느끼는 사람은 최선의 행동을 한다.　☞ P. J. 베일리 〈축제〉

"이것이 최악이다."라고 말할 수 있는 동안은 아직 최악이 아니다.　☞ 셰익스피어 〈리어 왕〉

최악에 직면한 후 나는 한결 마음이 홀가분해졌으며, 오랫동안 맛보지 못했던 안도감을 만끽했고, 그 후부터는 사물을 제대로 생각할 수 있었다.　☞ 캐리어

잘못에 대해 변명하면 할수록, 그 잘못은 더욱 크게 눈에 띄는 법이다.　☞ 셰익스피어 〈존 왕〉

불가능이란 노력하지 않는 자의 변명이다.　☞ 나폴레옹

네가 만나는 최악의 적은 바로 너 자신일 것이다.
동굴이나 수풀 속에서 너를 기다리게 하는 것 또한 너 자신인 것이다.

☞ 니체

인간에 대한 최악의 죄는 그를 미워하는 것이 아니라 무관심한 것이다.

☞ 버나드 쇼 〈악마의 제자〉

지성이 풍부한 사람은 결코 변명 같은 것은 하지 않는다.

☞ R. W. 에머슨

솔직하고 장부다운 인격에는 변명이 필요 없다.　　☞ R. W. 에머슨

변명 중에서도 가장 어리석고 못난 변명은 '시간이 없어서'라는 변명
이다.　　　　　　　　　　　　　　　　　　　　　☞ 에디슨

다른 사람이나 사실에서 변명을 찾지 말고, 모든 원인을 자기 자신으
로 환원시켜라. 사물의 궁극적인 목표는 바로 자신이기 때문이다.

☞ A. 슈바이처

8

국가와 개인

천하(天下)는 국가의 근본이고, 국가는 고을의 근본이며, 고을은 집의
근본이고, 집은 사람의 근본이며, 사람은 몸의 근본이고, 몸은 다스림
의 근본이다.
☞ 관자(管子)

만일 왕께서 말씀하시기를 '어떻게 하면 내 나라를 이롭게 할까?' 하시
면, 대부(大夫)들은 '어떻게 하면 내 집을 이롭게 할까?' 하고, 관리(官
吏)나 서민(庶民)들은 '어떻게 하면 내 몸을 이롭게 할까?'라고 합니다.
이렇듯 상하가 모두 이익만을 추구한다면, 나라는 위태롭게 될 것입
니다. (양전왕(梁專王)에게 대답한 말)
☞ 맹자(孟子)

나라에 삼 년 동안 쓸 재정이 저축되어 있지 않으면, 그 나라는 나라답
지 못하다.
☞ 정도전(鄭道傳) 〈삼봉집(三峰集)〉

사람을 쉽게 쓰기 때문에 정치가 날로 어지러워지고, 정치가 어지러
워지기 때문에 국가가 위태롭고 쇠망(衰亡)해 간다.
☞ 이곡(李穀) 〈가형집(稼亨集)〉

나라에 구 년간의 비축(備蓄)이 없으면 이를 '부족(不足)'이라 하고, 육 년간의 비축이 없으면 이를 '급박(急迫)'하다 하며, 삼 년간의 비축이 없으면 이를 '궁핍(窮乏)'이라 한다.　　　　☞ 회남자(淮南子)

아아, 슬프다. 국시(國是)가 정해지지 않으면 백성들의 마음이 흔들리기 쉽고, 대의명분(大義名分)이 바로잡히지 않으면 선정(善政)이 이루어지지 못하는 법이다.
만일 간악(奸惡)한 무리들의 소굴을 소탕하여 나라의 원기(元氣)를 부호(扶護)하지 못한다면, 군자는 믿을 바가 없어 충성을 다하지 못하고 소인들은 이 틈을 엿보아 그 악함을 계속할 것이다. 그리하면 나라의 꼴이 어찌 될 것인가!　　　　☞ 이이(李珥) 〈율곡집(栗谷集)〉

국고(國庫)는 텅 비었는데 대신(大臣)의 창고는 충실(充實)해지고, 대대로 살아온 집들은 가난해지는데 떠돌이와 사는 자들은 부(富)해지며, 농사지으며 전쟁하는 사람들은 곤궁해지는데 사업(事業)이나 공업(工業)에 종사하는 사람들은 이득을 크게 올리는 나라라면, 그 나라는 망하는 것이 당연하다.　　　　☞ 한비자(韓非子)

나는 진정으로 일본이 망하기를 원치 않고 좋은 나라가 되기를 원한다. 이웃인 대한 나라를 유린하는 것은 결코 일본의 이익이 아닐 것이다. 원한 품은 이천만을 억지로 국민 중에 포함시키는 것보다 우정 있는 이천만을 이웃 국민으로 두는 것이 일본의 득일 것이다.
그러므로 대한의 독립을 주장하는 것은 동양의 평화와 일본의 복리(福利)까지도 위함이다.
　　　　☞ 안창호(安昌浩) 〈안도산 전서(安島山 全書)〉 '주요한' 편

독립은 선전이나 허장성세(虛張聲勢)만으로 되는 것이 아니다. 독립의
가장 근본적 요소는 각성한 민중(民衆)이다. 그러므로 우리는 민중
교양(教養)에 총력을 집중하지 않으면 안 될 것이다.
이천만 민중이 총궐기하여 독립을 부르짖게 되면 한국의 독립은 반드
시 성취될 것이다.

☞ 서재필(徐載弼) '상해임시정부 대통령에게 보낸 건의문'

무릇 나라에 국시(國是)가 있음은 배에 키가 있고 나침반에 지침이
있는 것과 같아서, 열국의 진로(進路)를 결정한다.

☞ 강유위(康有爲)

본(本)부인(婦人)은 천해지고 비첩(婢妾)들이 존귀해지며, 태자(太子)
는 낮아지고 서자(庶子)들이 높아지며, 대신(大臣)들은 경시되고 내시
(內侍)들이 중시되는 것을 안팎이 서로 어긋났다고 말한다.
이렇듯 안팎이 서로 어긋나는 나라는 망할 것이다.

☞ 한비자(韓非子)

그대는 나라를 사랑하는가? 그러면 먼저 그대가 건전한 인격인(人格
人)이 되라.
백성의 병고(病苦)를 가엾게 여기거든 그대가 먼저 의사가 되라. 의사
까지는 못 되더라도 그대의 병부터 고쳐서 건전한 사람이 되라!

☞ 안창호(安昌浩) '대성학교 학생과 후배 청년에게'

여러 사람이 우기면 평지(平地)에도 숲이 생기고, 날개 없이도 날 수
있다.

☞ 회남자(淮南子)

네 소원이 무엇이냐고 하느님이 내게 물으시면 나는 서슴지 않고 "내 소원은 대한 독립이오" 하고 대답할 것이다. 그다음 소원은 무엇이냐고 하면, 나는 또 "우리나라의 독립이오" 할 것이요, 또 그다음 소원은 무엇이냐고 세 번째 물으시면 나는 더욱 소리를 높여서 "나의 소원은 우리나라 대한의 온전한 자주 독립이오."라고 대답할 것이다.

☞ 김구(金九) 〈백범일지(白凡逸志)〉

지식이 결여되고 애국심이 박약한 이 국민으로 하여금 나라가 곧 제 집이라는 것을 깨닫게 하기 전에는, 그 어떤 것으로도 나라를 건질 수 없다.

☞ 김구(金九) 〈백범일지(白凡逸志)〉

지혜로써 법(法) 어기기를 좋아하고, 때때로 공사(公事)에 사사로운 이해관계를 섞어 처리하며, 금령(禁令)을 변경하고, 명령(命令)을 자주 바꾸는 나라는 망할 것이다.

☞ 한비자(韓非子)

의(義)가 지켜지지 않으면, 그 나라가 비록 클지라도 반드시 망할 것이다. 사람에게 착한 뜻이 없다면, 아무리 힘이 있다 해도 반드시 상하고 말 것이다.

☞ 회남자(淮南子)

법(法)은 천하(天下)의 저울과 말이며, 군주(君主)가 좇아야 할 먹줄이다.

☞ 회남자(淮南子)

부드러움도 쓸 곳이 있고, 굳셈도 쓸 곳이 있으며, 약(弱)함도 쓸 곳이 있고, 강(强)함도 쓸 곳이 있다. 이 네 가지를 겸해 가지고 형편에 따라 알맞게 써라.

☞ 〈삼략(三略)〉

나는 사천 년 우리 조국을 위해, 또한 이천만 우리 동포를 위해, 동양대국의 평화를 교란하는 간악한 적을 죽였으니, 나의 목적은 이와 같이 바르고 크다. 나는 국민의 의무로, 내 몸을 죽여 어진 일을 이루고자 할 뿐이다.

내 이미 죽음을 각오하고 결행한 바이니, 아무 한 됨이 없다. 나의 염원은 오직 조국의 독립뿐이다.

☞ 안중근(安重根) '안중근(安重根) 공판기(公判記)'에서

자손은 조상을 원망하고, 후진은 선배를 원망하며, 우리 민족이 불행해진 책임을 자기 이외의 것으로 돌리려고 하는데, 대관절 당신은 왜 못 하고 남만 책망하려 하는가?

우리나라가 독립 못하는 것이 다 나 때문이로구나 하고 가슴을 두드리며 아프게 뉘우칠 생각은 왜 못 하고, 어찌하여 그놈이 죽일 놈이라는 소리만 하면서 가만히 앉아 있는가?

내 자신이 죽일 놈이라고, 왜들 깨닫지 못하는가?

☞ 안창호(安昌浩) '흥사단(興士團) 입단(入團) 문답(問答)'

나라를 잘 다스림에는, 인재의 등용보다 더 중요한 것은 없다.

☞ 김안국(金安國) 〈모재집(慕齋集)〉

우리나라를 망하게 한 것은 일본도 아니요, 이완용(李完用)도 아니다. 망하게 한 책임자가 누구냐? 그것은 나 자신이다.

내가 왜 일본으로 하여금 손톱을 박게 하였으며, 내가 왜 이완용으로 하여금 조국 팔기를 용서하였던가? 그러므로 망국(亡國)의 책임자는 나 자신이다.   ☞ 안창호(安昌浩) '흥사단(興士團) 입단(入團) 문답(問答)'

오호라! 국치(國恥)와 민욕(民辱)이 이에 이르렀으니, 우리 민족은 장차 생존경쟁 가운데서 진멸(殄滅)하리라. 대체 살기를 원하는 자는 반드시 죽고, 죽기를 기약하는 자는 도리어 삶을 얻나니, 제공(諸公)은 어찌 이것을 알지 못하는고?

영환(泳煥)은 죽음으로써 황은(皇恩)에 보답하고, 이천만 동포형제에게 사죄하려 하노라. 그러나 영환은 죽어도 죽지 않고 저승에서라도 제공을 기어이 도우리니, 다행히 동포 형제들은 천만 배 더욱 분려(奮勵)하여 지기(志氣)를 굳게 하고 학문에 힘쓸지어다. 또한 한마음으로 힘을 다해 우리의 자유 독립을 회복하면, 죽은 몸도 마땅히 저세상에서 기뻐 웃으리라. 아! 조금도 실망하지 말지어다! 우리 대한제국 이천만 동포에게 고별(告別)하노라.

☞ 민영환(閔泳煥) '민충정공(閔忠正公) 유고(遺稿)

은혜를 베풀어 나간다면 능히 천하도 보전할 수 있지만, 은혜를 베풀어 나가지 않는다면 자신의 처자(妻子)도 보전하기 어려우니라.

☞ 맹자(孟子)

비록 모진 바람에도 쓰러지지 않는 굳센 풀은 되지 못할지언정, 겨울에도 시들지 않은 송백(松柏)이 되리라.

☞ 길재(吉再) 〈야은집(冶隱集)〉

나는 감옥에서 뜰을 쓸고 유리창을 닦을 때마다 하느님께 빌었다.
"우리나라가 독립하여 정부가 생기거든, 그 집의 뜰을 쓸고 유리창을 닦는 일을 해 보고 죽게 하소서." 하고.

☞ 김구(金九) 〈백범일지(白凡逸志)〉

임금의 세 가지 정책 수단은 다음과 같다.

첫째, 명령을 바로 내리지 않고서는 신하를 부리지 마라.

둘째, 형벌이 아니고서는 민중을 위압하지 마라.

셋째, 녹(祿)이나 상(賞)을 내리지 않고서는 국민을 분발시킬 수 없다.

☞ 관자(管子)

대중을 통솔하는 방법에는 오직 위엄과 신의가 있을 따름이다. 위엄은 첨령한 데서 생기고, 신의는 충성한 데서 나온다. 충성되면서 청렴하기만 하면 능히 대중을 복종시킬 수 있을 것이다.

☞ 정약용(丁若鏞) 〈목민심서(牧民心書)〉

민심을 따르면 정치가 흥하고, 민심을 거역하면 정치가 패망한다. 그들을 안락하게 해 주면 백성들은 근심과 노고를 아끼지 않고, 그들을 부귀하게 해 주면 백성들은 가난과 천대도 감수하며, 그들의 안존(安存)을 보장해 주면 백성들은 위험이나 재앙 속에도 뛰어들고, 그들을 능히 생육(生育)시켜 주면 백성들은 멸망과 근절(根絶)도 돌보지 않는다.

☞ 관자(管子)

도(道)에 어긋남으로써 백성들의 관용을 구하지 말며, 백성의 뜻을 어기어 자신의 욕심을 좇지 마라.

☞ 〈서경(書經)〉

그 임금을 알려거든 먼저 그 신하를 보고, 그 사람을 알려거든 먼저 그 벗을 보며, 그 아버지를 알려거든 먼저 그 아들을 보라.

임금이 현성(賢聖)하면 그 신하가 충량(忠良)하고, 아버지가 인자하면 그 아들이 효성스러운 법이다. ☞ 왕량(王良) 〈명심보감(明心寶鑑)〉

위에서 백성 속이는 일이 날로 많아지면, 백성들이 어찌 거짓을 취하지 않을 수 있으랴. 대저 힘이 모자라면 꾸며대고, 지혜가 모자라면 속이며, 재물이 모자라면 도둑질하게 되나니, 백성들이 속이고 도둑질함은 대체 누구에게 그 책임이 있는 것인가.　　　☞ 장자(莊子)

잘 다스려지고 어지러워짐은 사람이 하기에 달린 것이지, 때에 관계되는 것은 아니다.
때란 위에 있는 사람이 만들면 되는 것이다.
　　　　　　　　　　　　☞ 이이(李珥)〈율곡집(栗谷集)〉

무릇 되풀이 못할 말이나 두 번 다시 못할 행동은 국가를 다스리는 사람으로서는 절대로 삼가야 한다.　　　☞ 관자(管子)

물이 탁하면 물고기가 허덕이고, 정치가 가혹하면 백성들이 흐트러진다.
　　　　　　　　　　　　　　　☞ 회남자(淮南子)

조정은 잘 꾸며져 있는데 논밭은 황폐하고 창고는 텅 비었으며, 위정자는 아름다운 옷을 입고 날카로운 칼을 차며 음식에 배부르고 쓰고도 남을 재물을 가지고 있다면, 이런 것을 '도둑놈의 호강'이라고 한다. 도(道)에 벗어난 일이 아니겠는가.　　　☞ 노자(老子)

최상(最上)의 제왕(帝王)이 되면 백성들은 그가 있는지조차 의식하지 못한다. 그다음의 인물인 경우에는 친근감을 느끼어 칭송한다. 또 그다음의 인물인 경우에는 이를 두려워하고, 다시 그다음의 인물인 경우에는 이를 업신여긴다.　　　☞ 노자(老子)

임금은 뿌리[根]이고, 신하는 지엽(枝葉)이다. 뿌리가 좋지 못한데 지엽이 무성했다는 것은 들어 보지 못했다.   ☞ 회남자(淮南子)

위정자(爲政者)는 백성들에게 '도둑질하지 마라. 살인하지 마라.'고 외친다. 그러나 귀천(貴賤)의 제도(制度)가 성립되는 데서 괴로움이 생기고, 재물을 모으려 하는 데서 투쟁이 시작된다.
지금의 위정자들은 백성을 괴롭히는 귀천의 제도를 만들고, 백성들이 다투는 재물을 모아, 백성들을 핍박하여 쉴 틈을 주지 않는다.
이러고서야 죄 짓는 백성을 없애려 한들 어찌 이것이 가능하랴.   ☞ 장자(莊子)

위에 있는 위정자가 꾀를 부리면 백성들이 거짓을 많이 하게 된다. 그러기에 몸이 굽었는데 그림자가 바르다는 것은 들어 보지 못했다.   ☞ 회남자(淮南子)

천하는 군주(君主) 한 사람의 천하가 아니라, 천하에 삶을 이어받은 만민의 천하이다. 그러한 천하의 이득을 천하 만민과 함께 나누려는 마음을 가진 군주라야 천하를 얻을 수 있다.   ☞ 강태공(姜太公)

도리(道理)에 밝은 군주가 그 백성을 부릴 때는 먼저 친화(親和)를 도모한 다음에 대사(大事)를 시작한다.   ☞ 오자(吳子)

옛날의 어진 임금들은 공적(功績)은 백성에게 돌리고 실정(失政)은 자기에게 돌렸으며, 바른 것은 백성에게 돌리고 그릇된 것은 자기에게 돌렸다.   ☞ 장자(莊子)

그 나라를 살피고자 하면 그 임금의 덕행(德行)을 보면 알 수 있고, 그 군대를 살피려면 그 장군을 보면 알 수 있으며, 그 나라의 재력(財力)을 살피려면 그 나라 농토(農土)를 보면 알 수 있다.

☞ 관자(管子)

군주는 덕(德)이 없어서는 안 된다. 덕이 없으면 신하가 배반한다. 또 위엄이 없어서는 안 된다. 위엄이 없으면 군주로서의 권세를 잃을 것이다.

☞ 〈삼략(三略)〉

임금이 자신의 지위를 공공(公共)의 그릇으로 삼으면, 그 마음 씀이 두루 미쳐 능히 그 혜택이 백성에게 미치게 된다.
그러나 만일 임금이 자신의 지위를 사유물로 삼으면 깨닫지 못하는 가운데 저절로 사사로운 욕심이 생겨, 스스로를 받들어 그 욕심 채움을 일삼게 된다.

☞ 권발(權撥) 〈중재집(仲齋集)〉

임금이란 백성들의 선창자(先唱者)이며, 윗사람은 아랫사람들의 표본이다.
그들은 선창하는 것을 보고서 호응하며, 표본을 보고서 움직인다.

☞ 순자(荀子)

큰 원칙이 바르고 작은 원칙도 바르면 우수한 임금이요, 큰 원칙은 바르나 작은 원칙에 있어서는 한 가지가 옳고 한 가지가 그르다면 중간치 임금이다.
큰 원칙이 옳지 않다면, 작은 원칙들이 비록 옳다 할지라도 나는 그 밖의 것은 거들떠보지도 않겠다.

☞ 공자(孔子)

임금의 지위는 지극히 존귀하고 지극히 높다. 존귀하기 때문에 그 책임이 몹시 중하여 가볍지 않고, 높기 때문에 그 형세가 몹시 위태하여 보전하기 어렵다.   ☞ 정도전(鄭道傳) 〈삼봉집(三峰集)〉

대개 그 병에 따라 고치는 것이 훌륭한 의원이니, 병들지 않은 자는 고칠 필요가 없는 법이다.
어진 임금이 백성의 처지에 따라 다스려야 하는 것도 이와 같은 이치이다.   ☞ 김정국(金正國) 〈사재집(思齋集)〉

예로부터 나라를 잘 다스리는 임금은 현재(賢才)를 가까이 함은 물론이고, 선비의 기풍(氣風)을 바르게 함을 근본으로 삼지 않은 이가 없었다.   ☞ 김인후(金麟厚)

정도(正道)로 다스리는 임금은 백성을 부(富)하게 하고, 나라를 망칠 임금은 국고(國庫)만을 부(富)하게 채운다.   ☞ 회남자(淮南子)

나라를 다스리는 일이 한두 가지가 아니지만 민심을 얻는 일보다 더 큰 것이 없고, 나라를 다스리는 길이 한두 가지가 아니지만 민심을 따르는 길보다 더 지나친 것은 없다.   ☞ 이준경(李浚慶) 〈동고집(東皐集)〉

임금이 백성들을 안락하게 해 주지 않으면 백성들도 임금을 사랑하지 않고, 임금이 백성들을 잘 살게 해 주지 않으면 백성들도 나라를 위해 목숨을 내놓지 않는다.
갈 것이 가지 않으면 올 것도 오지 않는 법이다.   ☞ 관자(管子)

임금은 위엄이 없음을 걱정 말고, 공정하지 않음을 걱정해야 한다. 공정하면 밝고, 밝으면 위엄이 그 가운데 있기 마련이다.

☞ 이이(李珥) 〈율곡집(栗谷集)〉

구름은 용을 따르고, 바람은 범을 따른다. 진실로 훌륭한 임금이라면, 반드시 훌륭한 신하가 있기 마련이다.

☞ 이이(李珥) 〈율곡집(栗谷集)〉

임금이 백성을 다스리는 길에는 두 가지가 있다. 몸소 인의(仁義)의 도(道)를 실천하고 백성을 사랑하는 어진 정치를 베풀어 천리(天理)의 정도(正道)를 다함을 왕도(王道)라 하며, 인의(仁義) 이름을 빌려 권모(權謀)의 정치를 베풀어 공리적(公利的)인 사욕(私慾)을 채움을 패도(覇道)라 한다.

☞ 이이(李珥) 〈율곡집(栗谷集)〉

스스로 나라 다스리는 수고로움을 싫어하여 여러 신하들을 부리고, 많은 정사(政事)들이 몰려 닥치는 것을 꺼린 나머지 권리를 신하들에게 옮겨 주며, 사람을 죽이고 살리는 기틀과 벼슬이나 재물을 주고 뺏는 권리까지 모두 대신(大臣)들에게 주게 되면, 이런 임금은 침해를 당하기 십상이다.

☞ 한비자(韓非子)

임금이 덕을 밝게 펴지 않고서 나라가 다스려지기를 원함은, 마치 배 없이 바다를 건너려 함과 같다.

☞ 조식(曺植) 〈남명집(南溟集)〉

임금은 배요 백성은 물이다. 물은 배를 뜨게도 하지만, 또한 배를 엎어 뜨리기도 한다.

☞ 순자(荀子)

임금이 되거든 오직 굽어볼 따름이요, 신하가 되거든 오직 침착할 따름이다. 굽어보되 멀리함이 없으며, 침착하되 숨김이 없어야 한다.

☞ 강태공(姜太公)

독서라는 것이 가장 유익하며, 혹 글씨를 쓴다든지 글을 짓는 것은 임금으로서 유의할 필요가 없는 것이다.

☞ 세종대왕(世宗大王)〈해동야언(海東野言)〉

만일 백성을 보호하려 한다면, 임금은 백성의 부모가 된 마음으로 그들을 사랑해야 한다. 대저 어린아이가 우물에 빠지면, 비록 원수진 사람이라 할지라도 그 집을 멸망시켜 버리려는 의도가 아니라면 반드시 놀라 일어나 그를 구할 것이니, 하물며 그 부모의 마음은 어떻겠는가. 지금은 어린아이가 우물에 빠진 지 오래되었다. 쓸쓸히 여러 해가 지나도 이를 구해 내려는 정치가 실시되고 있지 못함은 임금에게 백성의 부모 된 마음이 아직 지극하지 못하기 때문이다.

☞ 이이(李珥)〈율곡집(栗谷集)〉

임금이 똑똑하지 못하면 나라는 위태롭고, 백성은 혼란하다. 임금이 어질고 훌륭하면 나라는 편안하고, 백성은 잘 다스려진다.
화(禍)와 복(福)은 임금에게 달려 있지만, 하늘의 시운(時運) 또한 따라야 한다.

☞ 강태공(姜太公)

백성을 다스리는 임금은 마치 활 쏘는 사람과 같다. 내 손에서 털끝만큼만 빗나가도 자칫 몇 길이나 어긋나게 마련이다.

☞ 회남자(淮南子)

왕의 정교(正敎)가 밝으면 비록 풀언덕에 땅을 그어 성(城)이라 해도 백성이 감히 넘지 못하고, 재앙을 씻어 복(福)이 될 것이다.

그러나 정교(正敎)가 밝지 못하면 비록 장성(長城)이 있을지라도 재해(災害)를 없애지 못할 것이다. ☞ 의상(義湘) 〈삼국유사(三國遺事)〉

대저 나라를 다스리는 길은 어진 선비와 일반 백성에게 기대야 한다. 어진 선비를 믿고 의심치 않음을 꼭 자기 심복처럼 하고, 백성을 부릴 때는 꼭 자기 손발처럼 아껴 써야 한다. 그래야만 나라 다스리는 계책이 완전무결해져 조금도 빠짐없는 것이 된다. ☞ 〈삼략(三略)〉

옛 성왕(聖王)들은 나라를 다스림에 있어서 하늘의 도(道)에 순응하고 자연의 이치에 따랐으며, 백성 가운데 덕(德)이 있는 자(者)를 적재적소(適材適所)의 관직에 배치하여 대의명분(大義名分)을 세워 직무를 수행하게 하였다. ☞ 사마양저(司馬穰苴) 〈사마법(司馬法)〉

풍년이 든 때에는 백성들이 어질고 착하지만, 흉년이 든 때에는 백성들이 인색하고 악해진다.

이럴진대, 어찌 백성들이 일정한 성격을 지니길 바라는가?

☞ 묵자(墨子)

인간이 공기를 호흡하지 못하면 질식하여 죽는 것과 마찬가지로, 현대 자유민에게 있어서 민주주의가 아니면 사회생활을 영위할 수가 없다.

즉 오늘의 민주주의의 위치는 우리에게 있어서 공기와 같은 것이다.

☞ 조병옥(趙炳玉) 〈민주주의(民主主義)와 나〉

정치를 어지럽히는 임금에는 세 가지 유형이 있다.

안으로는 욕심이 일어나고 밖으로는 유혹을 받아 백성을 짜내어 자신을 받들게 하며, 충신의 말을 물리치고 스스로 성군(聖君)인 체하여 멸망의 구렁텅이로 빠지는 자는 폭군(暴君)이다.

정치를 잘하려는 뜻은 있으나 간신을 분간하는 총명이 없어 믿는 신하가 어질지 못하고, 맡기는 자가 무능하여 패란(敗亂)을 자초하는 자는 혼군(昏君)이다.

나약하고 주견(主見)이 없고 우유부단하여 하루하루를 인습(因習)대로 꾸려나가, 날이 갈수록 기울어져 가는 자는 용군(庸君)이다.

☞ 이이(李珥) 〈율곡집(栗谷集)〉

편안히 살게 하는 길로 백성을 부린다면 비록 힘들다 할지라도 원망하지 않으며, 살리기 위한 길로 백성을 죽인다면 비록 죽는다 할지라도 죽이는 사람을 원망하지 않느니라. ☞ 맹자(孟子)

민주주의란 국민의 의사(意思)를 알아보는 한 절차 또는 방식이지, 그 내용은 아니다.

즉 언론의 자유, 투표의 자유, 다수결에 복종 — 이 세 가지가 곧 민주주의다. ☞ 김구(金九) 〈백범일지(白凡逸志)〉

임금은 나라에 의지하고, 나라는 국민에게 의지한다. 따라서 국민은 나라의 근본이요, 임금은 하늘이다. ☞ 정도전(鄭道傳) 〈삼봉집(三峰集)〉

백성들이 어진 정치에 따라가는 것은 물이 높은 곳에서 낮은 곳으로 흐름과 같으니라. ☞ 맹자(孟子)

현인(賢人)은 예(禮)로써 정치를 하기에, 사람들은 허리를 굽혀 복종한다. 성인(聖人)은 덕(德)으로써 정치를 하기에, 사람들은 마음속으로부터 즐겨 복종한다.

허리를 굽혀 복종하는 것은 처음에는 잘 되어 가지만 꼭 끝까지 잘 되리라고는 단언할 수 없다. 그러나 마음으로부터 즐겨 복종하는 것은 처음은 말할 것도 없거니와 끝까지 잘 될 수 있는 것이다.

☞ 〈삼략(三略)〉

무릇 패왕(覇王)의 시발점은 백성이 근본이다. 근본인 백성을 잘 다스리면 나라가 굳게 되고, 근본이 흩어지면 나라가 위태롭게 된다.

☞ 관자(管子)

천하를 이롭게 하는 자는 천하가 그 길을 열어 주고, 천하를 해치는 자는 천하가 이를 막는다. 천하는 한 사람의 천하가 아니며, 천하 만민의 천하인 것이다.

☞ 강태공(姜太公)

지금 임금이 밭을 갈고 김을 매라고 족치는 것은 백성들의 재선을 두터이 해 주기 위해서이다. 그런데도 백성들은 임금을 가혹하다고 생각한다.

형법을 닦고 형벌을 중히 하는 것은 사악함을 금하기 위한 것이다. 그런데도 백성들은 임금을 엄하다고 생각한다.

돈과 양곡을 세금으로 거두어 창고에 재어 두는 것은 기근(饑饉)을 구하고 군량(軍糧)에 대비하기 위한 것이다. 그런데도 백성들은 임금을 탐욕스럽다고 생각한다.

나라 안에서 형벌과 시상을 분별할 줄 알면서도 사사로이 죄를 풀어 주지 않고 힘을 합쳐 싸우게 하는 것은 적을 항복시키기 위한 것이다.
그런데도 백성들은 임금을 사납다고 생각한다.

이상 네 가지 일은 편안하게 다스리는 방법인데도 백성들은 기뻐할
줄을 모른다.　　　　　　　　　　　　　　　　　☞ 한비자(韓非子)

수령(首領)이나 인도자(引導者)가 영웅이요 호걸이라도, 추종자(追從
者)의 정도나 성심(誠心)이 부족하면 아무것도 할 수 없다.

수령이나 인도자가 나라를 망하게 했다 할지라도 악한 사람으로 수령
을 삼은 일이나, 악한 일을 하도록 살피지 못하고 내버려둔 일은 추종
자들이 한 일이다.

그러므로 일반 국민도 책임을 면할 길은 없다.
　　　　　　　☞ 안창호(安昌浩)〈안도산 전서(安島山 全書)〉 '주요한' 편

아무리 국토가 커도 경작하지 않으면 국토가 아니요, 아무리 고관대
작이라 할지라도 충성스럽게 임금을 섬기지 않으면 고관이 아니요,
아무리 백성이 많아도 친화(親和)하지 않으면 백성이 아니다.
　　　　　　　　　　　　　　　　　　　　　　　☞ 관자(管子)

사람들은 항용 모두 '천하 국가(天下國家)'라고 말한다.

천하의 근본은 나라에 있고, 나라의 근본은 가정에 있으며, 가정의
근본은 수신(修身)에 있다.　　　　　　　　　　☞ 맹자(孟子)

문명은 거의가 먹이를 찾는 데 이바지하지만, 진보(進步)는 먹이를
얻는 일이 더욱 어려워지게 한다.
　　　　　　　　☞ 임어당(林語堂)〈생활(生活)의 발견(發見)〉

지구상의 모든 나라를 보면 한결같이 혁신을 시행한 나라들은 강대해졌고, 보수적인 정책을 시행한 나라들은 멸망했다. 이처럼 보수와 혁신의 결과가 뚜렷이 구별됨을 알 수 있다.

혁신할 수 있으면 존속되고, 혁신하지 않으면 멸망한다. 철저하게 혁신하면 강국이 되고, 소극적인 혁신으로는 멸망을 면할 길이 없다. 대체로 오늘날의 병은 옛것에 집착하여 개혁을 모르는 데 있다.

☞ 강유위(康有爲)

날마다 진보하지 않는 자는 반드시 날마다 퇴보한다. 진보하지도 않고 퇴보하지도 않는 것이란 있을 수 없다.

☞ 주자(朱子)〈근사록(近思錄)〉

유신(維新)이란 무엇인가? 파괴(破壞)의 자손이다.
파괴란 무엇인가? 유신의 어머니다.

☞ 한용운(韓龍雲)〈불교유신론(佛敎維新論)〉

오로지 두려운 일은 임금이 사욕(私慾)을 가지고 있는 것일 뿐이다. 진실로 임금에게 사욕이 없다면, 소인(小人)이 어찌 스스로 그 품속을 뚫고 들어갈 수 있으랴.

☞ 이이(李珥)〈율곡집(栗谷集)〉

거짓말을 잘 하는 습관을 가진 그 입을 개조(改造)하여 참된 말만 하도록 합시다.
글 보기 싫어하는 그 눈을 개조하여 책 보기를 즐겨 하도록 합시다.
게으른 습관을 가진 그 사지(四肢)를 개조하여 활발하고 부지런한 사지를 만듭시다.　☞ 안창호(安昌浩)〈안도산 전서(安島山 全書)〉'주요한'편

만일 조급히 굴어서 빨리 바꾸려 한다면, 마치 병(病)을 고치기 위해 독약을 마시는 것과 같아서 상하는 바가 많게 된다.

☞ 조광조(趙光祖) 〈정암집(靜庵集)〉

무릇 임금은 백성의 지지를 받지 못하는데 신하가 백성의 지지를 얻거나, 제왕(帝王)의 세력은 작은데 제후(諸侯)의 세력이 크면 반드시 반역을 일으키게 된다.

☞ 관자(管子)

정치가 유혈(流血) 없는 전쟁이라면, 전쟁은 유혈 있는 정치이다.

☞ 모택동(毛澤東) 〈어록(語錄)〉

부담의 능력(能力)과 그릇의 크기를 모른다면, 이는 정치의 도(道)를 터득한 것이라 할 수 없다.

☞ 관자(管子)

나무가 부러짐은 반드시 좀벌레로 말미암은 것이고, 담이 무너지는 것은 반드시 틈으로 말미암은 것이다. 그렇지만 나무를 좀벌레가 먹었다 해도 거센 바람이 불지 않으면 부러지지 않으며, 담에 비록 틈이 났다 하더라도 큰 비가 내리지 않으면 무너지지 않는다.
천자(天子)가 술책을 지니고 법(法)을 행하여 망할 징조가 있는 임금들에게 비나 바람 같은 존재가 된다면, 그가 천하를 통일하는 일이란 어렵지 않을 것이다.

☞ 한비자(韓非子)

대개 한때 한 가지 일에 있어서의 사(私)는 힘쓰면 버리기가 어렵지 않지만, 평소 모든 일에 있어 사(私)를 깨끗이 제거해 버리는 것은 쉽지 않다.

☞ 이황(李滉) 〈퇴계집(退溪集)〉

오늘날 정치가 효과를 거두지 못하고 있음은 성실함이 없기 때문이니, 우려되는 바가 일곱 가지 있다.

상하(上下)가 서로 믿으려는 성실 없음이 그 첫째 우려되는 바이고, 신하들이 자기 일에 책임지려는 성실 없음이 그 둘째 우려되는 바이며, 경연(經筵)에서 임금의 어진 덕(德)을 성취하려는 성의 없음이 그 셋째 우려되는 바이고, 현명한 인재를 불러도 받아들이려는 성실 없음이 그 넷째 우려되는 바이며, 재변(災變)이 일어나도 천도(天道)에 응하려는 성실 없음이 그 다섯째 우려되는 바이고, 여러 관리들이 백성을 구제하려는 성실 없음이 그 여섯째 우려되는 바이며, 백성들의 마음이 선(善)으로 향하려는 성실 없음이 그 일곱째 우려되는 바이다.

☞ 이이(李珥) 〈율곡집(栗谷集)〉

몸을 망치고 나라를 멸망케 함은 임금 된 사람이 '사(私)'라는 한 글자를 버리지 못하는 데서 연유한다.　　☞ 이황(李滉) 〈퇴계집(退溪集)〉

조이려 하면 우선 펴 있게 해야 하고, 약(弱)하게 하려면 우선 강(强)하게 해 두어야 한다. 망하게 하려면 우선 진흥시켜야 하고, 뺏으려 하면 우선 주어야 한다. 이런 도리를 아는 것을 미명(微明)이라 한다.
부드러운 것은 견고한 것을 이기고, 약한 것은 강한 것을 이긴다. 고기가 깊은 못에서 벗어나면 안 되듯, 나라를 다스리는 수단을 남에게 알려서는 안 된다.　　☞ 노자(老子)

밝은 임금이 위에 있으면 신하들은 사심(私心)을 버리고 공의(公議)를 행하게 된다. 반면, 어지러운 임금이 위에 있으면 신하들은 공의를 버리고 사심을 행사하게 된다.　　☞ 한비자(韓非子)

정치는 때를 아는 것이 중요하고, 일은 성의껏 노력하는 것이 중요하다. 정치를 함에 있어서 때의 맞음을 알지 못하고, 일을 함에 있어서 성의껏 노력하지 않는다면, 성군(聖君)과 현신(賢臣)이 서로 만났다 할지라도 치적(治績)은 이루지 못할 것이다.

☞ 이이(李珥) 〈율곡집(栗谷集)〉

우리가 무슨 목적을 표방하고 단체를 조직하였으나 실제에 있어서는 힘 있는 운동이 되어지지 못하고 간판만 남는 것이 한탄이다. 그 원인이 어디 있는가를 깨달아야 할 것이다. 조직(組織)에 합당한 지식, 조직에 합당한 신의 — 이것을 갖춘 그 인격이 없는 것이 큰 원인이다. 단결의 신의를 굳게 지키면서 조직적 지식을 가진 사람이 없고서는, 간판(看板) 운동이 아닌 실제적으로 힘 있는 운동을 할 만한 결합을 이루기는 절대 불가능할 것이다.

☞ 안창호(安昌浩) 〈안도산 전서(安島山 全書)〉 '주요한' 편

진실로 나에게 정치를 맡겨 주는 군주가 있다면, 일 년이라도 어지간히 다스리고 삼 년이면 훌륭히 다스리리라.　☞ 공자(孔子)

예로부터 간사한 사람이 세력을 잡고서, 그 나라를 그르치지 않은 예는 거의 드물다.　☞ 이곡(李穀) 〈가형집(稼亨集)〉

오직 임금의 신임만 얻고 백성의 신임을 얻지 못하면, 지위와 녹(祿)은 넉넉할지라도 백성의 원망을 면치 못하고, 지금에는 기림을 받아도 후세에는 기림을 받지 못하며, 공(功)과 이룬 일이 많을지라도 후세의 비방을 면치 못한다.　☞ 이곡(李穀) 〈가형집(稼亨集)〉

거목(巨木)이 풍우(風雨)를 많이 맞는 것처럼 출중한 정치인이나 일을 해 보려고 애쓰는 정치인일수록 많은 사람들의 비평의 대상이 된다. 그런 까닭에 정치인 자신도 그 처신(處身)에 조심해야겠지만 그렇다고 사회적 비평을 두려워한 나머지 거기에 구속되어 자기의 판단과 소신을 버리고 팔방미인의 행동을 취한다면, 정치인으로서는 일종의 자멸 행위밖에 될 수 없다.

☞ 조병옥(趙炳玉)〈민주주의(民主主義)와 나〉

나라를 다스리는 데 법술(法術)과 상벌(賞罰)을 쓴다는 것은 마치 육로(陸路)를 갈 때 튼튼한 수레와 좋은 말을 사용함과 같고, 물 위를 가는 데 가벼운 배와 편리한 노를 사용함과 같다.
이런 것을 이용하는 사람은 마침내 성공하게 될 것이다.

☞ 한비자(韓非子)

옛날 백성을 다스리는 이는 자기의 권세가 높아지지 않음을 근심하지 않고, 백성과 친하지 않음을 근심한다.
또한 백성이 복종하지 않음을 근심하지 않고, 자기의 힘을 다하지 못함을 근심한다.
뿐만 아니라 백성은 악(惡)의 흐름을 탓하지 않고 항상 자기가 악에 흐르지 않도록 전념했다. ☞ 김인후(金麟厚)〈하서집(河西集)〉

공평한 정론(正論)에는 손을 범하지 말 것이니, 한 번 범하면 수치를 만세에 남긴다.
권세와 사리에는 발을 붙이지 말 것이니, 한 번 붙이기만 하면 종신토록 씻을 수 없는 오점이 된다. ☞ 홍자성(洪自誠)〈채근담(菜根譚)〉

간사한 영웅들은 서로 짜고 칭찬하여 군주의 총명을 가리고, 각각 사사로운 자를 편들어 군주로 하여금 충신을 잃게 한다.

☞ 〈삼략(三略)〉

참다운 충성을 바치는 신하는 임금이 덕(德)을 높일 수 있도록 힘쓰지만, 아첨하는 신하는 임금이 땅을 넓히는 것만을 힘쓰게 한다.

☞ 회남자(淮南子)

진실로 자기의 몸이 바르기만 하면 정치에 종사함이 무엇이 어려우랴. 그러나 그 몸이 바르지 못하다면 백성을 어떻게 바로잡을 수 있으랴.

☞ 공자(孔子)

병들어 죽는 자의 병에 옮아 앓는다면 그 의사를 양의(良醫)라 할 수 없듯이, 나라가 망하는 데도 그 길을 같이 걷는다면 경세가(經世家)라 할 수 없다.

☞ 회남자(淮南子)

부귀와 명예가 도덕으로부터 온 것은 수풀 속의 꽃과 같으니 절로 잎이 피고 뿌리가 뻗을 것이요, 공업(功業)으로부터 온 것은 화단 속의 꽃과 같으니 이리저리 옮기면 흥폐(興廢)가 있을 것이다.
만일 권력으로써 얻은 것이면 화병 속의 꽃과 같으니, 그 뿌리를 심지 않은지라 시들음을 가히 서서 기다릴 수 있으리라.

☞ 홍자성(洪自誠) 〈채근담(菜根譚)〉

정치를 잘하는 길에는 백성의 마음을 따름보다 더 큰 것이 없다.

☞ 김정국(金正國) 〈사재집(思齋集)〉

하늘이 만물을 다스림에 있어서 비와 이슬로 이를 살리고, 서리와 눈으로써 이를 죽이되 인(仁)이 아닌 것이 없다.

어진 임금이 백성을 다스림에 있어서 덕(德)과 예(禮)로써 이들을 기르고, 형벌로써 이들을 위협하되 교화(敎化) 아닌 것이 없다.

☞ 이언적(李彦廸) 〈회재집(晦齋集)〉

권세 있는 호걸이 조정 백관(百官)의 벼슬을 좌우하게 되면 국가의 위세가 쇠약해진다.

생살여탈(生殺與奪)의 권한이 호걸에게 있으면 국가의 위세가 갈진(竭盡)해 버린다.

호걸이 고개를 숙이고 권력과 세력을 부리지 않아야 국운(國運)이 오래 지속될 것이다.

☞ 〈삼략(三略)〉

권세가 본디 흉한 것은 아니건만 고관들의 재앙은 이 권세에서 많이 나오며, 보옥(寶玉)이 본디 나쁜 것이 아니건만 일반 사람들의 재앙은 보옥에서 많이 나온다.

☞ 이지함(李之菡) 〈토정집(土亭集)〉

나라에는 네 줄기가 있어 나라를 받들고 있으니, 한 줄기가 끊어지면 나라가 기울고, 두 줄기가 끊어지면 나라가 위태롭게 되며, 세 줄기가 끊어지면 나라가 엎어지고, 네 줄기가 끊어지면 나라는 멸망한다. 네 줄기란 첫째 예(禮)를 말하고, 둘째 의(義)를 말하며, 셋째 염(廉)을 말하고, 넷째 치(恥)를 말한다.

예(禮)란 절도(節度)를 넘나지 않음이고, 의(義)란 스스로 나서지 않음이며, 염(廉)이란 악(惡)을 감싸지 않음이고, 치(恥)란 사악(邪惡)함을 따르지 않음이다.

그러므로 사람들이 예를 지켜 절도를 넘나지 않으면 윗사람이 안존(安存)할 것이며, 자기만을 내세우는 일 없이 의(義)를 지키면 백성들이 교사(巧詐)롭지 않을 것이며, 염직(廉直)하여 자기 죄악을 감싸지 않으면 모든 행실이 저절로 온전하게 되며, 수치를 알아 사악함을 따르지 않으면 간사한 일이 일어나지 않을 것이다. ☞ 관자(管子)

복록(福祿)이 있다고 다 누리지 마라. 복록이 다하면 몸이 빈궁해지리라. 세력을 지녔다고 마구 부리지 마라. 세력이 다하면 원한에 찬 사람과 만난다.
복록이 있거든 항상 스스로 공손하라. 인생에 있어 교만과 사치는, 처음은 있으나 흔히 나중은 없다. ☞ 〈명심보감(明心寶鑑)〉

백성들의 네 가지 소원 — 일락(佚樂)·부귀(富貴)·존안(存安)·생육(生育)을 충족시켜 주도록 잘 다스리면 먼 곳의 사람들도 스스로 친근하게 찾아들 것이며, 백성들이 싫어하는 바 네 가지 — 우로(憂勞)·빈천(貧賤)·위추(危墜)·멸절(滅絶)을 초래하도록 잘못 다스리면 친근하던 자들까지 반역자가 된다.
그러므로 '주는 것이 취(取)하는 것이 된다.'는 것이 바로 정치의 보배로운 비결이다. ☞ 관자(管子)

권세와 명리(名利)의 시끄러움은 애당초 이를 가까이하지 않은 이가 깨끗하지만, 이를 가까이하고서도 물들지 않는 이가 더욱 깨끗하다. 권모와 술수는 애당초 이를 모르는 이가 높다고 하겠으나, 이를 알고서도 쓰지 않는 이가 더욱 높다 하겠다.
☞ 홍자성(洪自誠) 〈채근담(菜根譚)〉

임금의 영예와 욕됨은 돌아보지도 않고, 나라가 잘되고 못 되는 것도 돌아보지 않고서, 오로지 간사하게 영합(迎合)하여 구차히 받아들이고, 감투를 지탱하기 위하여 교제를 널리 하고자 애쓸 뿐인 신하, 이를 일컬어 국적(國賊)이라 한다.　　　　　　　　　　　☞ 순자(荀子)

권세 있는 사람이 서로 겨루고 영웅호걸이 으르렁거리는 것을 냉정한 눈으로 보면, 버린 음식을 보고 모여든 개미와 같고, 다투어서 피를 빠는 파리와 같다.

벌떼 일듯이 시비를 가리거나 고슴도치 바늘 서듯이 냉정하게 득실을 따지는 것도 마치 풀무로 금(金)을 녹이고, 끓는 물로 눈을 녹임과 같다.　　　　　　　　　☞ 홍자성(洪自誠) 〈채근담(菜根譚)〉

가슴속의 사소한 부정은 술로 씻을 수 있으나, 천하의 부정은 검(儉)이 아니고서는 제거할 수 없다.
　　　　　　　　　☞ 임어당(林語堂) 〈생활(生活)의 발견(發見)〉

정치를 하는 길에 반드시 먼저 힘써야 할 것이 있으니, 진실로 그 근본을 얻는다면 잘 다스리는 것이 무엇이 어려우랴.
　　　　　　　　　　　　☞ 권근(權近) 〈양촌집(陽村集)〉

성인(聖人)이 정치를 하는 근거가 되는 도(道)에 세 가지가 있다.
첫째는 이익이요, 둘째는 위세요, 셋째는 명분이다.
이익이란 민심을 얻는 근거가 되고, 위세란 법령을 시행하는 근거가 되며, 명분이란 상하가 다같이 따라야 할 근거가 된다.
　　　　　　　　　　　　　　　　☞ 한비자(韓非子)

관직에 있는 이를 위한 두 마디 말이 있으니, 오직 공정하면 밝음이
생기고, 오직 청렴하면 위엄이 생긴다 함이 그것이다.
집에 있는 이를 위한 두 마디 말이 있으니, 오직 너그러우면 불평이
없으며, 오직 검소하면 모자람이 없다 함이 그것이다.

☞ 홍자성(洪自誠) 〈채근담(菜根譚)〉

사람의 도(道)는 정치에 신속히 작용하고, 땅의 도(道)는 나무에 신속히
작용한다. 정치란 창포(菖蒲)나 갈대처럼 빨리 자랄 수 있는 것이니라.

☞ 자사(子思) 〈중용(中庸)〉

좋은 정치란 백성들을 있는 그대로 방임해 두는 것이라고는 들었어도
그들을 다스리는 것이라고는 듣지 못했다. 있는 그대로 두는 것은
사람들의 타고난 천성이 삐뚤어질까 두려워해서이며, 방임해 두는
것은 사람들의 타고난 덕성이 변할까 두려워해서이다. 그들의 천성이
삐뚤어지지 않고 그들의 덕성이 변하지 않는다면, 어찌 그들을 다스
릴 것이 있으랴.

☞ 장자(莊子)

큰 이익을 보고도 나아가지 않고, 환난의 발단을 알고도 이에 대비하
지 않고, 전쟁과 수비에 관한 일을 천박하게 여기면서 인의(人義)로써
스스로를 장식하기에 힘쓰는 나라는 망할 것이다.

☞ 한비자(韓非子)

위에는 두려운 하늘이 있고 아래에는 두려운 백성이 있어, 정치를
편안히 하면 태산이 움직이지 않음과 같고, 위태로이 하면 달걀을
포개놓아 무너지기 쉬움과 같다. ☞ 김정국(金正國) 〈사재집(思齋集)〉

벼슬자리에 있는 이는 반드시 성냄을 경계하라. 일에 옳지 못한 점이 있을지라도 마땅히 자상하게 처리하노라면 반드시 맞아들 것이나, 만약 성내기부터 먼저 한다면 오직 자기 자신에게만 해로울 뿐, 어찌 남에게 해로우랴. ☞〈명심보감(明心寶鑑)〉

백성을 사랑하고, 백성에게 이득을 주고, 백성을 부유하게 해 주고, 백성을 안락하게 해 줘라. 이 네 가지는 올바른 정치도(政治道)에서 나온 것이다.
백성과 생산을 앞세우면 잘 다스릴 수 있고, 귀족만을 앞세우거나 교만을 마구 떨면 멸망할 것이다.
그러므로 옛날 현군(賢君)들은 앞세울 것과 뒤돌릴 것을 잘 분별(分別) 했다. ☞ 관자(管子)

큰 덕행(德行)이 인(仁)에 미치면 나라를 통치함에 있어 백성의 지지를 얻을 것이요, 슬기로운 자를 보고 양보할 줄 알면 대신들이 화친(和親)・협동(協同)할 것이요, 형벌을 내림에 측근이나 고귀한 자를 피하지 않으면 위신이나 권위가 이웃 적국에까지 서게 될 것이요, 농사를 애호하고 진작시키며, 세금의 부과와 징수를 신중히 하면 백성들이 저마다 산업(産業)에 애쓰게 될 것이다. ☞ 관자(管子)

농토가 개발되지 않고 백성들의 지지를 얻지 못하면 밖으로는 적과 대응할 수 없고, 안으로는 굳게 나라를 지킬 수 없다. ☞ 관자(管子)

풍년에는 거친 밭이 없고, 다스려지는 세상에는 난적(亂賊)이 없다.
☞ 조식(曺植)〈남명집(南溟集)〉

나라는 존속할 수 있고, 사람은 삶을 누릴 수 있다. 그러나 나라는 인의(仁義)로써만 존속할 수 있고, 사람은 선행(善行)으로써만 삶을 누릴 수 있다.

☞ 회남자(淮南子)

왕업(王業)을 이룬 나라에서는 백성을 부유하게 하고, 패업(覇業)을 이룬 나라에서는 관리를 부유하게 하며, 간신히 명맥을 유지하는 나라에서는 겨우 위정자(爲政者)를 부유하게 하고, 망해 가는 나라에서는 오직 군주(君主)의 창고만 넉넉하다.
이른바 권세 있는 사람은 가득 차지만, 아랫사람은 물독 밑에 빠진 것처럼 되어, 그러한 나라는 환난이 생겨도 건질 길이 없다.

☞ 위조자(尉繚子)

우리들이 나라를 구출하고 나라를 세우는 것은 흡사 목수가 집을 짓는 것과 같은 것이니, 다만 응용할 수 있는 재료만을 구하기만 하면 될 뿐 그것이 어디에서 왔는지는 상관없는 것이다.

☞ 호적(胡適 〈호적 문선(胡適文選)〉)

벼슬에 임하는 법도는 오직 세 가지가 있으니, 청렴(淸廉)과 신중(愼重)과 권면(勸勉)이다.
이 세 가지를 알면 몸 가질 바를 알리라.   ☞ 여본중(呂本中)

옛날 사람들도 벼슬하기를 몹시 바랐다. 그러나 정당한 절차를 밟지 않고 벼슬하는 것은 몹시 싫어했다. 정당한 절차를 거치지 않고 벼슬길에 나아감은 마치 남녀가 담에 구멍을 뚫고 서로 엿봄과 같은 것이다.

☞ 맹자(孟子)

정치를 소홀히 말고, 백성 다스리기를 아무렇게나 하지 마라.
이전에 내가 농사를 지을 때는 갈기를 소홀히 하였더니 결실도 소홀하여 나에게 보복하고, 김매기를 아무렇게나 했더니 결실도 아무렇게나 하여 나에게 보복했다.
이듬해에는 방법을 고쳐 깊이 갈고 김을 잘 매었더니 벼가 무성하게 자라고 결실이 잘 되어, 나는 일년 내내 배부르게 먹을 수 있었다.

☞ 장자(莊子)

땅은 정치의 근본이다. 토지 행정을 옳게 하면 반드시 그에 정비례하는 실적과 수확을 얻을 것이다.

☞ 관자(管子)

예의와 문물제도를 정하고 마련할 때 원칙을 알지 못하면 안 되고, 자료를 분별해 활용할 때 본질을 알지 못하면 안 되고, 백성들을 친화(親和)하여 일치단결시킬 때 법을 알지 못하면 안 되고, 기풍과 풍습을 교화(敎化) 향상시킬 때 덕화(德化)의 이치를 알지 못하면 안 된다. 국민 대중을 움직이게 할 때 통합과 막힘에 대하여 알지 못하면 안 되고, 영(令)을 내리어 반드시 따르게 할 때 지도자로서의 마음가짐과 정신 자세를 가질 줄 모르면 안 되고, 대사(大事)를 반드시 성취시키고자 할 때 계책(計策)하는 법을 알지 못하면 안 된다.

☞ 관자(管子)

나라의 녹(祿)을 먹으면 환란을 피하지 않는 것이 신하된 자의 도리이다. 이제 나라의 일이 이같이 위급하니, 비록 끓는 물이나 불 속에 뛰어드는 일이라도 피하지 말아야겠거늘, 어찌 이 한 번 감을 어렵게 생각하랴.

☞ 유성룡(柳成龍)

관리(官吏)로서 공평하고 결백하고 백성을 사랑하지 않는 자는 참된 관리가 아니다.

☞ 강태공(姜太公)

남의 윗자리에 앉았다고 교만하면 망하고, 남의 밑에 있다고 해서 어지러운 일을 일으키면 형벌을 받게 되고, 더러운 자리에 있다고 해서 다투면 난리를 일으키게 된다.
이 세 가지 일을 없애지 않으면 비록 날마다 소·양·돼지 같은 세 가지 고기로 봉양한다 해도 오히려 불효(不孝)가 되는 것이다.

☞ 공자(孔子) 〈효경(孝經)〉

관직(官職)을 다스림에는 공평 이상의 것이 없고, 재물(財物)에 임함에는 청렴 이상의 것이 없다.

☞ 충자(忠子) 〈명심보감(明心寶鑑)〉

대개 훌륭한 선비는 벼슬길에 나아가는 것을 어렵게 여기고 물러나는 것을 쉽게 여긴다. 그다음의 보통 선비는 쉽게 나아가고 쉽게 물러난다. 하등 선비는 나아가는 것은 쉽게 하고 물러나는 것은 어렵게 한다.

☞ 안자(晏子)

원망 받고 있는 자로 하여금 원망하고 있는 사람을 다스리게 하면, 하늘의 이치를 거역하는 것이라고 한다. 원수로 여겨지고 있는 관리로 하여금 원수로 여기고 있는 백성을 다스리게 하면, 그 화(禍)는 구할 수 없게 된다.
백성을 다스리려면 백성을 평안케 해야 된다. 백성을 평안케 하려면 위에 있는 자가 청백(淸白)하여 한 점의 사심(私心)도 없어야 한다.

☞ 〈삼략(三略)〉

지식(知識)은 이에 미치더라도 능(能)히 이를 지킬 어짊을 갖추지 못하였다면, 비록 지위를 얻었을지라도 반드시 이를 잃게 될 것이다.

☞ 공자(孔子) 〈논어(論語)〉

위에 있으면서 남에게 교만하지 않는다면 지위가 높아도 위태롭지 않으며, 모든 일을 법도에 맞게 하고 삼간다면 세력이 차도 넘치지 않는다. 지위가 높아도 위태롭지 않으면 길이 귀한 자리를 지킬 것이요, 세력이 차도 넘치지 않으면 길이 그 부(富)를 지키게 된다.
이렇듯 부와 귀를 몸에서 떠나지 않게 한 연후에 능히 그 사직(社稷)을 보존하고 그 백성을 화(和)하게 할 수 있는 것이니, 이것은 대개 제후(諸侯)의 효도(孝道)이다.

☞ 공자(孔子) 〈효경(孝經)〉

어진 사람이 높은 지위에 있어야 한다. 만일 어질지 못한 사람이 높은 지위에 있으면 그 악(惡)을 모든 백성에게 부리게 되느니라.

☞ 맹자(孟子)

대저 백성이란, 여기에 붙지 않으면 저기에 붙는다.   ☞ 관자(管子)

옛날에 소위 뜻을 얻었다고 함은 고관대작이 되었음을 말한 것이 아니라, 마음의 즐거움에 만족해서 더 바랄 것이 없음을 말한 것이다. 그런데 지금의 소위 뜻을 얻었다고 함은 고관대작이 되었음을 말한다. 그러나 높은 자리에 벼슬함은 타고난 본성과는 관계가 없다. 다만 밖에서 우연히 찾아와 나에게 붙은 것에 지나지 않는다.
따라서 설사 고관대작 같은 것이야 오는 것을 굳이 막을 필요도 없지마는 가는 것 또한 막을 것이 못 된다.   ☞ 장자(莊子)

공(功)이 없는 자가 상(賞)을 받으면 공(功) 있는 자가 떠날 것이요, 악(惡)을 행한 자를 용서하면 선(善)을 행한 자가 해를 받는다.

☞ 이황(李滉) 〈퇴계집(退溪集)〉

가까운 것을 버리고 먼 것을 꾀하는 자는 수고롭기만 하고 공적을 이룰 수 없다. 먼 것을 버리고 가까운 것을 꾀하는 자는 편안하면서도 좋은 결과를 얻을 수 있다.

☞ 〈삼략(三略)〉

위정자(爲政者)가 바르면 명령하지 않아도 행해지며, 위정자가 바르지 않으면 비록 명령해도 따르지 않는다.　☞ 공자(孔子) 〈논어(論語)〉

세상에 처함에 반드시 공(功)만을 찾지 마라. 허물이 없는 것, 이것이 곧 공(功)이다. 사람에게 베풀되 그 덕(德)에 감동할 것을 바라지 마라. 원망 듣지 않는 것, 이것이 곧 덕(德)이다.

☞ 홍자성(洪自誠) 〈채근담(菜根譚)〉

사람에게 큰 덕행(德行)이 있으면 그의 잘못은 묻지 말고, 그에게 큰 공(功)이 있으면 작은 실수는 탓하지 마라.　☞ 회남자(淮南子)

공(功)을 세운 자에게 존귀한 작위를 부여하고 후한 상을 내리는 것은, 명령에 복종할 것을 권하기 위해서이다.　☞ 강태공(姜太公)

내가 외국에 있을 때, 나는 내 모국의 정부를 비판하거나 공격하지 않는 것을 원칙으로 삼는다. 그리고 내가 귀국해서는 잃은 시간을 벌충한다.　☞ 처칠 '하원에서의 연설'

국가도 인간과 마찬가지로 성장기와 성년기, 노쇠기와 쇠망기를 거친다.
☞ W. S. 랜더 〈상상적 대화〉

국가의 불의는 국가를 몰락으로 이끄는 가장 빠른 길이다.
☞ W. E. 글래드스토운 '연설'

한 나라를 세우는 데는 일천 년도 부족하지만, 그것을 무너뜨리는 데는 단 한 시간도 족하다.
☞ 바이런 〈헤롤드 경의 순례〉

불멸의 희망이 없다면, 조국을 위해 스스로 목숨을 바치는 사람은 아무도 없을 것이다.
☞ 키케로 〈투스클라나루스 논총〉

한 국가가 슬픔을 당하는 것보다는 한 개인이 고통을 당하는 것이 낫다.
☞ J. 드라이든 〈앱설름과 아키토펠〉

나는 급료도 보급도 제공하지 않는다. 오직 기아와 갈증과 강행군, 전투 그리고 죽음을 제공할 뿐이다.
그러나 입술에서가 아니라 마음속으로부터 자기의 조국을 사랑하는 자는 나의 뒤를 따르라.
☞ G. M. 트레벨리안 〈가리발디의 로마공화국 사수〉

국민의 소리는 강력한 힘이다.
☞ 아에스킬루스 〈아가멤논〉

많은 일을 할 수 있는 여론이야말로 세상을 지배하는 위대한 숙녀다.
☞ J. 하우얼 〈절친한 서한집〉

나는 미국인으로 태어났다. 때문에 미국인으로 살 것이며, 미국인으로 죽을 것이다.　☞ D. 웹스터 '연설'

나는 나의 조국의 좋은 점을 나의 생명보다 더 깊이, 더 신성하게, 더 심원하게 사랑한다.　☞ 셰익스피어 〈코리올라누스〉

고통 없는 영예 없고, 가시 없는 왕좌 없다.
　☞ W. 펜 〈십자가 없는 왕관 없다〉

다른 사람들의 의견이나 비난, 혹은 거짓된 말로 인해 자기의 진로를 변경하는 것은, 스스로가 어떤 직책을 감당하기에 적합지 않다는 것을 나타낸다.　☞ 〈플루타르코스 영웅전〉

아직도 살아 있는 사회의 부패 중 으뜸가는 징조는 목적이 수단을 정당화시키는 것이다.　☞ G. 베르나노스 〈최후 수필집〉

사람이 관직에 눈독을 들인다는 것은, 행위에 이미 부패가 시작되었다는 뜻이다.　☞ T. 제퍼슨 'T. 고욱스에의 서한'

사람이 공공의 신탁을 떠맡았을 때는, 자신을 공공의 재산으로 생각해야 한다.　☞ T. 제퍼슨 〈제퍼슨 전〉

가장 높은 지위에 있는 사람들과, 가장 큰 권력을 쥔 사람들이 가장 자유가 없다. 가장 많이 관찰되기 때문이다.
　☞ J. 틸러트슨 〈회고록〉

부패는 그 자체가 모든 낭비와 모든 혼란의 근원이 되며, 우리들에게 수천만 원의 빚보다도 더욱 무거운 짐이 된다.

우리의 군대로부터는 힘을, 우리의 의회로부터는 지혜를, 우리 헌법의 가장 존엄한 부분으로부터는 모든 권위와 신용을 빼앗아간다.

☞ E. 버크 '경제 개혁에 관한 연설'

국가는 국가에 봉사할 사람들을 고르는 데 있어서 그 사람들의 의견은 주목하지 않는다. 그들이 충실하게 봉사할 마음만 있으면 그것으로 족하게 여긴다.   ☞ O. 크롬웰 '마스틴 황야의 전투를 앞두고'

정부의 임무는 행복을 주는 것이 아니라, 사람들이 스스로 행복을 위해 일할 수 있는 기회를 주는 것이다.

☞ J. 스토리 〈나폴레옹의 생애와 성격〉

공무원은 국민이 만든 법률을 집행하는 국민의 하인이며, 대리인이다.

☞ G. 클립블런드 '뉴욕 지사 지명 수락 서한'

비천한 사람이 높은 지위에 올랐을 때보다 더 지독한 고통은 없다.

☞ 클라우디스아누스 〈에우트로피우스 변호〉

자기의 지위가 자신의 능력보다 낮다고 생각하는 자는 확실히 자기 지위보다 낮게 될 것이다.   ☞ 헬리팩스 경 〈작품집〉

여론의 흐름에 따르면, 모든 것이 쉬워진다. 여론이야말로 세상의 지배자이기 때문이다.   ☞ 나폴레옹 〈어록〉

질서는 하늘의 으뜸가는 법률이다.   ☞ A. 포우프 〈인간론〉

비록 공기처럼 가볍게 나타난다 해도, 오늘의 여론은 더 나쁘든 더 좋든 내일의 법률이 될 수 있다.   ☞ E. 뉴섬 '미국 석유연구소 절보'

국가의 명예를 지키는 데 모든 것을 기꺼이 걸지 않는 나라는 존재 가치가 없다.   ☞ 실러 〈오를레안의 젊은 부인〉

내일을 위한 계획을 가지고 있다는 사실에 의해 국가는 형성되고 생명이 유지되는 것이다.
    ☞ J. 오르테가 이 가세트 〈척추 없는 스페인 인〉

진정한 애국심에는 당파가 없다.
    ☞ 스몰테트 〈론셀로트 그리브즈 경의 모험〉

우리는, 모든 국가가 국가 자체의 이익에 따라 국가 정책을 결정한다는 사실을 인식해야 한다.   ☞ J. F. 케네디 '모몬 교회에서의 연설'

국가를 구하는 자는 법을 어기지 않는다.   ☞ 나폴레옹 〈어록〉

나는 우리나라가 옳기를 바란다. 그러나 옳거나 그르거나 긴에, 어쨌든 나는 내 나라 편이다.   ☞ J. J. 크리텐든 〈멕시코 전쟁〉

말을 타려면 바싹 붙어 앉고, 사람을 타려면 느슨하게 가볍게 앉으라.
    ☞ B. 프랭클린 〈가난한 리처드의 달력〉

남을 다스리려는 자는 우선 스스로의 지배자가 되어야 한다.

☞ P. 메신저 〈노예〉

위정자의 행동이 옳으면 명령을 내리지 않아도 국가는 효율적으로 운영될 것이다.
그러나 위정자의 행동이 옳지 않으면 명령을 내려도 백성들이 따르지 않을 것이다.

☞ 펄벅 〈서태후〉

내가 노예가 되려고 하지 않듯, 나는 주인이 되려고도 하지 않는다.
이는 민주주의에 대한 나의 이념이다. 이것이 달라지면, 그 달라진 정도만큼 민주주의가 아니다.

☞ 링컨

가장 높이 올라가는 자가 자기의 추락을 가장 많이 겁낸다.

☞ J. 리드게이트 〈소시집(小詩集)〉

진정한 군주의 가장 명백한 기준은 무엇일까?
그것은, 그의 생전은 물론 사후까지도 선량한 만백성이 양심의 가책을 받지 않고 찬양할 수 있는 자라는 것이다.

☞ D. 크리스토둠 〈제일왕권론〉

자연은 그에 복종하지 않고는 지배되지 않는다.

☞ F. 베이컨 〈학문의 진보〉

진보로 통하는 가장 훌륭한 길은 자유의 길이다.

☞ J. F. 케네디 '의회에 보낸 메시지'

이 나라 민주 시민으로서의 당신들은, 통치자인 동시에 피통치자이며 입법자인 동시에 준법자이며 시작인 동시에 끝이다.

☞ A. 스티븐슨 '시카고에서의 연설'

친애하는 국민들이여! 당신의 조국이 당신을 위해 무엇을 할 수 있는가를 묻지 말고, 당신이 당신의 조국을 위해 무엇을 할 수 있는가를 물으라.

☞ J. F. 케네디 '대통령 취임사'

세상을 개혁하는 유일한 방법은, 자기에게 가장 가까이 있는 일을 하는 것이다. 또한 자기 힘에 벅차거나 무리한 일을 추구하지 않는 것이다.

☞ C. 킹즐리 〈서간과 회상〉

돈이 없는 자는 화살 없는 활과 마찬가지다.　☞ T. 풀러 〈금언집〉

돈의 가치를 알고 싶으면 돈을 꾸러 가 보라.

☞ B. 프랭클린 〈가난한 리처드의 달력〉

돈은 빌려 주지도 말고 빌리지도 마라.
빌린 사람은 기가 죽고, 빌려 준 사람도 자칫하면 그 본전은 물론 그 친구까지도 잃게 된다.　☞ 셰익스피어

황금이 말문을 열면, 혀는 힘을 잃는다.　☞ M. 구앗조 〈공손한 대화〉

황금은 하느님의 대문 외엔 어느 대문이나 들어간다.

☞ J. 레이 〈영국 격언집〉

돈 빌려 달라는 것을 거절함으로써 친구를 잃는 일은 적지만, 반대로 돈을 빌려 줌으로써 도리어 친구를 잃기 쉽다.

☞ 쇼펜하우어 〈인생의 지혜에 관한 금언집〉

황금은 모든 자물쇠를 연다. 그렇듯이, 황금의 힘에 열리지 않는 자물쇠는 없을 것이다.

☞ G. 허버트 〈명궁〉

말로 되지 않는 것이라도 황금으로는 될 수 있다.

☞ E. 워드 〈런던의 스파이〉

황금의 힘은 스무 명의 웅변가와 맞먹는다.

☞ 셰익스피어 〈리처드 3세〉

황금은 형제들 사이에 증오를 낳게 하고, 가족들 사이에 알력을 낳게 한다. 황금은 우정을 끊고 내란을 일으킨다.

☞ A. 카울리 〈아나크레온 시〉

돈지갑의 밑바닥이 드러났을 때의 절약은 이미 늦은 행위다.

☞ 세네카 〈루킬리우스에의 서한집〉

저축은 개인뿐만 아니라 사회를 부유하게 하고, 소비는 개인뿐만 아니라 사회를 가난하게 한다.
또한 돈에 대한 효과적인 사랑이 모든 경제적 행복의 근원이라는 주장도 일반적으로 정의될 수 있는 것이다.

☞ J. M. 케인즈 〈고용 이자 및 화폐의 일반이론〉

자기가 버는 것을 전부 쓰는 사람은 거지가 되어 가는 도중에 있다.
☞ S. 스마일즈 〈검약론〉

근면은 부유의 오른손이요, 절약은 그 왼손이다.
☞ J. 레이 〈영국 격언집〉

검약의 미덕에 너그러움이 따른다면 두 가지가 좋다.
하나는 불필요한 경비를 절약하는 것이고, 또 하나는 그것을 필요로
하는 사람들을 위해 쓰는 것이다.
후자가 없는 전자는 탐욕을 낳고, 전자가 없는 후자는 낭비를 낳는다.
☞ W. 팬 〈고독의 열매〉

절약은 제일의 수익이다. ☞ J. 샌드포드 〈오락 시간〉

검약은 멋진 수입이다. ☞ 에라스무스 〈사담집〉

탐욕은 낭비를 부르고 낭비는 구걸을 낳으며, 구걸은 착한 남편과
그의 아내를 싸우게 한다. ☞ J. 레이 〈영국 격언집〉

빚을 얻으러 가는 사람은 슬픔을 얻으러 가는 것과 다름없다.
☞ T. 터서 〈좋은 남편이 되는 100가지 방법〉

부러지는 것보다 휘는 것이 낫다. ☞ J. 헤이우드 〈격언집〉

위험은 얕잡아봄으로써 더 커진다. ☞ E. 버크 '연설'

한 사람이 당신에게 돈을 갚아야 하는데 그가 이행하지 못한다면,
그 사람 앞을 지나가지 마라.　　　　　　　☞ 〈팔레스타인 율법서〉

누구에게도 빚을 지지 아니한 자야말로 세상을 떳떳이 볼 자격이 있다.
　　　　　　　　　　　☞ 롱펠로우 〈시골 대장장이〉

빚을 갚는 데는 두 가지 방법뿐이다.
하나는 보다 부지런히 일해서 수입을 늘이는 것이고, 또 하나는 보다
검약하게 생활하여 지출을 줄이는 것이다.
　　　　　　　　　　　☞ T. 칼라일 〈과거와 함께〉

빚을 얻으러 가기보다는 차라리 저녁을 굶고 자거라.
　　　　　　　　☞ B. 프랭클린 〈가난한 리처드의 달력〉

고통 없는 빈곤이 부(富)보다 낫다.　　　☞ 메난드로스 〈단편집〉

다른 사람의 보증을 서면 곧 손해를 본다.　　☞ R. 태버너 〈격언집〉

가장 비참한 가난은 외로움, 그리고 사랑 받지 못하고 있다는 느낌이다.
　　　　　　　　　　　　　☞ 마더 테레사 수녀

진실을 말한다 하더라도, 가난한 사람의 말은 아무도 믿어 주지 않는다.
　　　　　　　　　　　　☞ 메난드로스 〈단편집〉

가난한 사람은 신용이 없다.　　　　☞ 아우소니우스 〈경구집〉

'하늘은 스스로 돕는 자를 돕는다.'는 말은 오랜 세월을 거쳐 전해져 온 격언으로서, 인류가 대대로 경험한 결과를 간결하게 구상화한 것이다.

자조 정신은 개인을 지탱하는 근본으로, 많은 사람의 생활 속에서 발휘될 뿐 아니라 국가의 활력과 힘의 근원이 된다.

☞ S. 스마일즈 〈자조론〉

당신이 가난하게 되면 형제는 당신을 증오하고, 당신의 모든 친구들은 당신에게서 도망간다.　　　☞ 초서 〈법률가의 서장〉

가난한 사람은 덕행으로, 부자는 선행으로 이름을 떨쳐야 한다.

☞ 주베르 〈명상록〉

만족한 작은 집, 잘 경작된 작은 땅 그리고 착하고 욕심 없는 아내는 큰 재산이다.　　　☞ J. 레이 〈영국 격언집〉

부(富)는 보물의 소유에 있는 것이 아니고, 그 보물을 사용하는 데 있다.　　　☞ 나폴레옹 〈어록〉

위험은 경멸당할수록 더 빨리 온다.　　☞ 푸블리우스 시루스 〈금언집〉

안전할 때도 경계하는 자는 위험으로부터도 안전하다.

☞ 푸블리우스 시루스 〈금언집〉

확신하는 자는 안전하지 않다.　☞ B. 프랭클린 〈가난한 리처드의 달력〉

아무리 강력한 법이라도 게으름뱅이를 부지런하게, 낭비가 심한 사람을 검약하게, 술꾼을 술을 마시지 않게 할 수는 없다.

이러한 교정은 큰 권력에 의해서라기보다는 보다 좋은 습관에 의해서, 즉 개인적 행동과 경제 그리고 극기라는 방법에 의해서 성취될 수 있을 뿐이다.　　　　　　　　　　　☞ S. 스마일즈 〈자조론〉

위험은 미리 예견할수록 더 빨리 막을 수 있다.

　　　　　　　　　　　　　　　　☞ R. 프랭크 〈북녘의 회상〉

땅바닥에 누워 있는 자는 더 이상 떨어질 곳이 없다.

　　　　　　　　　　　　　　　　　☞ 알랭 드 릴 〈우화집〉

책임은 다른 사람과 나누어 질 수 없다.　　☞ A. 브라운 〈산업 조직〉

책임의 본질은 이를 수행하는 사람을 바꾼다고 해서 변하는 것이 아니다.　　　　　　　　　　　　　　　☞ A. 브라운 〈산업 조직〉

결단은 어떤 일을 시작하게 만드는 불꽃과도 같다.
결단하기 전까지는 아무런 일도 일어나지 않는다.

　　　　　　　　　　　　　　　　　　☞ 윌프레드 피터슨

좋은 시작은 좋은 결과를 가져온다.

　　　　　　　　　　　　☞ J. W. 워터 〈늙은 시종의 최후〉

훌륭한 결과는 훌륭한 시작에서 생긴다.　　☞ J. 헤이우드 〈격언집〉

일을 시작하는 것은 그것을 끝마치는 것보다 훨씬 더 쉽다.

☞ 플라우스트 〈포에눌수스〉

행운의 여신이 눈멀었다는 비난을 가끔 받는데, 실상은 사람들처럼 눈멀지 않았다.
바람과 파도가 가장 훌륭한 항해자 편에 있는 것처럼, 행운 또한 대개는 근면한 사람 편에 있음을 우리는 보아오지 않았는가.

☞ S. 스마일즈 〈자조론〉

꾸물거리지 마라!
위대한 행운의 기회는 결코 길지 않다.

☞ 실리우스 이탈리쿠스 〈푸니카〉

어리석은 자는 일의 시작에만 주의를 기울이지만, 현명한 자는 그 결과에 유의한다.

☞ 미상 〈창조물의 대화〉

오늘은 오늘 일만 생각하고, 한 번에 모든 것을 하려고 하지 않는 것, 이것이 현명한 사람의 방법이다.

☞ 세르반테스 〈돈키호테〉

사람들 중에는 아직 피를 보지 않은 살인자들과, 아무것도 훔치지 않은 도둑들과, 지금까지 진실만 얘기해온 거짓말쟁이들이 존재한다.

☞ 칼릴 지브란

인생을 사랑하는가, 그렇다면 시간을 낭비하지 마라. 시간은 인생을 이루는 요소이다.

☞ B. 프랭클린 〈가난한 리처드의 달력〉

나의 최고 이론을 말한다면, 인류는 다른 두 종족으로 구별된다. 빌리는 인간과 빌려 주는 인간으로. ☞ C. 램

사람들 가운데 가장 쓸모 있는 사람은 사람들로부터 멀리 떨어져 있는 사람이다. ☞ 칼릴 지브란

사람은 위대한 것보다는 새로운 것을 찬양한다. ☞ 세네카

사람은 달이다. 저마다 감추려는 어두운 면이 있다. ☞ 마크 트웨인

사람은 덕보다도 악으로 더 쉽게 지배된다. ☞ B. 나폴레옹 〈어록〉

사람은 자기 일보다 남의 일을 더 잘 알고 더 잘 판단한다. ☞ 테렌티우스

사색을 할 동안 인간은 신과 같이 된다. 그러나 행동과 욕망에서는 환경의 노예일 뿐이다. ☞ 윌리엄 러셀

세계는 하나의 무대. 모든 인간은 남자나 여자나 배우에 불과하다. ☞ 셰익스피어

참으로 사람이라고 부르기에 부끄럽지 않은 사람은 자기의 일신을 돌보지 않고 남을 위해 일하는 사람이다. ☞ 스코트

9

경제생활과 경영

의(義)가 끊어지고 친분이 엷어지는 것은 오직 돈 때문이다.

☞ 〈명심보감(明心寶鑑)〉

돈의 몸은 하나이지만 네 가지 뜻을 포함하고 있다.

첫째, 돈의 바탕은 둥글고 모났으니 둥근 것은 하늘의 모양을 본뜨고 모난 것은 땅을 본뜬 것으로, 덮고 실어서 구름이 끝없다는 뜻이다.

둘째, 돈은 셈이니, 가고 흐름이 샘물 같아 끝이 없다는 뜻이다.

셋째, 돈은 퍼짐이니, 돈은 국민 상하(上下) 사이에 두루 퍼져 영원히 막힘이 없다는 뜻이다.

넷째, 돈은 칼이니, 빈부(貧富)를 옳고 날카롭게 쪼개어 날마다 써도 무뎌지지 않는다는 뜻이다.

☞ 대각국사(大覺國師)〈대각국사(大覺國師) 문집(文集)〉

이익에 있어 투철한 사람은 흉년도 그를 죽이지 못하고, 덕(德)에 있어 투철한 사람은 사악한 세상도 그를 혼란시키지 못하느니라.

☞ 맹자(孟子)

수레를 끄는 소가 죽으면 부부(夫婦)가 운다. 그러나 그것은 육친(肉親)의 사랑 때문이 아니라, 그 이로움이 크기 때문이다.

☞ 안자(晏子)

권세가 있으면 비록 작은 관리라도 부(富)하게 되는데, 이것은 뇌물 때문이다.
권세가 없으면 비록 대신(大臣)이라도 다만 규정된 녹봉만 바랄 뿐이므로, 이것으로는 애초부터 처자(妻子)를 부양하기에도 부족하다.

☞ 박제가(朴齊家) 〈북학의(北學議)〉

강국에 의탁하여 도움을 받는다 해도, 반드시 우리가 자립한 다음에 해야 할 것이다. 그렇게 해야만 전후로 상응(相應)하고, 적에 대항하여 성과를 거두며, 우리를 구원하는 자에게도 구원다운 구원이 될 것이다. 만약 우리가 그들의 곁가지 역할이나 하게 되는 경우라면, 어떻게 침상에 누워 편안한 잠을 잘 수 있겠는가?　☞ 강유위(康有爲)

토끼를 다 잡고 나면 사냥개도 죽이고, 나는 새를 다 잡고 나면 좋은 활도 내버린다.

☞ 회남자(淮南子)

대저 검소하고 절약하면 복(福)을 받고, 사치하고 호화스러우면 재앙을 부르는 것은 하늘의 이치이다.

☞ 이언적(李彦廸) 〈회재집(晦齋集)〉

검소함은 다스려 편안해지는 길이요, 사치는 재앙과 패망의 발단이다.

☞ 정도전(鄭道傳) 〈삼봉집(三峰集)〉

온 세상이 청빈과 검소를 천하게 여겨, 몸을 받들어 호화와 사치를 좋아하는구나.

살찐 말에 가벼운 털옷을 입고 의기양양하게 마을을 지나가면 거리의 아이들은 이를 부러워하지만, 학식이 있는 이는 도리어 더럽게 생각한다. ☞ 범질(范質)〈소학(小學)〉

집을 일굴 아이는 인분도 금처럼 아끼고, 집을 망칠 아이는 금도 인분처럼 쓴다. ☞〈명심보감(明心寶鑑)〉

재물은 몸 밖에 뜬 티끌이요, 목숨은 이 한때의 물거품이다. ☞ 기화(己和)〈함허 화상 어록(涵虛 和尙 語錄)〉

창고가 뚫려 있음에도 가리지 않아, 쥐와 새들이 어지러이 먹어대는 것이 첫째의 소모(消耗)다.

거두고 씨 뿌림에 때를 놓치는 것이 둘째의 소모다.

곡식을 퍼뜨리어 더럽고 천하게 다루는 것이 셋째의 소모다. ☞ 강태공(姜太公)〈명심보감(明心寶鑑)〉

일반 사람들은 눈앞의 이득만을 좋아하고 눈앞의 손실을 싫어한다. 오직 성인(聖人)만이 눈앞의 손실이 도리어 이득이 될 수 있고, 눈앞의 이득이 도리어 손실이 될 수 있음을 터득하고 있다. ☞ 회남자(淮南子)

대저 재물은 우물과 같다. 퍼 쓸수록 자꾸 가득 차고, 이용하지 않으면 말라버린다. ☞ 박제가(朴齊家)〈북학의(北學議)〉

불의(不義)로 취한 재물은 끓는 물에 뿌려지는 눈[雪]과 같고, 뜻밖에 얻어진 논밭은 물살에 밀리는 모래와 같다.

교활한 꾀로 생활하는 방법을 삼는다면, 그것은 흡사 아침에 피는 구름이나 저녁에 지는 꽃과 같은 것이다.　　☞〈명심보감(明心寶鑑)〉

다만 식구를 헤아려 식량을 대고, 몸을 재어서 베를 마련해 준다면 일생에 만족할 것이다. 그럴진대 어찌 재물로써 마음을 괴롭히겠는가.
☞ 박지원(朴趾源)〈열하일기(熱河日記)〉

알맞으면 복이 되고 너무 많으면 해가 되나니, 세상에 그렇지 않은 것이 없다. 하물며 재물에 있어서는 더욱 그것이 심하다.
☞ 장자(莊子)

대저 재물을 쌓는 부자(富者)는 남에게 인색하다는 욕을 먹는 것쯤은 부끄럽게 생각지 않는다. 그들은 이로써 남이 자신에게 무엇을 바라는지조차 생각 못하게 하자는 속셈이 있기 때문이다.
☞ 박지원(朴趾源)〈연암별집(燕巖別集)〉

물질로 인하여 자기를 상실(喪失)하고, 세속으로 말미암아 본성을 잃는 사람은 본말(本末)을 전도(顚倒)한 사람이라 할 수 있다.
☞ 장자(莊子)

구한다고 얻어지는 것이라면 마부 노릇이라도 하리라. 그러나 구한다고 얻어지는 것이 아니라면 내가 좋아하는 바를 따라 살리라.
☞ 공자(孔子)〈논어(論語)〉

방 안에 빈 곳이 없다면 며느리와 시어머니는 싸움 그칠 날이 없을 것이며, 마음에 여유가 없으면 오장육부가 서로 부딪쳐 조화(調和)를 잃게 된다. 큰 숲이나 높은 산이 사람을 반갑게 함은 사람의 마음이 세속에 쪼들리고 있기 때문이다.　　　　　　　　　　☞ 장자(莊子)

땅을 가진다는 것은 만물을 소유하는 것이다. 만물을 소유하는 자는 물건을 물건으로 알아서는 안 된다. 물질적 물건이 참된 물건이 아님을 아는 자라야 능히 물건의 주인이 될 수 있다.　　　☞ 장자(莊子)

거친 밥을 먹고 물을 마시고, 팔을 굽혀 베개 삼아 베고 누웠어도 즐거움은 그 가운데 있다. 불의(不義)로써 부(富)하게 되고 귀(貴)하게 되는 것은 나에게 있어서는 하늘에 뜬 구름과 같다.

　　　　　　　　　　　　　　☞ 공자(孔子)〈논어(論語)〉

모든 일에 인정(人情)을 남겨두어라. 뒷날에도 서로 좋은 낯으로 보게 되리라.　　　　　　　　　　　　☞〈명심보감(明心寶鑑)〉

부(富)는 사람에게 모든 편리를 제공해 준다. 남의 용력(勇力)을 끼고 위세를 부리고, 남의 지모(智謀)를 빌어 자기의 지혜로 삼으며, 남의 덕(德)을 끌어다 자기의 현량(賢良)으로 삼을 수 있게 한다.

　　　　　　　　　　　　　　　　　☞ 장자(莊子)

호사하는 사람은 돈이 많아도 항상 모자라니, 어찌 가난해도 항상 남음이 있는 검소한 사람만 하겠는가.

　　　　　　　　　☞ 홍자성(洪自誠)〈채근담(菜根譚)〉

사람에게 네 가지 소원이 있으니, 안으로는 신령스러움과 강함을 원하고, 밖으로는 부(富)와 귀(貴)를 원한다. 그런데 귀함에는 벼슬하지 않음보다 더 귀함이 없고, 부함에는 욕심내지 않음보다 더 부함이 없으며, 강함에는 다투지 않음보다 더 강함이 없고, 신령함에는 알지 못함보다 더 신령함이 없다.　　　☞ 이지함(李之菌) 〈토정집(土亭集)〉

사람의 정의(情義)는 다 가난한 데서 끊어지고, 세속의 인정은 곧잘 돈 있는 집으로 쏠린다.　　　☞ 〈명심보감(明心寶鑑)〉

많은 사람들은 곤궁으로 고민하고 있다. 나는 여러 차례 과거에 낙제하여, 곤궁함 속에서 편안함을 얻게 되었다. 내가 이 곤궁함을 어찌 세상 사람의 부귀영화와 바꿀 수 있으랴.

☞ 조식(曺植) 〈남명집(南溟集)〉

가난하면서 원망하지 않기는 어렵고, 부자이면서 교만하지 않기는 쉬운 일이다.　　　☞ 공자(孔子) 〈논어(論語)〉

부자이면서 교만하지 않은 사람이 있었다는 말은 들어 보지 못했습니다. 그러나 가난하고도 이를 원망하지 않을 수는 있으니, 제가 바로 그러합니다.
가난하면서도 이를 원망하지 않는 태도는 가난을 곧 스승으로 삼고, 가난에서 무엇인가를 배우려는 자세를 가짐으로써 취할 수 있습니다. 이제 저에게 토지를 봉하신다면 저의 스승을 바꾸어 놓는 셈입니다. 그리하여 스승을 경시(輕視)하면서 봉해진 토지를 중히 여길 테니, 그 토지를 사양합니다.　　　☞ 안자(晏子)

명아주 먹는 입, 비를 먹는 창자엔 얼음같이 맑고 구슬처럼 조촐한 사람이 많지만, 비단옷 입고 쌀밥 먹는 사람은 종노릇 시늉도 달게 여긴다. 대저 뜻은 담백함으로써 밝아지고, 절조(節操)는 기름지며, 달콤한 맛 때문에 잃어진다.　　　☞ 홍자성(洪自誠) 〈채근담(菜根譚)〉

일을 계획할 때는 강유(剛柔)를 겸하고, 경중(輕重)을 저울질하며, 대소(大小)를 분간하고, 실(實)과 허(虛)를 분간하며, 원근(遠近)을 잘 측정하고, 다소(多少)를 헤아려야 한다.
이러한 계책(計策)을 일컬어 계수(計數)라고 한다.　　☞ 관자(管子)

다섯 이랑 택지(宅地)에 뽕나무를 심게 하면 오십 된 자가 비단 옷을 입을 수 있고, 닭·개·돼지 같은 가축을 때를 잃지 않고 번식시키면 칠십 된 자가 고기를 먹을 수 있으며, 백 이랑 농토에 농사지을 시기를 빼앗지 않는다면 몇 식구의 굶주림이 없을 것이고, 학교 교육에 힘을 기울여 효제(孝悌)의 도덕이 널리 실행되면 백발노인이 길에서 무거운 짐을 지고 다니는 일은 없게 될 것이다.
칠십 된 노인이 비단옷을 입고 고기를 먹으며, 일반 백성들이 굶주리지 않고 추위에 떨지 않게 하고서도 왕 노릇을 못한 예는 지금까지 없었다.　　　☞ 맹자(孟子)

미끼로써 고기를 낚으면 고기를 잡을 수 있고, 녹(綠)으로 인재를 모으면 천하의 인재를 남김없이 부를 수 있다.　　☞ 강태공(姜太公)

짧은 두레박으로 깊은 물을 푸지 못하고, 작은 그릇으로 많이 담지 못함은 제 힘에 겹기 때문이다.　　　☞ 회남자(淮南子)

골짜기 좁으면 물이 마르기 쉽고, 흐름이 얕으면 바닥나기 쉽다. 돌이
많은 땅엔 식물이 자라지 않으며, 임금의 은택이 궁중을 벗어나지
못할 정도라면 온 나라에 흐를 수가 없을 것이다.　　☞ 묵자(墨子)

일생의 계책(計策)은 어릴 때에 있고, 일 년의 계책은 봄에 있으며,
하루의 계책은 새벽녘에 있다.
어려서 배우지 않으면 늙어서 아는 바가 없고, 봄에 갈지 않으면 가을
에 바랄 것이 없으며, 새벽녘에 일어나지 않으면 그날의 할 일이 없다.
　　☞ 공자(孔子)

무릇 천하의 모든 일은, 무엇보다도 먼저 계획을 세우지 않으면 만사
에 실패하는 원인이 된다.　　☞ 양성지(梁誠之)〈눌재집(訥齋集)〉

어진 사람을 임명함에 이간질을 못하게 하고, 나쁜 일을 내치는 데
주저하지 않으면서, 의심스런 계획을 세우지 않으면 모든 뜻이 다
이루어질 것이다.　　☞〈서경(書經)〉

시장(市場)이란 대소(大小)나 빈부(貧富)를 막론하고 누구나 물자를
얻는 바인데, 사람마다 마음대로 하되 제한이 없어 값을 올리고 싶은
대로 올려 전날에 비해 세 배나 더하니, 풍속의 피폐함을 어찌 다
말하랴.　　☞ 양성지(梁誠之)〈눌재집(訥齋集)〉

인재(人材)는 국가의 주석(柱石)이다. 그러므로 나라를 다스림에는 인
재 얻는 일을 근본으로 삼고, 교화(敎化)에 있어서는 인재 기르는 일을
먼저 한다.　　☞ 김시습(金時習)〈매월당집(梅月堂集)〉

하늘은 인재를 아끼지 않아 세상에는 인재가 끊어지지 않는다. 그러나 때가 적당치 않으면 나가지 않고, 또 때를 만났다 할지라도 스스로 나가기는 어려운 법이다.　☞ 김시습(金時習)〈매월당집(梅月堂集)〉

인재의 선택은 등용(登用)시키기 전에 해야 한다. 등용한 다음에 선택하려 하면 이미 때는 늦다. 비록 문무백관(文武百官)이 많으나 쓸 만한 인재가 없는 것은 등용할 당초에 선택을 잘못했기 때문이다.
　　　　　　　　　　　　　　☞ 조광조(趙光祖)〈정암집(靜庵集)〉

사람이 착한 줄 알면서도 이를 승진시켜 중용하지 않고, 사람이 악한 줄 알면서도 이를 물리치고 멀리하지 않으면, 어진 이는 숨어 가려져서 쓰이지 못한다. 반면, 못난 사람들이 높은 관직에 중용되면 국가는 반드시 그 해를 입는다.　　　　　　　　　☞〈삼략(三略)〉

자기의 공로를 자랑하지 않는 자야말로 윗자리에 설 수 있는 인재이다. 공로를 자랑하지 않는 사람은 남에게 요구함이 없고, 요구하는 것이 없으면 남과 다투지 않기 때문이다.
　　　　　　　　　☞ 사마양저(司馬穰苴)〈사마법(司馬法)〉

천하와 국가를 다스리는 요점은 사람을 씀에 있을 따름이다.
　　　　　　　　　☞ 정도전(鄭道傳)〈삼봉집(三峰集)〉

지금 세상에는 인재를 씀에 있어서 오로지 그 글과 재주만을 귀히 여기고, 그 덕의(德義)는 귀히 여기지 않는다.
　　　　　　　　　☞ 이이(李珥)〈율곡집(栗谷集)〉

사람을 잘 보는 자는 그 처음을 보고, 사람을 잘 살피는 사람은 그 평시(平時)를 살핀다.　　　☞ 김시습(金時習) 〈매월당집(梅月堂集)〉

그릇이 크고 작음에 따라 받아들임이 많기도 하고 적기도 하며, 그릇이 깨끗하고 더러움에 따라 받아들임이 맑기도 하고 더럽기도 하다.
　　　☞ 유숭조(柳崇祖)

사람을 쓸 때 그 덕행은 마땅히 앞세우고, 그 재주는 뒤로 돌려야 한다.　　　☞ 권발(權撥) 〈중재집(仲齋集)〉

말을 수레에 매어 몰고 다니면서 그 결과를 보면, 곧 노예라 할지라도 둔한 말인가 좋은 말인가를 의심 없이 알게 된다.
그러나 용모를 보고 말을 들어 보기만 해서는 공자(孔子)도 선비들을 판단할 수가 없다. 하지만 관직으로 시험해 보고 그 공적을 검토해 보면 범인이라도 그가 얼마나 어리석은지, 지혜로운지를 의심 없이 알게 된다.
그래서인지 명석한 임금의 인재 등용을 보면 세상은 반드시 고을 관청에서 기용되고, 날랜 장수는 반드시 병졸 대열에서 나온다.
　　　☞ 한비자(韓非子)

근본 되는 군주가 약하고, 가지나 잎에 해당하는 신하가 강대하며, 신하가 도당을 짜고 세도가 당당한 관직에 있으며, 비천한 자가 귀한 자를 짓밟고, 시일이 경과할수록 그 위세가 더욱 커짐에도 위에 있는 자가 이를 바로잡지 못하며, 폐지하는 데 강력한 힘을 쓰지 못하면 국가는 반드시 패망한다.　　　☞ 〈삼략(三略)〉

한 올의 그물로는 새를 잡지 못하고, 먹이 없는 낚시로는 고기를 낚지 못한다.

그렇듯이, 선비를 보고 예우(禮遇)할 줄 모르면 현명한 인재를 얻지 못한다.

☞ 회남자(淮南子)

왕이 인재를 등용할 때는 누구에게나 납득이 가도록 공정을 기해야 한다. 아랫자리에 있는 사람을 윗사람 위에 앉히거나, 친분이 먼 사람을 가까운 사람 위에 앉히는 일은 신중을 기해야 한다.

☞ 맹자(孟子)

신하들이 따르고 백성들이 통일되기를 바란다면, 정치를 돌이켜 살펴봄이 가장 좋은 방법이다. 정치를 닦고 나라를 아름답게 하려면 합당한 사람을 구하는 것보다 더 좋은 방법은 없을 것이다.

☞ 순자(荀子)

의로운 선비는 밝게 살필 수 있기 때문에 벼슬에 임용되면 세가(勢家)들의 음험(陰險)한 감정을 밝힌다. 또한 법도에 능한 선비는 강직하기 때문에 벼슬에 임용되면 권세가들의 간사한 행동을 바로잡는다.

그러므로 술법을 알고 법도에 능한 선비를 등용하면 귀한 자리에 있는 신하들이 반드시 권세를 빼앗기게 된다.

이것이 술법을 알고 법도에 능한 선비와 실권자들이 공존하지 못하고 원수가 되는 이유다.

☞ 한비자(韓非子)

자기보다 슬기로운 사람을 보고도 양보할 줄 모르는 자에게는 높은 지위를 주어선 안 된다.

☞ 관자(管子)

해동청(海東靑)은 천하의 좋은 매이지만 새벽을 알리는 일을 맡기면 늙은 닭만 못하고, 한혈구(汗血駒)는 천하의 명마이지만 쥐 잡는 일을 맡기면 오히려 늙은 고양이만도 못하다.

하물며 닭이 어찌 사냥을 하겠으며, 고양이가 어찌 수레를 끌 수 있겠는가?　　　　　　　　　　　　☞ 이지함(李之菡) 〈토정집(土亭集)〉

네가 아는 인재를 기용하라. 네가 모르는 인재야 남들이 어찌 버려두었겠는가.　　　　　　　　　　　☞ 공자(孔子) 〈논어(論語)〉

의심스러운 사람은 쓰지 말고, 사람을 썼거든 의심하지 마라.
　　　　　　　　　　　　　　　☞ 〈명심보감(明心寶鑑)〉

손자(孫子)나 오자(吳子)에게 창을 둘러메게 하면 한 사람 분의 일밖에 하지 못한다.

그러나 그들의 방법을 사용하면 만(萬)의 병사도 능가한다.
　　　　　　　　　　　　　　　　☞ 포박자(抱朴子)

멀리 있는 인재(人才)를 불러들일 때 사신만 보내서는 되지 않으며, 가까이 있는 사람과 친화(親和)하는 데 좋은 말만 가지고서 되는 것이 아니다. 오로지 밤에 걷는 것처럼 음덕(陰德)이 있어야 한다.
　　　　　　　　　　　　　　　　☞ 관자(管子)

잘 다스리는 임금과 뜻이 있는 선비는 군자 대접하기를 난초와 지초 사랑하듯 하며, 소인 피하기를 호랑이나 뱀을 피하듯 한다.
　　　　　　　☞ 김시습(金時習) 〈매월당집(梅月堂集)〉

큰 계략(計略)을 지닌 사람에게는 잔일을 약삭빠르게 시키지 말아야 하고, 작은 꾀밖에 없는 자에게는 큰 임무를 맡기지 말아야 한다. 사람은 저마다의 재능이 있고, 물건은 제 나름대로의 형태가 있다. 사람에 따라선 하나를 맡겨도 무겁다고 할 사람이 있고, 백을 맡겨도 가볍다고 할 사람이 있다.　　　　　　　　☞ 회남자(淮南子)

낚시에는 세 가지 권도(權道)가 있다.
미끼로 물고기를 취하는 것은 녹봉(祿俸)을 주어 인재를 취하는 것과 같고, 좋은 미끼로 큰 고기가 잡히는 것은 후한 녹봉을 내리면 목숨을 아끼지 않는 충신이 나오는 것과 같으며, 물고기의 크기에 따라 쓰임이 다른 것은 인품에 따라 벼슬이 다른 것과 같다.
　　　　　　　　☞ 강태공(姜太公)

아첨하는 신하가 위에 있게 되면, 전 군사가 불평을 호소한다. 때문에 군주가 아첨하는 신하를 중히 쓰면 반드시 큰 화(禍)를 받으리라.
　　　　　　　　☞ 〈삼략(三略)〉

나라에 바치는 보물(寶物)로는, 어진 이를 추천하고 선비를 추천하는 것보다 더 좋은 것은 없다.　　　　　　　　☞ 묵자(墨子)

한 발짝이 쌓이지 않으면 천 리 길을 갈 수 없고, 작은 흐름이 쌓이지 않으면 강과 바다가 이룩될 수 없는 것이다.
공을 이룸은 중단하지 않는 데 있으니, 칼로 자르다 중단하면 썩은 나무라도 꺾이지 않으며, 자르는 것을 중단하지 않으면 쇠나 돌도 뚫을 수 있다.　　　　　　　　☞ 순자(荀子)

위태함을 알고 험함을 알면 내내 덫은 없을 것이요, 착한 이를 천거하고 어진 사람을 추천하면 저절로 안신(安身)의 길이 있으리라.

☞ 진종(眞宗)

천하(天下)에는 세 가지 위험이 있다.
덕(德)이 적으면서 임금의 총애를 많이 받는 것이 첫째 위험이요, 재주 없이 높은 자리에 오르는 것이 둘째 위험이며, 큰 공도 없이 후한 녹을 받는 것이 셋째 위험이다.

☞ 회남자(淮南子)

총애(寵愛)를 받거든 욕됨을 생각하고, 편안함에 처하거든 위태함을 생각하라.

☞ 〈명심보감(明心寶鑑)〉

졸졸 흐를 때 막지 않으면 장차 강을 이루고, 반짝반짝할 때 구하지 않으면 활활 타오를 때 어찌하랴. 떡잎 때 따내지 않으면 장차는 도끼를 써야 한다.

☞ 강태공(姜太公)

언덕은 낮은 것이 쌓여서 높아지고, 강은 작은 물이 합류하여 커진다. 이와 마찬가지로 대인은 작은 지혜를 합하고, 아울러 큰 지혜를 이룬다.

☞ 장자(莊子)

근면함은 값을 따질 수 없는 보배요, 신중함은 자신을 지키는 부적(符籍)이다.

☞ 〈명심보감(明心寶鑑)〉

하늘이 내려준 유리한 조건도 땅의 지형적 이로움만 못하고, 땅의 지형적 이로움도 사람들의 화합함만 못하다.

☞ 맹자(孟子)

중단해선 안 될 데서 중단하는 사람은 어느 하나 중단하지 않는 것이 없으며, 후하게 할 처지에 박하게 구는 사람은 어느 하나 박하게 굴지 않는 것이 없을 것이다. ☞ 맹자(孟子)

일을 성취시키기는 어려워도 망치는 것은 쉽고, 명성을 세우기는 어려워도 무너뜨리는 것은 쉽다.
천 리 길이의 둑도 개미구멍으로 무너지고, 백 길 뻗은 큰 집도 굴뚝 틈바구니에서 새어나온 연기로 불타게 된다. ☞ 회남자(淮南子)

새끼도 톱 삼아 쓰면 나무가 끊어지고, 물방울도 오래도록 떨어지면 돌을 뚫나니, 도(道)를 배우는 이는 모름지기 힘써 참음을 더하라.
물이 모이면 내[川]가 되고 참외가 익으면 꼭지가 빠지나니, 도(道)를 얻으려는 이는 모두 하늘에 맡겨야 한다.

☞ 홍자성(洪自誠)〈채근담(菜根譚)〉

태산(泰山)은 작은 흙덩이일지라도 사양하지 않고, 강과 바다는 가는 물줄기일지라도 가리지 않는다.

☞ 당태종(唐太宗)〈십팔사략(十八史略)〉

금(金)과 옥(玉)을 숭상할수록 도둑들이 많이 모이고, 명성과 지위가 높아질수록 걱정과 책임이 많이 모인다. ☞ 포박자(抱朴子)

재물에 임해서는 구차하게 얻지 말며, 어려움에 임해서는 구차하게 면하려 하지 말고, 다툼에는 이기려고만 하지 말며, 나눌 때는 많이 가지려고만 하지 말 것이다. ☞ 〈예기(禮記)〉

많은 사람들이 미워하더라도 반드시 살펴보아야 하고, 많은 사람들이 좋아하더라도 반드시 살펴보아야 한다.　☞ 공자(孔子) 〈논어(論語)〉

만족할 줄 알면 즐거울 수 있고, 탐욕에만 힘쓰면 근심할 것이다.
☞ 〈명심보감(明心寶鑑)〉

임금 지불은 고용주가 하는 것이 아니다. 그는 단지 돈을 관리할 뿐이다. 임금을 주는 것은 제품이다.
☞ 헨리 포드(자동차왕이라 불리는 '포드 자동차' 창업자)

비싼 것은 사지 말고, 낭비하지 마라. 즉 자타에 이익이 없는 일에는 돈을 쓰지 마라.　☞ 벤자민 프랭클린(미국 독립의 영웅)

사업의 비결은 다른 사람들이 아무도 모르고 있는 무엇인가를 아는 것에 있다.　☞ 아리스토틀 오나시스(그리스 선박왕)

파산의 공포로부터 벗어나는 확실한 방법은 빨리 이루고자 하는 개인적 욕구를 적당히 억누르고, 투자한 자본에 걸맞은 이익에 만족하는 것이다.　☞ 월터 파우엘

당신이 하는 일을 사랑하라. 그러면 성공의 기회가 찾아온다. 다른 사람들이 정말로 원하는 것이 무엇인지 이해하고 적절한 시기와 적절한 장소 그리고 적절한 가격으로 그들에게 공급하라. 그러면 성공은 당신의 몫이다. 정보화 시대에는 혁신적인 것만이 미래를 바라볼 수 있다.　☞ 사이먼 안젤로(온라인 컨설턴트, 넷 기업가)

우리는 정규 교육을 통해 많은 것을 배운다. 하지만 인생에서 꼭 필요한 능력은 대부분 혼자서 터득해야 하는 것들이다.

☞ 리 아이아코카('크라이슬러' 회장)

똑똑하지만 한 번도 사람이나 조직을 이끌어본 경험이 없는 25살짜리가 2년 과정의 MBA 코스에 다닌다고 해서 금방 유능한 경영자가 될 거라고 생각하는가? 그렇게 생각한다면 그것이야말로 세상에서 가장 웃기는 일이다.

☞ 헨리 민츠버그(경영전략 전문가)

나는 대학 졸업장을 대수롭지 않게 생각한다. 대학 졸업장은 실무와 별로 상관이 없다. 나는 다른 사람들만큼 성적도 좋지 못했고, 졸업시험도 치르지 않았다. 학과장이 하루는 나를 불러 학교를 떠나라고 말했다. 그 자리에서 극장 입장권만도 못한 학위는 나도 원하지 않는다고 대답했다. 입장권은 최소한 안으로 들여보내주기라도 하지만, 대학 졸업장은 아무것도 보장해 주지 못한다.

☞ 소이치로 혼다('혼다 그룹' 창업자)

하버드 비즈니스 스쿨 졸업자를 절대로 고용하지 마라. 내 생각에 이 엘리트들에게는 성공에 필요한 몇 가지 기본조건들이 결여되어 있다.

즉 겸손, 윗사람들에 대한 존경심, 기업경영의 본질에 대한 이해, 기업의 성공을 진심으로 기뻐하며 일하는 직원들의 심리에 대한 이해, 부하직원의 입장에 대한 고려, 현장에서의 성취 능력, 근면성, 부하직원에 대한 신의, 판단력, 공정성, 성실성 등이 그것이다.

☞ 로버트 타운젠드('아비스 렌터카' 전 회장)

바디샵을 창립할 당시에 내가 가졌던 큰 장점 중 하나는 대학에서 경영학을 공부해 본 적이 없다는 것이었다. 만약 경영학을 공부했다면, 아마 나는 사업이 왜 제대로 굴러가지 않느냐며 고민만 하고 있었을 것이다. ☞ 아니타 로딕('더 바디샵' 창업자)

크기보다는 속도를, 진보보다는 혁명을. ☞ 토마스 미델호프('베텔스만 그룹' 경영자)

새로운 길을 걸어가라! ☞ 라인하르트 몬(전후 '베텔스만 그룹' 창업자)

지배하기 위해서가 아니라 봉사하기 위해서 최고의 자리에 서라. ☞ 베른하르트 폰 클레르보(프랑스 신학자)

훌륭한 세일즈맨이란 더 많이 사도록 강요하는 것이 아니라, 고객이 다시 찾도록 하는 사람이다. ☞ 피어갈 퀸(식품소매점 '슈퍼퀸'의 CEO)

경영자는 사원이나 하청 업자에 대해 절대 '내가 너를 먹여 살리고 있다.'는 태도를 보여서는 안 된다. 그러한 태도를 보이는 순간, 경영자로서의 자격을 잃고 하찮은 인간으로 전락하고 만다. ☞ 마쓰시타 고노스케('경영의 신'으로 불리는 '마쓰시타 그룹' 창업자)

고객들은 대면을 하든 전화를 통해서든 직원들과 접촉하는 시점인 최초 15~30초가 서로의 참된 '진실의 순간(MOT, Moment Of Truth)'이다. 이 순간에 고객이 만족을 느끼지 못하면 고객은 떠나간다. ☞ 얀 칼존('스칸디나비아 에어라인 시스템(SAS) 항공사' 사장)

자기 관리를 충실히 하지 못하는 사람은 부하를 관리할 자격이 없다.
☞ 빌 게이츠('마이크로 소프트' 공동 창업자)

우리의 시장은 단 하나뿐이다. 바로 고객이다. 고객들은 이 세상 어딘
가에서 우리의 물건을 구매할 이들로, 최고 경영자를 비롯한 모든
사람을 해고할 수 있다.
☞ 샘 월튼('월마트' 창업자)

확실한 과거보다는 불확실한 미래가 더 낫다.
☞ 요르마 올릴라('노키아' 회장)

시장에서 살아남으려면 시장의 욕구에 100퍼센트 집중해야 한다.
☞ 요르마 올릴라('노키아' 회장)

창의적인 방식을 택하건 택하지 않건 그것은 당신에게 달렸다. 특이
하고 창의적인 방식으로 일할 수 있는 가능성은 항상 열려 있다.
☞ 토드 마초버('MIT 미디어랩' 책임자)

경영에서 요구되는 것은 단순한 정보 수집력이 아니라 정보의 가공력,
조합력, 독해력이다. 그런 의식이 없다면 인간이 컴퓨터의 사고형식
에 맞추어 생각하게 되는 어처구니없는 이야기가 되고 만다.
☞ 호리 코이치(스포츠 해설가, 전 야구선수)

수없이 많은 사람들이 인터넷 창업에 뛰어들었다가 실패하는 것은
통하지 않을 상품, 즉 터무니없는 상품을 판매하려 하기 때문이다.
☞ 사이먼 안젤로(온라인 컨설턴트, 넷 기업가)

어떤 산업 분야에서나 일정한 시점에 이르면 전환점을 맞이하게 되며, 궁극적으로 고객을 이해하는 사람은 번창하고 그렇지 못한 사람은 뒤처지게 된다. 독점적인 위치에 있지 않는 한, 특정 고객의 요구와 필요를 만족시키기 위해 철저하게 헌신해야 하는 것이 비즈니스이다.

☞ 사이몬 안젤로(온라인 컨설턴트, 넷 기업가)

사람들은 더 이상 돈이 벌리지 않는 곳에 투자하기 때문에 실패한다. 1달러를 투자한다면 적어도 2달러가 돌아와야 한다.

☞ 사이몬 안젤로(온라인 컨설턴트, 넷 기업가)

사람들이 정말로 원하는 컨텐츠를 가지고 자기 분야에서 최고의 사이트가 되는 것이 링크 인기도를 높이는 확실한 방법이자, 사이버 공간에서 매일 같이 일어나는 보이지 않는 전투에서 살아남는 길이기도 하다.

☞ 사이몬 안젤로(온라인 컨설턴트, 넷 기업가)

부하의 고유한 업무에 대해서 꼬치꼬치 지시하는 것은 별로 바람직하지 않다. 그러나 우둔하게 일하도록 내버려두는 것은 더 나쁘다.

☞ 테리 켈리(특수 등산복 소재 생산업체인 '고어 텍스' CEO)

여러분이 일생을 걸고 일을 한다 해서 순조롭게 일이 풀리는 것은 아니다. 어떻게 하면 좋을지를 생각해 보아야만 한다. 여러분의 생각을 변화시킨다는 것은 쉬운 일이 아니다. 낡은 사고방식을 파괴하지 않으면 안 된다. 경험을 부숴버리지 않으면 안 된다. 지도자가 마음을 비범하게 다잡아야 함은 당연하다.

☞ 스즈키 도시후미('세븐&아이홀딩스' 회장, CEO)

윗사람은 당신이 열심히 노력하는 것만 갖고는 박수를 치지 않는다. 물론 열심히 하는 것도 중요하지만 성공하지 못하면 바보 취급만 당하기 십상이다. ☞ 테리 켈리('고어 텍스' CEO)

누군가를 이끌려고 하면 먼저 자기 자신을 다스려야 한다. 자신이 유능하기 때문에 관리자가 되었다고 믿는 순간, 부하들은 당신 없이도 잘할 수 있다고 생각하기 시작할 것이다.
☞ 테리 켈리('고어 텍스' CEO)

싫든 좋든 간에 분명히 당신이 맞서야 한다는 사실 이외에는 리스크에 대해서 더 이상 할 말이 없다. 당신 개인이나 당신의 회사나 얼마간의 리스크가 없이는 무엇도 할 수 없다. 리스크가 전혀 없다고 하는 것은 스스로 바보라고 하는 것과도 같다. 그러므로 대담해지되 신중해져야 한다. 그것이 최선이다. ☞ 테리 켈리('고어 텍스' CEO)

어떤 비즈니스든 경쟁이 없다면 훌륭한 성과 달성은 꿈꾸기 어렵다. 길게 봤을 때 사업의 성공을 위해서는 둘 이상의 동종 업계 경쟁자가 반드시 필요하다. ☞ 테리 켈리('고어 텍스' CEO)

우리는 경영진을 대중적인 스타로 보지 않는다. 그들의 삶이 멋지게 보일 수도 있겠지만, 그건 대부분이 스트레스를 무시하고 가족과 함께하는 삶을 희생한 결과일 것이다. ☞ 앤디 와홀(팝 아티스트)

대중은 최고의 기술이 아니라 최고로 홍보된 기술을 수용한다.
☞ 블레인 매코믹(미국 경영학 교수)

과거의 기록에 갇히지 마라. 일류 대학을 나왔거나 높은 직위에 있었다는 것은 과거의 기록이다. 자랑하지 마라. 왕년의 성공 역시 과거의 기록이다. 과거밖에 내세울 것이 없는 사람은 이미 늙어버린 사람이다.
☞ 구본형(변화경영 전문가)

상사를 과대평가하는 것은 구제받을 수 있다. 왜냐하면 과대평가의 결과는 실망 정도이기 때문이다. 하지만 상사를 과소평가하면 어떤 보복을 당할지 알 수 없다. 아직 속마음을 잘 알지 못할 때 상사를 과소평가하는 것은 절대 금물이다.
☞ 피터 드러커(미국 경영학자, 미래학자)

가난한 나라는 더 이상 존재하지 않게 될 것이며, 단지 무지한 나라만이 있게 될 것이다. 이 같은 상황은 기업, 사업, 그리고 어떤 형태의 기관에도 해당될 것이다. 뿐만 아니라 개인들에게도 역시 마찬가지 상황이 벌어지게 될 것이다.　☞ 피터 드러커(미국 경영학자, 미래학자)

종종 발명을 우연으로 돌리는 식의 말도 안 되는 이야기가 인구에 회자되는 경우가 있다. 내 경우에, 아무리 사소한 발명이라도 우연히 이루어진 것은 없다. 대부분은 오랜 동안의 고통스러운 작업 끝에 이루어진 것이며, 목표를 달성하기 위해 계획된 수없이 많은 실험을 거친 결과물이다.　☞ 토머스 에디슨(미국 발명가, 사업가)

발명가로서 성공할 수 있는 비법에 관해서 내가 해 줄 수 있는 말은 아주 조금밖에 없다. 그리고 이 말은 발명 외에도 사람들이 하고자 하는 다른 사업 분야에서도 통하는 것이다.

첫째, 당신이 발명하고자 하는 것이 진짜 필요한 것인지 알아보라. 그리고 그것에 관해 생각을 시작하라. 아침 여섯 시에 일어나고 다음 날 새벽 두 시까지 일하라. 그리고 당신의 마음속에서 어떤 것이 저절로 발전할 때까지 이 일을 계속하라. 그래도 되지 않는다면, 잠을 더 줄이고 깨어 있는 동안 더 열심히 일해야 한다. 이 원칙을 따른다면 발명가로서 또는 다른 무엇이든지 원하는 분야에서 성공할 수 있을 것이다. 전구와 축음기 그리고 영사기를 발견할 수 있었던 것은 바로 이 원칙을 철저히 지켰기 때문이었다.

☞ 토머스 에디슨(미국 발명가, 사업가)

나는 어떤 사람이든, 심지어 아주 능력이 부족한 사람조차도 오직 노력에 의해서만 발명가가 될 수 있다고 믿는다. 충분히 오랫동안 열심히 한다면 어떤 일이든지 할 수 있다. 물론 재능이 있는 사람은 목적하는 바를 좀 더 빨리 이룰 수 있겠지만 재능이 없어도 꾸준히 하는 사람은 궁극적으로 목표에 도달할 수 있다.
한 가지 일에 지속적으로 피나는 노력을 하는 것은 분명히 그것에 관한 새로운 아이디어를 발전시키는 것이고, 그것은 또 다른 아이디어를 내고, 이것이 반복되면 어느새 완벽한 아이디어가 당신 앞에 완성되게 된다. 무엇보다도 일단 행동 계획을 세웠다면 절대 포기해서는 안 된다.

☞ 토머스 에디슨(미국 발명가, 사업가)

사업은 개인의 야심이나 자기만족만으로는 완성될 수 없다. 사업이 갖고 있는 공공성이라는 측면에서 볼 때 사업의 궁극적인 목표는 보다 높은 곳에 있다. 그것은 곧 사회에 봉사하고 사회 구성원들에게 감사의 마음을 표시하는 것이다.

☞ 하야카와 도쿠지('샤프' 창업자)

어떤 발명을 완성하기 위해서 때로는 100퍼센트 높이의 딱딱한 벽을 향해 똑바로 달려가는 듯한 느낌이 든다. 아무리 시도해도 그것을 넘지 못하면 나는 다른 일로 방향을 전환한다. 그러면 몇 달 또는 몇 년 후 언젠가는 내 스스로 또는 다른 사람이 발명한 것, 아니면 이 세상의 다른 분야에서 일어난 무엇인가가 적어도 그 벽의 부분이나마 알도록 해 준다.

나는 어떤 상황에서도 내 자신이 실망하는 것을 용납하지 않는다. 어떤 프로젝트에서 문제를 해결하기 위해 수천 번의 실험 끝에 마지막으로 실시한 실험이 실패로 돌아가자 조수 중의 한 사람은 그 실패에 대해 극도로 실망했다. 나는 그에게 우리는 그래도 무언가를 배웠다는 것을 확인시켜 주고 격려해 주었다. 그 실패에서 우리가 분명히 배운 것은 그 일을 할 수 없는 수천 가지 방법이었고, 따라서 다른 방법을 사용해야 한다는 것이다.

우리가 할 수 있는 최선의 생각과 작업을 투입한다면 때로는 실패에서도 많은 것을 배울 수 있다.　☞ 토머스 에디슨(미국 발명가, 사업가)

정체된 기업을 재건하기 위해서는 먼저 대규모 파괴를 단행하지 않으면 안 된다. 또한 그 후에 바로 재건에 착수하지 않으면 파괴의 고통은 아무런 소용이 없다.　　　　　　　☞ 톰 피터스(미국 경영 컨설턴트)

멋진 일은 '고객 만족'에 만족하지 않는다. 모든 고객을 '움직이는 광고 탑', 즉 열광적인 팬으로 만들어야 한다. 불평을 말하지 않는 고객보다는 불평을 얘기할 줄 알고 적극적으로 좋은 점을 광고할 수 있는 고객을 획득하는 것이 정말 멋진 일이다.

　　　　　　　　　　　　　　☞ 톰 피터스(미국 경영 컨설턴트)

나는 YKK가 결코 내 것이라고 생각하지 않는다. 나무가 모여서 하나의 숲을 이루는 것처럼, 사원 한 사람 한 사람이 모여서 회사를 이룬다. 그러므로 회사는 경영자의 것이 아니라 사원들의 것이다.

☞ 요시다 다다오('YKK 지퍼' 창업자)

아무리 돈을 많이 번다고 해도 그 돈에 자신의 노력과 땀이 들어 있지 않으면 그 돈은 희한하게도 언제 없어졌는지 모르게 사라져버린다. 그러나 반대로 완전히 무일푼이 되어 벼랑 끝에 서게 된 사람은 '내가 여기서 열심히 하지 않으면 그땐 정말 끝장이다.'라는 생각에 새로운 결심을 하기 마련이다. 그렇게 새로 시작한 사람은 '피맺힌 돈'을 벌게 되기 때문에 그 앞에는 성공이 기다리고 있다.

☞ 오타니 요네타로(오타니 중공업 창업자, 스모 운동선수)

수입의 1할은 저축해서 밑천을 만들어라. 피맺힌 돈이 성공을 부른다.

☞ 오타니 요네타로(오타니 중공업 창업자, 스모 운동선수)

어떤 장사든 사람들이 싫증을 느끼면 그것은 끝을 알리는 신호이다. 그러므로 사람들이 자신의 가게를 좋아하고 자주 이용할 수 있도록 하지 않으면 안 된다. 돈을 벌고 싶으면 먼저 상대편의 입장에 서 보라. 그리고 그들이 좋아할 만한 행동을 하라.

☞ 오타니 요네타로(오타니 중공업 창업자, 스모 운동선수)

젊은이들이여, 독립하라. 대기업이나 큰 회사를 동경하지 마라. 사업은 얼마든지 할 수 있다. 일은 어디에나 있다.

☞ 고바야시 이치조(세계 최초의 터미널 백화점 창업자)

PR에는 다른 사람들에게 봉사한다는 진실된 마음이 있어야 한다. 그저 상품만 선전해서는 잘 팔리지도 않고 광고 효과도 나타나지 않는다. 파는 사람의 인간적인 성의와 진심이 가득 담겨 있는 광고가 아니면 아무리 선전해도 팔리지 않는다.

☞ 스즈키 사부로스케('아지노모토' 창업자)

장사는 돈 계산을 하는 것이 아니다. 그것은 바로 다른 사람의 마음을 사는 것이다. ☞ 미시마 가이운('칼피스'(몽고식 마시는 요구르트) 창시자)

예를 들어 거울에 45도 각도로 비춰진 광선은 45도 각도로 반사된다. 사람의 마음도 마찬가지다. 내가 계산을 하고 있으면 상대방도 계산을 하고 있고, 내가 그러지 않으면 상대방도 그러지 않는다. 이 교훈은 나의 인생에 정말로 많은 도움을 주었다.

☞ 미시마 가이운('칼피스' 창시자)

예술과 문화

시를 외우면 마음의 부자가 되고, 고독을 벗 삼으면 마음은 저절로 아름다워진다. ☞ 여몽

오늘날의 과학문화는 인간의 가장 하등한 의식을 토대로 해서 발달하고 있음에 불과하다는 사실을 잊어서는 안 된다. ☞ 사와키

그림을 그리고 있으면 늙은 것을 잊게 된다. 부와 귀 같은 것은 내게 있어서는 뜬구름 같은 것이다. ☞ 〈고문진보(古文眞寶)〉

종이나 북을 치는 것만이 음악이 아니다. 음악의 본질은 사람의 마음을 즐겁게 해 주는 데 있다. ☞ 〈논어(論語)〉

음탕한 시(詩)나 음악은 사람을 썩게 하고, 나라를 위태롭게 한다. ☞ 〈논어(論語)〉

빈 종이 앞에 서는 것이 예술가의 공포다. ☞ 도교

예와 악(樂)은 나라를 다스리는 데도 필요하고 교육상으로도 중요한 것이다. 잠깐이라도 몸에서 떼어낼 수 없는 것이다.　　☞〈예기〉

그림에 있어서는 먼저 밑그림을 잘 그려야 하고, 색을 입히는 것은 그 뒤에 하는 일이다. 밑그림을 그리는 것은 눈에 띄지 않는 작업이다. 그러나 단단한 밑그림(素) 없이는 훌륭한 그림을 그릴 수 없다. 그와 마찬가지로 몸을 장식하는 것보다는 먼저 수양에 힘써서 마음의 진실을 근본으로 삼아야 한다.　　☞〈논어(論語)〉

모든 예술은 자연의 모방에 불과하다.
　　☞ 세네카〈루킬리우스에의 서한집〉

사랑 없는 이야기는 겨자 없이 먹는 고기처럼 맛이 없다.
　　☞ A. 프랑스〈천사들의 모반〉

훌륭한 작가가 되기를 원하거든, 써라!　　☞ 에픽테토스〈어록〉

책은 위대한 천재가 인류에게 남겨 주는 유산이며, 그것은 아직 태어나지 않은 자손들에게 주는 선물이다. 이는 한 세대에서 다른 세대로 전달된다.　　☞ J. 에디슨〈스펙테이터〉지(誌)에서

기록하고 펼쳐서, 이익을 얻고 덮는 책이 양서이다.
　　☞ A. B. 올커트〈개화〉

책만큼 매력 있는 가구는 없다.　　☞ S. 스미드〈홀런드 부인 회상록〉

불에 집어넣으려고 하다가 재빠르게 다시 손에 움켜쥐는 책이야말로 무엇보다도 쓸모 있는 책이다. ☞ 호킨슨 〈격언집〉

책 없는 방은 영혼 없는 육체와 같다. ☞ 루보크 〈생의 기쁨〉

돈이 가득 찬 지갑보다 책이 가득 찬 서재를 갖는 것이 훨씬 좋아 보인다. ☞ J. 릴리 〈유퓨즈〉

책 욕심으로 책이 가득한 잘 구비된 서재를 가지고서도 머릿속은 아는 것 없이 텅 비어 있는 사람들처럼 되지 마라.
많은 책을 가지고 싶어 하면서도 결코 그것을 이용하지 않는 것은, 잠자는 동안 줄곧 자기 곁에 촛불을 켜두기를 원하는 어린아이와 같다. ☞ H. 피침 〈완전한 신사〉

시간과 장소와 행동은 노력으로 얻을 수 있다. 하지만 천재는 타고 나는 것이지, 교육으로 이루어지는 것이 결코 아니다. ☞ J. 드라이든 '콘그리브에게 보낸 편지'

천재는 그가 해야 할 것을 하고, 재사(才士)는 그가 할 수 있는 것을 한다. ☞ O. 메런디드 〈다정한 2류 시인의 마지막 말〉

남이 어렵게 보는 일을 쉽게 하는 사람이 재사(才士)이며, 재사에게 불가능한 일을 하는 사람이 천재이다. ☞ 아미엘 〈일기〉

펜은 마음의 혀이다. ☞ 세르반테스 〈돈키호테〉

예술은 인간이 자기를 표현하고자 하는 욕망이며, 자신이 살고 있는 세상에 대한 자신만의 느낌을 기록하려는 욕망이다.

☞ A. 로우얼 〈현대 미국의 시의 경향〉

우연히 이루어진 것은 예술이 아니다.

☞ 세네카 〈루킬리우스에의 서한집〉

예술은 길고, 인생은 짧다. 판단은 어렵고, 기회는 순간적이다.

☞ 괴테 〈빌헬름 마이스터의 수업 시대〉

예술이란 작가가 자신의 경험에 양식을 부여한 것이며, 우리가 그 양식을 알아봄으로써 미학적으로 즐기는 것이다.

☞ A. N. 화이트헤드 〈A. N. 화이트헤드의 대화〉

미적 감정은 인간을 성적(性的) 감정의 수용을 좋아하는 상태로 몰아넣는다. 예술은 사랑의 공범자이다. 사랑을 물리치면 예술은 더 이상 없다.

☞ R. D. 구르몽 〈퇴폐성〉

결코 예술이 대중성을 갖도록 노력해서는 안 된다. 대중 자신이 스스로 예술적으로 되도록 노력해야 한다.

☞ 오스카 와일드 〈사회주의적 인간의 영혼〉

예술의 궁극적 역할은, 사람들이 자기가 아는 것을 인식하도록 하는 것이다. 또한 그들로 하여금 하고자 하는 바를 하도록 자극하는 것이다.

☞ M. 블롱델 〈행동 철학〉

예술은 경험보다 고상한 형태의 지식이다.

　　　　　　　　　　　☞ 아리스토텔레스 〈형이상학〉

꽃을 주는 것은 자연이지만, 그 꽃을 따서 화환으로 만드는 것은 예술이다.

　　　　　　　　　　　☞ 괴테 〈시집〉

세상에서 빠져나가는 데 예술처럼 확실한 길은 없다. 또 세상과 관련짓는 데 예술처럼 적당한 길도 없을 것이다.

　　　　　　　　　　　☞ 괴테

예술은 모방이 끝나는 곳에서 시작된다.　　☞ 오스카 와일드 〈옥중기〉

문학자의 가장 중요한 역할은 자기의 예술에 대한 책임이다.

　　　　　　　　　　　☞ T. S. 엘리어트 〈지평선〉

문학은 항상 인생을 예측한다. 문학은 인생을 복제하지는 않지만 그 목적에 인생을 주조한다.

　　　　　　　　　　　☞ 오스카 와일드 〈퇴폐〉

문학이 타락했다고 말하지만, 그것은 인간이 타락한 만큼 타락된 것에 불과하다.

　　　　　　　　　　　☞ 괴테

열쇠가 상자를 열듯이, 문학은 마음을 연다.

　　　　　　　　　　　☞ J. 하우얼 〈총명한 독자에게〉

은유(隱喩)는 인간이 소유하고 있는 능력 중 가장 창조력이 풍부한 것이 아닐까 싶다.　　☞ J. 오르테가 이 가세트 〈예술의 인간성 말살〉

한 작가가 살아 있을 때, 우리는 그의 가장 못한 작품으로 그를 평가한다. 그러나 그가 죽으면 그의 가장 뛰어난 작품으로 그를 평가한다.
☞ S. 존슨 〈전집〉

상상(想像)은 이성의 힘이 약한 것에 비례하여 강해진다.
☞ G. 비코 〈신과학〉

실로 우리의 존재란, 반 이상이 모방에 의한 것이다. 중요한 것은 좋은 본보기를 골라 세심하게 연구하는 것이다.
☞ 체스터필드 경 〈서간집〉

음악은 마음의 상처를 고쳐 주는 약이다.
☞ W. 헤든 〈단시집(短詩集)〉

훌륭한 그림은 훌륭한 요리와도 같아서, 맛볼 수는 있어도 설명할 수는 없다.
☞ M. D. 블라맹크 〈그림에 대하여〉

시가(詩歌)가 운율의 언어인 것처럼, 춤은 운율의 보조(步調)이다.
☞ F. 베이컨 〈학문의 진보〉

초기의 인상(印象)을 마음속에서 지워버리기는 쉽지 않다.
양털이 일단 자줏빛으로 물들면, 누가 그것을 처음의 흰빛으로 돌이킬 수 있겠는가?
☞ 성 제롬 〈서간집〉

11

인생과 종교

하늘은 말씀하시지 않는다. 사시(四時)가 운행되고 만물이 잘 자라거니, 하늘이 무엇을 말씀하시랴.　　　　　　☞ 공자(孔子) 〈논어(論語)〉

새와 까마귀는 서로 엉키어 있기는 하나 서로 친화(親和)하지 않으며, 무게가 없는 결의(結義)는 비록 굳게 맺었다 해도 반드시 풀리고 만다. 천도(天道)를 구현하는 길도 무게 있고 정중한 태도로 나아가야 한다.
　　　　　　☞ 관자(管子)

발로 밟는 땅은 비록 좁지만, 밟지 않은 땅이 넓은 줄 알기 때문에 마음 놓고 다닌다. 이와 마찬가지로 사람의 지(知)는 비록 근소(僅少)하지만, 그 알지 못하는 광대한 세계가 있음을 믿고 비로소 대자연이 말하는 바를 들을(알) 수 있다.　　　　　　☞ 장자(莊子)

나이는 시간과 함께 달려가고, 뜻은 세월과 더불어 사라져 간다. 드디어 말라 떨어진 뒤에 궁한 집 속에서 슬피 탄식한들 어찌 되돌릴 수 있으랴.　　　　　　☞ 〈소학(小學)〉

해와 달이 지남은 번갯불 같으니, 광음(光陰)은 참으로 아껴야 하네.
☞ 보우(普愚) 〈태고화상어록(太古和尙語錄)〉

얕은 도랑에서는 큰 물고기가 몸을 자유로이 움직이지 못해 미꾸라지의 시달림을 받고, 낮은 언덕에서는 큰 짐승이 몸 숨길 곳이 없어 간사한 여우의 침범을 당한다.　　　　　　　　　　☞ 장자(莊子)

하늘이 높고 땅이 낮음은 신명(神明)의 지위(地位)요, 봄 여름이 앞서고 가을 겨울이 뒤따름은 사시(四時)의 순서(順序)이다.
만물이 화생(化生)하여 각각 형상을 갖추어 먼저 성(盛)하고 뒤에 쇠(衰)하니, 생멸(生滅) 변화(變化)의 흐름이다.　　　　☞ 장자(莊子)

어린아이가 종일 울어도 목이 쉬지 않는 것은 유화(柔和)의 극치(極致)에 있는 까닭이고, 종일 주먹을 쥐어도 단단하지 않은 것은 덕(德)이 자연에 이른 까닭이며, 종일 보아도 눈을 껌벅이지 않는 것은 외물(外物)에 마음이 쏠리지 않기 때문이다.
가도 가는 것을 모르고, 앉았어도 하는 바를 모르며, 만물에 순응해 움직이고, 자연의 물결에 따라 밀려가나니, 이것이 양생법(養生法)이다.
☞ 장자(莊子)

봄비는 영전(榮轉)을 알리는 칙서(勅書)와 같고, 여름비는 죄수에게 내리는 사면장(赦免狀)과 같으며, 가을비는 만가(輓歌)와 같다.
그래서 봄비는 독서하기에 좋고, 여름비는 장기 두기에 좋으며, 가을비는 가방 속이나 다락방 속을 정리하는 데 좋고, 겨울비는 술 마시기에 좋다.　　☞ 임어당(林語堂) 〈생활(生活)의 발견(發見)〉

대저 이 세상 모든 물건에는 각각 주인이 있어 내 것이 아니면 한 터럭일지라도 취하기 어렵도다.

강상(江上)의 청풍(淸風)과 산간(山間)의 명월(明月)은 귀가 이를 들으면 소리가 되고, 눈이 이를 보면 빛을 이루며, 취해도 금(禁)하는 자 없고, 아무리 써도 없어지는 법이 없도다.

☞ 소식(蘇軾) 〈고문진보(古文眞寶)〉

천지(天地)는 광대하나 만물을 화육(化育)시킴은 균등하고, 만물은 비록 많으나 자연(自然)이 이를 다스림은 한결같다.

사람은 비록 많지만 그 주인은 임금이요, 임금은 자연의 덕(德)을 근본으로 하니 천도(天道)에 따라 다스림을 이룬다. ☞ 장자(莊子)

천도(天道)를 터득하면 만사가 부지불식(不知不識) 중에 이루어지므로 아무도 의식하지 못하고, 공덕(功德)이 이루어져 백성에게 혜택을 주되 아무도 의식하지 못한다.

이렇듯 모든 공덕이나 소위(所爲)를 속에 숨기고 드러내 보이지 않는 태도가 바로 천도(天道)라 하겠다. ☞ 관자(管子)

뿌리 깊은 나무는 바람에 아니 움직일세, 꽃 좋고 열매도 많네.

샘이 깊은 물은 가물에 아니 그칠세, 내가 되어 바다에 이르네.

☞ 〈용비어천가(龍飛御天歌)〉

천지만물(天地萬物)의 이치는 홀로가 아니요, 반드시 그와 마주 서는 대(對)가 있다. 그것은 모두 저절로 그러한 것이요, 억지로 안배하여 있는 것이 아니다. ☞ 주자(朱子) 〈근사록(近思錄)〉

돌아가리 돌아가, 전원(田園)에 장차 묵으려 하니 아니 가고 어이하리.
☞ 도연명(陶淵明)〈고문진보(古文眞寶)〉

대저 의식(衣食)이 모자라면 살지 못할 것이고, 사기(士氣)가 사그라지면 살 수 없는 것이며, 무력(武力)이 승하면 살 수 없는 것이고, 사치하는 풍습이 많으면 살지 못할 것이며, 시기와 의심이 많으면 살 수 없는 것이다.
이러한 것들을 가리면, 취하고 버릴 바를 알게 될 것이다.
☞ 이중환(李重煥)〈택리지(擇里志)〉

수레를 삼킬 만한 큰 짐승도 홀로 산에서 벗어나면 그물에 걸리는 환난을 면치 못하고, 배를 삼킬 만한 큰 물고기도 물을 떠나 육지로 나오면 개미에게도 시달림을 당한다. 그러므로 새나 짐승은 높은 데서 살기를 좋아하고, 물고기나 자라는 깊은 물에서 살기를 좋아한다. 이와 마찬가지로 자기의 몸을 보전(保全)하려는 사람은 그 몸을 숨김에 있어 깊숙한 곳을 택해야 한다. ☞ 장자(莊子)

무릇 해와 달은 두루 돌며, 때는 사람과 같이 어정거리지 않는다. 따라서 성인(聖人)은 열 자 길이의 구슬을 귀하다 않고, 촌음(寸陰)을 중히 여긴다. 때는 얻기 어렵고, 잃기는 쉽다. ☞ 회남자(淮南子)

완전한 도(道)는 이름을 붙일 수 없다. 완전한 논평은 말을 아니 쓴다. 완전한 인자(仁慈)는 인자의 개별적 행위에 기울어지지 않는다. 완전한 강직(剛直)은 남을 비평하지 않는다. 완전한 용맹은 앞으로 밀고 나가지 않는다. ☞ 장자(莊子)

진정이란, 정성이 지극함을 말한다. 진정이 아니고는 사람을 움직이지 못한다. 그러므로 억지로 우는 자는 아무리 슬프게 울어도 사람을 슬프게 못하고, 억지로 화내는 자는 아무리 엄하게 꾸며도 무서운 느낌을 주지 못하며, 억지로 친한 체하는 자는 아무리 웃음을 띠고 있어도 친화(親和)의 정(情)을 주지 못한다.

그러나 이와 반대로 진정한 슬픔은 소리 내어 울지 않아도 남을 슬프게 하고, 진정한 노여움은 화내지 않아도 남을 두렵게 하며, 진정 친함은 웃지 않아도 사람을 친화케 한다.

진정이 안에 있으면 그 마음은 저절로 밖으로 나타난다. 그러므로 진정은 귀중한 것이다.　　　　　　　　　　　　☞ 장자(莊子)

먹는 나이는 거절할 수 없고, 흐르는 시간은 멈추게 할 수 없다. 생장(生長)과 소멸(消滅), 성(盛)하고 쇠(衰)함이 끝나면 다시 시작되어 끝이 없다.　　　　　　　　　　　　☞ 장자(莊子)

위대한 우주의 진리를 터득한 사람에게는 삶이나 죽음을 가지고 겁을 줄 수 없으며, 도(道)에 맞게 본성(本性)을 바르게 보양(保養)할 줄 아는 사람에게는 천하를 내걸고 꾀어도 소용이 없다. 삶이 아닌 경지, 즉 죽음의 세계의 즐거움을 아는 사람에게는 죽음으로 두려움을 줄 수 없고, 천하를 마다하고 은둔한 허유(許由)가 순(舜)임금보다 존귀하다는 것을 아는 사람은 물질을 탐내지 않는다.　　　　　　　　　　　　☞ 회남자(淮南子)

손가락으로 달을 가리키되 달은 손가락에 있지 않고, 말로써 진리를 말하되 진리는 말에 있지 않다.　☞ 보조국사(普照國師) 법어(法語)

사물(事物)의 큰 것은 말로써 표현할 수 있고, 작은 것은 마음으로 추측할 수 있다. 그러나 말로써 표현할 수 없고 마음으로 추측할 수도 없는 진리에 있어서는, 작다 크다 할 수 없다.　　☞ 장자(莊子)

인간이 종교를 만드는 것이지, 종교가 인간을 만드는 것은 아니다.
　　☞ 미키 키요시 〈삼목청(三木請)〉

여러 사람의 마음은 속이지 못하고, 공론(公論)은 막기 어렵다. 허위를 꾸민 자취는 어쩌다 한 사람의 마음을 가릴 수 있을지 모르나, 뱃속이 들여다보여지는 것은 열 눈[目]의 보는 바여서 도망하기가 어렵다.
　　☞ 이언적(李彦廸) 〈회재집(晦齋集)〉

참[眞]은 오래가고, 거짓은 잠깐이다.
　　☞ 김안국(金安國) 〈모재집(慕齋集)〉

물에서 가는 데는 배만큼 편리한 것이 없고, 육지에서 가는 데는 수레만큼 편리한 것이 없다.
그러나 물에서 가도록 되어 있는 배를 육지에서 밀고 가려고 한다면, 평생을 애써도 몇 길을 가지 못할 것이다.　　☞ 장자(莊子)

만일 말을 따라 생각을 내고, 글을 맞추어 앎을 나타내며, 교(敎)에 따라 마음이 흔들리어 손가락과 달을 구분 못하고, 명예와 이익에 대한 마음을 잊지 못하면서 설법(說法)을 하거나 사람을 제도(濟度)하려는 자는 마치 더러운 달팽이가 자신의 더러움으로 남까지 더럽힘과 같다.　　☞ 보조국사(普照國師) 법어(法語)

찰흙을 이겨서 그릇을 만드는 경우, 그 빈 곳[無]이 그릇으로서의 구실을 한다. 문(門)이나 창(窓)을 내고 방을 만드는 경우에도 그 비어 있는 부분[無]이 방으로 이용된다.
그러므로 있는 것이 이(利)가 된다는 것은 없는 것[無]이 작용하는 까닭이다. ☞ 노자(老子)

진리에는 말이나 형상이 없지만, 말이나 형상을 떠날 수도 없다. 말이나 형상을 떠나면 의혹에 빠지고, 말이나 형상에 집착하면 그 참모습을 모른다. ☞ 대각국사(大覺國師)〈대각국사(大覺國師) 문집(文集)〉

가득 차 있는 이는 마치 물이 장차 넘칠 것이로되 아직 넘치지 않음과 같으니, 한 방울 물이라도 더하는 것을 몹시 꺼린다.
위급한 곳에 있는 이는, 마치 나무가 장차 꺾일 것이로되 아직 꺾이지 않음과 같으니, 조금이라도 더 눌리는 것을 몹시 싫어한다.
☞ 홍자성(洪自誠)〈채근담(菜根譚)〉

믿는 것은 의심하는 것보다 낫다. 그러나 의심하지 않고서는 깊이 믿을 수가 없다. 회의(懷疑)는 신앙(信仰)을 위해 필요하다.
☞ 우치무라 칸조오〈소감십년(所感十年)〉

천지(天地)라는 것은 만물(萬物)의 여관(旅館)이요, 세월은 영원한 시간 속의 나그네이다. ☞〈고문진보(古文眞寶)〉

지식은 사랑의 어버이요, 지혜는 사랑 그 자체이다.
☞ J. C. 헤어 & A. W. 헤어〈진리의 추론〉

사람이 나를 의심하면, 그런 일이 없음을 반드시 밝혀야 한다. 그러나 그렇게 해서는 안 될 때도 있으니, 대개 급히 서두르면 그 의심이 더욱 커지기 때문이다.　　　　　　　☞ 이곡(李穀) 〈가형집(稼亨集)〉

무릇 형체가 있는 것은 형체가 없는 것에 의해서 살고, 육체는 정신에 의해서 성립된다. 형체가 있는 것은 형체 없는 것의 집이고, 육체는 정신의 집이다.
이것을 둑에 비유하면, 둑이 무너지면 물이 괴어 있을 수 없다. 촛불에 비유하면, 초가 닳아 없어지면 불이 붙어 있을 곳이 없다.
육체가 지쳐버리면 정신이 흐트러지고, 기운이 다하면 목숨이 끝난다.
뿌리가 마르고 있는데, 가지만이 우거지면 푸른 생기는 나무를 떠난다.　　　　　　　☞ 포박자(抱朴子)

스스로를 믿는 이는 남도 또한 믿어서 원수끼리라도 모두 형제일 수 있고, 스스로를 의심하는 이는 남도 또한 의심하여 제 몸 외에는 모두 적국(敵國)이 된다.　　　　　　　☞ 〈명심보감(明心寶鑑)〉

생(生)은 오는 것을 물리칠 수도 없고, 가는 것을 막을 수도 없다. 그러니 슬픈 일이다.
세상 사람들은 육체만 유지하면 생명이 보존되는 줄로만 알고 있으니…….　　　　　　　☞ 포박자(抱朴子)

만물에 대해 널리 잘 알아도 인도(人道)를 알지 못하면 지혜롭다 할 수 없고, 중생을 널리 사랑할지라도 인류애가 없으면 인(仁)이라 할 수 없다.　　　　　　　☞ 회남자(淮南子)

나는 예수 그리스도가 나를 대신해서 죽었다고는 믿지 않는다. 이것이 현대인화 된 종교다.

하늘을 믿는 것은 사람을 믿는 것만 같지 못하고, 하느님을 의지하는 것은 자신을 의지하는 것만 같지 못하다.　　　　　☞ 호적(胡適)

도(道)는 사람들의 생활에서 먼 것이 아니니, 사람이 도(道)를 행한다고 하면서 사람들의 삶을 멀리한다면, 도(道)라 이를 수 없는 것이다.
　　　　　☞ 〈중용(中庸)〉

하루라도 선(善)을 행한다면 복(福)은 비록 아직 이르지 않더라도 화(禍)는 저절로 멀어지는 것이요, 하루라도 악(惡)을 행한다면 화는 비록 아직 이르지 않더라도 복은 저절로 멀어지는 것이다.
　　　　　☞ 〈명심보감(明心寶鑑)〉

너는 옥(玉)으로 보배를 삼았으나, 나는 탐내지 않음을 보배로 삼았다.
　　　　　☞ 〈춘추좌전(春秋左傳)〉

편안한 거처가 없는 것이 아니라 나에게 편안한 마음이 없는 것이요, 만족할 재산이 없는 것이 아니라 나에게 만족할 마음이 없는 것이다.
　　　　　☞ 묵자(墨子)

두뇌[知力]는 지각(知覺)의 성(城)이다.
　　　　　☞ S. 플리니우스 〈자연의 역사〉

양심이 없는 지식은 인간의 영혼을 망친다.　　☞ E. R. L.라브레

유일한 선(善)이 있는 바, 그것은 지식이다.
유일한 악(惡)이 있는 바, 그것은 무지(無知)이다.　　☞ 소크라테스

지식욕(知識慾)은 인간 본연의 감정이다. 그러하기에 마음이 타락하지 않은 자라면, 지식을 얻기 위해 가지고 있는 모든 것을 기꺼이 내놓을 것이다.　　　　　　　　　　　　　☞ 보즈웰 〈존슨 전〉

정의를 떠난 지식은, 지식이라기보다는 교활함이라고 일컫는 편이 낫다.　　　　　　　　　　　　　　　　　☞ 키케로 〈의무론〉

아름다움은 신(神)이 준 것이지만, 지식은 시장에서 구입된다.
　　　　　　　　☞ A. H. 클러프 〈토버 나 부올리치의 보티 섬〉

너의 근원을 생각하라. 너는 야수처럼 살도록 태어난 것이 아니라, 덕(德)과 지식을 추구하도록 태어났다.　　☞ 단테 〈신곡 : 지옥편〉

하나의 일에 관해 모든 것을 알기보다는 모든 일에 관해 조금씩 아는 편이 훨씬 낫다. 그것이 세상을 사는 데 유익하기 때문이다.
　　　　　　　　　　　　　　　　　　☞ B. 파스칼 〈명상록〉

지식은 고생함으로써 시작되고, 인생은 죽음으로써 완성된다.
　　　　　　　　　　　　　　☞ E. B. 브라우닝 〈시인의 통찰력〉

지식은 신사의 시작이고, 신사로서의 완성은 대화이다.
　　　　　　　　　　　　　　　　　　☞ T. 풀러 〈잠언집〉

진정한 지식은 사람을 겸손하고 세심하게 만든다.
건방지고 주제넘은 행동은 무식함의 표현일 뿐이다.

☞ J. 글랜빌 〈과학적 회의〉

자각의 첫 단계는 자기불신이다. 이와 같은 과정을 밟지 않고서는
어떤 지식도 얻을 수 없다.

☞ J. C. 헤어 & A. W. 헤어 〈진리의 추론〉

우리들은 별로 알지 못한다고 할 때에만 정확하게 안다. 의심은 지식
과 함께 증가하기 때문이다. ☞ 괴테 〈산문 금언집〉

조금 아는 사람들은 대부분 말을 많이 하고, 많이 아는 사람들은 말을
조금 한다. ☞ 루소 〈에밀 : 교육론〉

지식인인 체하는 사람은 자기의 지능 이상으로 교육을 받은 사람이다.

☞ J. B. 매듀즈 〈경구〉

교육은 젊은이들에게는 억제하는 효력이 있고, 노인들에게는 위안이
되어 주며, 가난한 사람들에게는 재산, 부자들에게는 장식품이 되어
준다. ☞ 디오게네스 〈디오게네스〉

교육이 어느 방향으로 인간을 출발시키느냐에 따라 그 사람의 장래가
결정된다. ☞ 플라톤 〈국가론〉

공부만 하고 놀지 않으면 바보가 된다. ☞ J. 하우얼 〈격언집〉

교육은 국민을 이끌기 쉽게 만들고, 강요하기 어렵게 만든다. 즉 통치하기 쉽게 만들며, 억압하기 불가능하게 만든다.

☞ 브룸 경 '하원에서의 연설'

다른 사람의 위험에서 자신에게 이익이 되는 교훈을 끌어내라.

☞ 테렌티우스 〈자학자〉

마땅히 행할 길을 아이에게 가르쳐라. 그리하면 늙어도 그것을 망각하지 않으리라.

☞ 〈구약성경 : 잠언 22, 6〉

훌륭한 말[馬]이 되게 하는 것은 고삐와 박차다.

☞ T. 풀러 〈금언집〉

살아 있는 한, 줄곧 사는 법을 배워라.

☞ 세네카 〈루킬리우스에의 서한집〉

나는 배우기 위해서 사는 것일 뿐, 살기 위해서 배우지는 않는다.

☞ F. 베이컨 '국왕 제임스 1세에게 보낸 서한'

아예 배우지 않는 것보다, 늦게라도 배우는 편이 낫다.

☞ 클로에불르스, 스토바에우스 〈적화〉

이성은 사고함으로써 세상을 파악하는 인간의 능력이다.
지성은 사고의 도움을 받아 세상을 조정하는 능력이다.

☞ E. 프롬 〈건전한 사회〉

젊을 때에 배움을 소홀히 하는 자는 과거를 상실하고, 미래에는 죽은 삶을 산다.　　　　　　　　　　　　☞ 에우리피데스 〈프릭쿠스〉

조금 알기 위해서라도 공부는 많이 해야 한다.
　　　　　　　　　　　　　　☞ 몽테스키외 〈명상록과 판단집〉

인간은 가르치는 동안에 배운다.　　☞ 세네카 〈루킬리우스에의 서한집〉

창조적 표현과 지식으로 기쁨을 깨닫게 하는 것이 교사의 으뜸가는 기술이다.　　　　　　　　　　　　　　　　　☞ 아인슈타인

교양은 호기심에서 비롯되는 것이 아니라, 완전에 대한 사랑에서 비롯된다. 그것이 바로 완전의 연구이다.
　　　　　　　　　　　　　　☞ M. 아널드 〈문화의 무질서〉

교육의 뿌리는 쓰지만, 그 열매는 달다.　　　☞ 아리스토텔레스

사람은 날마다 약간의 노래를 듣고, 좋은 시를 읽고, 훌륭한 그림을 보고, 또 가능하다면 몇 마디의 합당한 말을 해야 한다.
　　　　　　　　　　　　☞ 괴테 〈빌헤름 마이스터의 수업 시대〉

산다는 것은 천천히 태어나는 것이다.　　☞ 생텍쥐페리 〈야간 비행〉

이성을 응용하여 자신의 감정을 지배하는 능력이야말로 지능적인 사람이란 증거이다.　　　　　　　　　☞ M. 매너즈 〈분노의 가중〉

하나의 훌륭한 머리가 백 개의 강한 손보다 낫다.

☞ T. 풀러 〈금언집〉

훌륭한 정신을 가진 것만으로는 충분하지 않다. 중요한 것은 그것을 잘 이용하는 것이다.　　　　　　　　☞ R. 데카르트 〈방법론〉

언젠가 날기를 원한다면 우선 서고, 걷고, 달리고, 오르고, 춤추는 것을 배워야 한다. 사람은 곧바로 날 수 없기 때문이다.

☞ 니체 〈차라투스트라는 이렇게 말했다〉

언어는 인류의 기억이다. 언어는 모든 시대를 관통하여 각 시대를 하나의 공통선상에 묶어 준다. 또한 전진하는 존재로 연결하는 생명의 실오라기나 신경과도 같다.　　　　　☞ W. 스미드 〈돈테일〉

언어에 있어서의 모든 중대한 발전은 훌륭한 감정의 발달을 아울러 가져온다.　　　　　　　　☞ T. S 엘리어트 〈필립 메신저〉

살아 있는 유일한 언어는, 그 속에서 우리가 생각하고 그 속에서 우리의 생존을 지키는 그런 언어이다.　　☞ A. 마차도 〈마이레나의 돈환〉

한 마디 말로 입히는 상처가 칼로 한 번 휘두르는 상처보다 더 깊다.

☞ R. 버튼 〈우울의 해부〉

한 입에서 나오는 것이 백인의 귀로 들어간다.

☞ E. 브라머 〈카이 륜의 황금시대〉

사람의 말씨는 그 사람의 마음이 반영된 소리이다.

☞ 에머슨 〈일기〉

말은 인간을 숨쉬게 하기 위해서가 아니라 터놓게 하기 위해서 만들어졌
고, 배반하기 위해서가 아니라 교제를 진행시키기 위해 만들어졌다.

☞ 휘트워드(종교 개혁 이후 영국의 정치가)

말의 진정한 사용은, 우리의 욕망을 표현하기보다는 숨기는 것이다.

☞ 골드스미스 〈벌〉

성공은 다음 세 가지 일에 달렸다.
누가 말하는가, 무엇을 말하는가, 어떻게 말하는가.
이 셋 중에서 무엇을 말하는가가 가장 덜 중요하다.

☞ J. 블랙번 〈몰리 자작 회고록〉

말하는 것은 지식의 영역이고, 듣는 것은 지혜의 특권이다.

☞ O. W. 호움즈 〈아침 식탁의 시인〉

질문에 용감해라! 즉 자기의 무식을 폭로하는 데 용감해지라는 말이다.

☞ 에머슨 〈문학과 사회 목적〉

무지의 가장 큰 기쁨은 질문하는 기쁨이다.
이 기쁨을 잃었거나 그것을 독단의 기쁨, 즉 대답의 기쁨으로 바꾼
사람은 벌써 완고해지기 시작한 것이다.

☞ R. 린드 〈나는 생각하고 있었다〉

사상은 언어보다 깊고, 감정은 사상보다 깊다.

☞ F. 베이컨 〈수필집〉

사람은 생각하는 한 자유롭다.　　　　　　☞ 에머슨 〈처세론〉

약간의 예외를 허용치 않는 규칙은 일반적일 수 없다.

☞ R. 버튼 〈우울의 해부〉

규칙과 교훈은 자연적인 포용력이 없으면 무가치하다.

☞ 쿠인틸리아누스 〈변술론 교정〉

자기의 운명에 만족하는 사람도 없고, 자기의 지성에 불만을 느끼는
사람도 없다.　　　　　　　　　　☞ A. 데줄리에르 〈경구〉

지성인은 자기 마음으로 자기 자신을 관찰하는 그런 사람이다.

☞ A. 카뮈 〈비망록〉

우리의 지성은 유한(有限)이다. 그러나 이 유한한 환경 속에서도 우리
는 무한(無限)의 가능성에 둘러싸여 있다. 또한 인간 생활의 목적은
그 무한으로부터 가능한 한 많이 파악하는 것이다.

☞ A. N. 화이트헤드 〈A. N. 화이트헤드의 대화〉

역경에 처해 있을 때는 차분한 마음을 간직하도록 노력해라.
마찬가지로 영화를 누릴 때는 거만한 기쁨으로 인해 마음이 해이해지
는 것을 경계해라.　　　　　　　　☞ 호라티우스 〈애송 시집〉

지성은 아무것도 가진 것이 없는 사람에겐 보이지 않는다.
☞ 쇼펜하우어 〈타인과의 관계〉

지성인에는 세 가지 부류가 있다.
첫째는 혼자서 이해하는 사람이요, 둘째는 다른 사람이 이해하는 것을 알아채는 사람이요, 셋째는 혼자서도 이해하지 못하고 다른 사람의 가르침을 통해서도 이해하지 못하는 사람이다.
그중 첫째가 가장 뛰어나고, 둘째는 좋으며, 셋째는 쓸모가 없다.
☞ N. 마키아벨리 〈군주론〉

신이 창조의 날에 만드신 것들 중에서 최초의 것은 감각의 빛이고, 최후의 것은 이성의 빛이다.
☞ F. 베이컨 〈수필집〉

이성(理性)은 지성의 승리이며, 신앙은 마음의 승리이다.
☞ J. 슐러 〈미국사〉

이성은 억제하는 것이요, 자비는 용서하는 것이다. 이성은 법률이지만, 자비는 특권이다.
☞ J. 드라이든 〈암사슴과 표범〉

인간의 이성과 짐승의 본능 간의 분명한 차이는 이것이다.
즉 짐승은 알지 못하고 행하지만, 인간은 자기가 안다는 사실을 알고 있다는 것이다.
☞ J. 던 〈설교집〉

모든 일을 자신에게 굴복시키기를 바라거든 자신을 이성에 복종시켜라.
☞ 세네카 〈루킬리우스에의 서한집〉

이성이 있고 그것을 아는 자는, 이성이 없고 모르는 자 열 명을 언제나 당해낼 수 있다.
☞ 버나드 쇼 〈사과 마차〉

우리가 내린 취소할 수 없는 결정은, 대부분이 견딜 수 없는 마음의 상태에서 어쩔 수 없이 저질러진 것이다.
☞ M. 프루스트 〈지난 일의 회상〉

인간이 그른 데서 옳은 것을 가려낼 수 있는 능력은 인간의 이성이 다른 생물보다 우수하다는 것을 증명한다.
그러나 인간이 나쁜 짓을 할 수 있다는 사실은 그런 짓을 할 수 없는 다른 생물보다 도덕심이 열등하다는 것을 증명한다.
☞ 마크 트웨인 〈인간이란?〉

'일을 어떻게 시작할까?' 하고 생각하다 보면, 그 일의 시작은 너무 늦어지고 만다.
☞ 쿠인딜리아누스 〈변술론 교정〉

의견은 궁극적으로 감성에 의해 결정되지, 지성에 의해 결정되지 않는다.
☞ H. 스펜서 〈사회학 원리〉

의견 일치는 의견의 불일치로 인해 더욱 귀중하게 여겨진다.
☞ 푸블리우스 시루스 〈잠언집〉

우리는 자신이 할 수 있다고 느끼는 것에 의해 자기 자신을 판단한다.
반면에 다른 사람들은 우리가 이미 한 것에 의해 우리를 판단한다.
☞ 롱펠로우 〈카바나〉

조급히 판단하는 자는 후회를 재촉한다.

☞ 푸블리우스 시루스 〈금언집〉

대부분의 사람들은 인간을 평판이나 재산으로만 판별한다.

☞ 라 로시푸코 〈금언집〉

인간의 판단은 운명이 기대는 쪽으로 기울어진다.

☞ G. 채프먼 〈미망인의 눈물〉

자기 멋대로의 저울 눈금으로 자신을 저울질하지 말고, 분별 있는 판단이 자기 시비의 표준이 되도록 하라.

☞ T. 브라운 경 〈기독교인의 도덕〉

우리가 이 나라에서 말로 하지 못할 정도로 귀중한 것 세 가지를 가지고 있는 것은 하느님의 덕이다.
그것은 언론의 자유, 양심의 자유, 그 둘 중 아무것도 실천하지 않는 분별력이다.

☞ 마크 트웨인 〈바보 윌슨〉

교활한 사람은 학문을 경멸하고, 단순한 사람은 학문을 찬양하며, 현명한 사람은 학문을 이용한다.

☞ F. 베이컨 〈수필집〉

학식은 착한 자를 더 착하게, 악한 자를 더 악하게 한다.

☞ T. 풀러 〈금언집〉

실례(實例)는 언제나 교훈보다 더 효과적이다. ☞ S. 존슨 〈라셀라스〉

보통 사람은 정신이 아닌 색정적 육체로써 파멸한다.
반면, 학자는 육체를 도외시하고 지나치게 정신적인 것만을 열망함으로써 파멸한다. ☞ G. C. 리히텐베르그 〈경구집〉

세상의 위대한 인물이 흔히 말하는 위대한 학자가 아니었듯이, 위대한 학자가 반드시 위대한 인물도 아니었다.
☞ O. W. 호움즈 〈아침 식탁의 독재자〉

태양 아래에서 일어나는 모든 것은 일이다.
잠잘 때까지 땀 흘려서 일해라! ☞ G. 뷔히너 〈보이체크〉

하나의 예는 또 하나의 선례(先例)가 되고, 그것들이 쌓여서 법률을 구성한다. 그리하여 어제는 사실이었던 것이 오늘은 원칙이 된다.
☞ 주니우스 〈주니우스 서간집〉

높은 나무의 열매를 바라보면서 그 높이를 헤아려 보지 않는 사람은 어리석은 사람이다. ☞ Q. C. 루푸스 〈알렉산드르 대제의 위엄〉

상식이란, 이를테면 두 지점 사이의 가장 짧은 선을 의미한다.
☞ 에머슨 〈일기〉

정말 현명한 사람은 자기 자신을 아는 사람이다.
☞ G. 초서 〈캔터베리 이야기〉

짧은 말 속에 오히려 많은 지혜가 담겨 있다. ☞ 소포클레스 〈단편〉

소크라테스처럼 자기의 지혜는 가치가 없다고 생각하는 자야말로 가장 현명한 자이다.　　　　　　　　☞ 플라톤 〈소크라테스의 변명〉

이탈리아 사람은 행동하기 전에, 독일 사람은 행동 중에, 프랑스 사람은 행동한 뒤에 현명하게 대처한다.　　　　　☞ G. 허버트 〈명궁〉

역사가는 정확하고 충실하며 공평해야 한다. 득실이나 애증에 의해 역사가가 진실의 길에서 벗어나도록 해서는 안 된다.
　　　　　　　　　　　　　　　　☞ 세르반테스 〈돈키호테〉

소년들의 공부를 강제와 엄격함으로 훈련시키지 말고 그들이 흥미를 느낄 수 있도록 인도한다면, 그들은 마음으로 긴장할 것이다.
　　　　　　　　　　　　　　　　　　☞ 플라톤 〈공화국〉

모든 사물은 조물주의 손에서 나올 때는 완전하다. 그러나 인간의 손에서 타락한다.　　　　　　　　　　☞ 루소 〈에밀〉

자기의 국토를 파괴하는 국가는 국가 자체를 멸망시킨다.
　　　　　　　　　　　　　　　　　☞ F. D. 루즈벨트

인간의 영혼을 더럽히지 않으려거든 대지를 더럽히지 마라.
　　　　　　　　　　　　　　　☞ H. 브레스턴 〈꼭대기 집〉

접시는 그 소리로써 그 장소에 있나 없나를 판단할 수 있고, 사람은 말로써 그 지식이 있나 없나를 판단할 수 있다.　☞ 데모스테네스 우리가 학대하는 대지와 우리가 죽이는 모든 생물은 결국 우리에게 복수할 것이다. 이들의 생존을 착취함으로써, 우리가 우리의 미래를 감소시키고 있기 때문이다. ☞ M. 매너즈 〈분노의 가중〉

말을 짧으면서도 의미심장하게 사용하도록 훈련시키려면, 침묵의 시간을 가진 후 요소를 찌르는 말을 해야 한다. ☞ 〈플루타르코스 영웅전〉

학문이 높은 데다 신까지 사랑하는 그는 누구를 닮았을까?
그는 연장을 든 명공(名工)과도 같다.
신을 사랑하고는 있으나 그 마음이 신의 사랑으로 채워져 있지 않은 사람은, 연장을 갖지 않은 공인과 같다.
신을 사랑하고는 있으나 학문을 돌보지 않는 사람은, 연장은 갖고 있으나 일을 모르는 공인과 같다. ☞ 〈탈무드〉

학문은 번영의 장식, 가난의 도피처, 노년의 양식이다. ☞ 아리스토텔레스

무용한 사물이라도 배우는 편이 아무것도 배우지 않는 것보다 낫다. ☞ L. A. 세네카

그대가 하고 싶은 말을 강조하지 말고, 그냥 말하라. 그리고 다른 사람들이 그대가 말한 바가 무엇인가를 발견하도록 내버려둬라. 그들의 정신이 둔하기 때문에 그대는 제때 도망칠 수 있을 것이다. ☞ 쇼펜하우어 〈충고와 경고〉

학문에만 집착해 있으면 안 된다. 그것만으로는 완전한 인물이 되지 않기 때문이다.　　　　　　　　　　　　　☞ R. W. 에머슨

언어는 사람과 동시에 태어나며, 우리가 사회에서 사람의 힘을 느끼게 되는 것도 언어를 통해서이다.　　　　　　　　☞ 알랑

말은 배열을 달리하면 딴 의미를 갖게 되고, 의미는 배열을 달리하면 다른 효과가 나타나기도 한다.　　　　　　☞ B. 파스칼 〈팡세〉

말이란 것이 감정을 배제하면, 그것은 무의미한 소리에 지나지 않는다.　　　　　　　　　　　☞ J. 스타인벡 〈불만의 겨울〉

아무리 좋아하는 남자라도 그 말이 멋대로 하는 것이라면, 싫어하는 남자가 던지는 분명한 사랑의 말보다 더 마음을 어지럽힌다.

☞ 라파엘 부인 〈크레브의 안쪽〉

말, 그것으로 인해 죽은 이를 무덤에서 불러내기도 하고 산 자를 묻을 수도 있다.
말, 그것으로 인해 소인을 거인으로 만들기도 하고 거인을 철저하게 두드려 없앨 수도 있다.　　　☞ H. 하이네 〈프랑승의 상태〉

당신이 자신에 대해 생각하는 것은, 다른 사람들이 당신에 대해 생각하는 것보다 훨씬 중요하다.　☞ 세네카 〈루킬리우스에의 서한집〉

지성을 동반하지 않는 명성과 부는 위험 자체이다.　☞ 데모크리토스

사람은 누구나 그가 하는 말을 가지고 그 자신을 비판한다. 원하든, 원하지 않든 간에 말 한 마디는 타인 앞에 자기의 초상을 그려 놓는 셈이다. ☞ R. W. 에머슨

사람은 사람에 의해서만이 사람이 될 수 있다.
사람에게서 교육의 결과를 기대하지 않는다면, 아무것도 남는 것이 없을 것이다. ☞ I. 칸트

교육의 최대 목표는 지식이 아니고 행동이다.
☞ H. 스펜서 〈교육론〉

지성은 방법이나 도구에 대해서는 날카로운 감식안을 갖고 있지만, 목적이나 가치에 대해서는 맹목적이다.
☞ 아인슈타인 〈만년에 생각한다〉

지성은 육체와 함께 죽는 것이다. 그러나 자기의 죽음을 아는 것, 거기에 지성의 자유가 있다. ☞ A. 카뮈

진정한 철학에 의해서만 국가도 개인도 정의에 도달할 수 있다.
진정한 철인이 통치권을 쥐거나 통치자가 신의 은혜로 진정한 철인이 되지 않는 한, 인간은 악에서 벗어날 수 없을 것이다. ☞ 플라톤

철학은 법률과 관습에 대한 공격 무기이다. ☞ 알키다포스

어느 세기의 철학은 다음 세기의 상식이 된다. ☞ 미상

사람의 본질은, 잘살고 못살고 어린이고 어른이고 간에 아무런 차이가 없다.

사람들이여, 그대의 힘이든 마음의 모양이든 모두가 그대 자신의 것이다. 그중에서도 마음의 모양은 인생 교육의 대상이며, 향상의 계기가 되어 준다.

순진한 행복을 바라는 인간의 힘은 밖에서 우연한 기회에 얻을 수있는 것이 아니다. 오직 그 심정에 파묻힌 힘에서 파낼 수 있는 것이다.

☞ J. H. 페스탈로치

욕망과 감정은 인간성의 용수철이다. 이성은 그것을 통제하고 조절하는 브레이크이다.
☞ 보오링브리크 〈단편〉

인간을 만드는 것이 이성이라면, 인간을 이끄는 것은 감정이다.
☞ 루소 〈새로운 에로이즈〉

회의(懷疑)는 철학자의 감지(感知)이며, 철학은 회의로부터 비롯된다.
☞ 소크라테스

종교에 있어서는 신성한 것만이 진실이며, 철학에 있어서는 진실한것만이 신성하다.
☞ L. A. 포이에르바하 〈종교의 본질〉